言語教育における
言語・国籍・血統

在韓「在日コリアン」
日本語教師のライフストーリー研究

田中里奈
Tanaka Rina

明石書店

まえがき

　在韓「在日コリアン」の日本語教師とはいかなる人々だろうか。
　彼らは，日本で生まれ育ち，成人してから韓国に渡ったというバックグラウンドを共有しており，その多くが，国籍や血統という観点からすると「韓国人」で，「非日本人」となるが，日本語を「母語」として身につけた，いわゆる「日本語のネイティヴスピーカー」と呼ばれる教師たちである。
　このようなバックグラウンドをもつ彼らは，いったいどのような経緯から韓国に渡り，日本語教育に携わるようになったのか。また，旧宗主国のことばである「日本語」に対するまなざしが非常に厳しかった韓国社会のなかで，「日本語」を「母語」としていること，また，その教育に携わるということがどのような意味をもつものであったのか。さらに，「日本語」を「母語」として身につけた「非日本人」という属性が，「日本語は日本人のものである」とする観念が根強く残る日本語教育において，どのような意味をもち，彼らに何をもたらしてきたのか。そして，彼らのライフストーリーから見えてくる日本語教育の空間とはいかなるものなのか…。
　彼らが現在居住している韓国では，1945年の「解放」後，約15年間近く，公式的には日本語教育は行われてこなかった。そのため，高校や大学などで教育が再開された1960～1970年代は，「日本語」を教えることができる人材はかなり不足していたといわれている（村崎1977）。だが，そのような時期に，韓国生まれの韓国人の教師とともに日本語の教育を担っていたのは，日本から韓国に渡った「在日コリアン」教師だった。今日に至っては，韓国にいる日本語教師のなかでマジョリティとはいえない属性をもつ彼らだが，「解放」後に日本語教育が再開され，発展を遂げていく段階においては，「日本語のネイティヴ」教師だったこともあり，重要な位置を占めていたようである。しかしながら，既存の

研究において「在日コリアン」教師が取り上げられたことはなく，彼らの経験と意味世界はこれまでまったくといってよいほど注目されてはこなかった。彼らのライフストーリーは可視化されることなく，現在に至るのである。

　本書は，こうした在韓「在日コリアン」の日本語教師18名（「在日コリアン」2世の教師7名，3世の日本語教師11名）に対して，2009年9月から2011年11月にかけて韓国で実施したライフストーリー調査がもとになっている。そのうちの4名の教師たちのライフストーリーを事例として取り上げ，彼らの経験と意味世界を通じて見えてきた，言語教育における言語，国籍，血統の関係性の問題を論じる。それにより，ことばにおける権力関係の議論を提示することを狙いとしている。

　だが，本書では，彼らのライフストーリーだけを分析・記述するのではなく，調査のプロセスとそこに関わる調査者に関しても，なるべく詳細に取り上げ，記述するよう努めた。第2章で論じるように，それは，研究の方法論的観点からも必要とされることだが，調査のプロセスを開示し，その調査に臨む調査者自身に関する記述も含めることにより，彼らの経験と意味世界をより深く捉え，彼らが従事している日本語教育の現場の問題をより明確に描き出していくことができると考えたからである。また，教師たちのライフストーリーをもとに論じる言語教育における問題を，どこか遠くにいる特別な誰かが抱えもつ特別なものとしてではなく，より自分に迫った問題として読者の方々に捉え直していただくことが可能になるのではないかと考えたからである。本書の刊行が，ことばにおける権力関係の議論に対する意識化と，より開かれた日本語空間を構築していくための議論の創出に繋がったら幸いである。

言語教育における言語・国籍・血統◆目次

まえがき... 3

序章　なぜ言語教育における言語・国籍・血統か

第1節　研究背景.. 12
  1.1　在留外国人の増加と「日本語＝日本人」という図式............ 12
  1.2　「単一民族国家」という神話と
      言語・国籍・血統の関係性への着目........................... 13
第2節　本書の課題.. 16
第3節　本書の構成と用語の定義...................................... 18
  3.1　本書の構成... 18
  3.2　用語の定義... 20
      「在日コリアン」　20
      「帰韓」　21
      「日本人」　22
      「母語」／「母国語」　23

第1章　「在日コリアン」教師のライフストーリー研究への視座

第1節　「日本語＝日本人」という思想............................. 28
  1.1　「国家＝言語」の成立と流布.................................. 28
  1.2　「日本語＝日本人」を内包した「国語」概念の来歴............ 30
  1.3　「国語」から「日本語」へ..................................... 33
  1.4　日本語教育における「日本語＝日本人」という思想への批判.... 35
    1.4.1　戦前・戦中期と戦後の日本語教育の連続性　35
    1.4.2　日本語教育の構造的問題　36
    1.4.3　「日本語の国際化」論と「簡約日本語」　37

  1.4.4　「共生言語としての日本語」　40
  1.4.5　教師と学習者が経験する「日本語の規範性」　42
  1.4.6　「日本語＝日本人」という思想への通時史的な批判　43
第 2 節　「ネイティヴ」／「ノンネイティヴ」という概念 46
 2.1　「ネイティヴスピーカー」とは誰か 46
 2.2　他の言語教育における「ネイティヴ」／「ノンネイティヴ」概念
   への批判的検討 48
  2.2.1　二項対立的な「ネイティヴ」／「ノンネイティヴ」の
     関係性の議論　48
  2.2.2　「ノンネイティヴ」教師への肯定的評価による関係性の
     脱構築の議論　50
  2.2.3　新たな「ネイティヴ」／「ノンネイティヴ」の
     権力関係性批判へ　51
 2.3　日本語教育における「ネイティヴ」／「ノンネイティヴ」概念への
   批判的検討 53
第 3 節　《言語》と《国籍／血統》との間にズレをもつ
   「在日コリアン」教師 58
 3.1　「在日コリアン」の歴史的背景 58
  3.1.1　渡航から残留／定着まで　58
  3.1.2　「特別永住者」という在留資格　59
  3.1.3　日本式氏名（通称名）の使用　60
 3.2　「在日コリアン」のアイデンティティに関する研究 62
 3.3　「在日コリアン」のアイデンティティと言語意識に関する研究 ... 64
 3.4　「帰韓」した「在日コリアン」とは誰か 66
  3.4.1　「帰韓」した「在日コリアン」に関する先行研究　66
  3.4.2　不可視化されてきた「帰韓」した「在日コリアン」　67
 3.5　韓国社会の状況と日本語・日本語教育の位置づけ 70
 3.6　「在日コリアン」教師の日本語教育における位置づけ 71
第 4 節　アイデンティティを捉える理論的枠組みと研究課題 74
 4.1　「アイデンティティ」という概念に対する本書の立場 74
 4.2　研究課題 76
第 5 節　「在日コリアン」教師のライフストーリー研究へ 79

第2章　研究方法

第1節　ライフストーリー研究法とは..................................... 84
  1.1　なぜライフストーリー研究法か　..................................... 84
  1.2　ライフストーリーへの三つのアプローチ............................. 85
  1.3　「アクティヴ・インタビュー」論と本書の立場.................. 86
第2節　ライフストーリー研究法の評価基準............................. 89
  2.1　研究の「信頼性」・「妥当性」から「透明性」・「信憑性」へ..... 89
  2.2　サンプリングと「代表性」の問題................................. 90
第3節　本研究の調査概要と記述... 92
  3.1　研究協力者... 92
  3.2　インタビュー調査の方法... 93
  3.3　研究倫理... 96
  3.4　本書で取り上げるライフストーリー............................. 96
    3.4.1　研究の問いの浮上から明確化のプロセス　98
    3.4.2　本研究における教師たちの位置づけ　99
  3.5　研究者のポジショナリティの問題とライフストーリーの記述... 104
    3.5.1　「日本人のあなた」が「在日コリアン」を研究対象とする
      意味とは，という問いかけ　105
    3.5.2　「調査するわたし」の経験も含めた
      ライフストーリーの記述　108

第3章　《言語》と《国籍／血統》のズレと教師たちの戦略が意味すること

第1節　【事例1】カテゴリーを戦略的に利用する教師V................ 112
  1.1　教師Vの略歴.. 112
    1.1.1　【「制度圏」に入りたい】～日本での経験に関する語り　112
    1.1.2　日本語教育との出会い～「帰韓」後の生活と
      日本語教育に関する語り　114
  1.2　「日本語」・「日本語を教えること」の意味.................. 115
  1.3　アイデンティティの変遷... 122

        1.3.1 【韓国人ではなく，「在日コリアン」でしかない】
            という語り　122
        1.3.2 【もはや「在日コリアン」ではない】という語り　124
    1.4 「在日コリアン」というカテゴリーと
        日本語教育における位置取り 131
        1.4.1 「ネイティヴ」とは見なされない「ネイティヴ」の葛藤　131
        1.4.2 韓国社会における「単一民族主義」と大学評価　136
        1.4.3 自らの「ネイティヴ性」への着目　138
 第2節 【事例2】国民と言語の枠組みの脱構築を目指す教師L 141
    2.1 教師Lの略歴 141
        2.1.1 自分のルーツを探す〜学生時代に関する語り　141
        2.1.2 日本／韓国から離れて
            〜アメリカでの滞在経験に関する語り　142
        2.1.3 【充足感】が得られる日本語教育の現場
            〜韓国での日本語教育に関する語り　142
    2.2 【どちらにも完全には属さなくていい】という語り............ 144
    2.3 【韓国籍の韓国系の日本人】と名のる意味と
        日本語教育における位置取り 148
    2.4 「日本語」・「日本語を教えること」の意味.................... 155
 第3節 【事例3】「日本語」を「言語資本」として意識する教師E 161
    3.1 教師Eの略歴 161
        3.1.1 「在日コリアン」であることを徹底的に隠す
            〜学生時代に関する語り　161
        3.1.2 本名を名のっての初めての生活
            〜会社員時代に関する語り　163
        3.1.3 「帰韓」後の生活に関する語り　164
    3.2 二つの名前の完全な使い分け 164
    3.3 【「有利」な名前】を選択するという語り 168
    3.4 【…てしまって】に隠された意味
        〜通称名使用への【後ろめたさ】............................ 171
    3.5 「言語資本」としての「日本語」と日本語教育における
        位置取り 175
 第4節 【事例4】「日本語話者」の多様性を「したたか」に示す教師D .. 180
    4.1 教師Dの略歴 180

4.1.1　3年間の通称名使用〜学生時代に関する語り　　180
　　　4.1.2　【ジレンマをどうにかしたい】
　　　　　　〜韓国における日本語教育に関する語り　181
　4.2　使い分けなくてはならない名前 183
　4.3　【カミングアウト】という【仕返し】と
　　　日本語教育における位置取り 191
　4.4　【純粋な韓国人】でもなく，「日本人」でもなく，
　　　【行ったり来たり】する自分 194
　4.5　「日本語」・「日本語を教えること」の意味 197
第5節　「日本語のネイティヴ」内部のヒエラルキーと
　　　「日本人性」が付与された「日本語」の存在 199
　5.1　教師たちのライフストーリーのまとめ 200
　　　5.1.1　教師V　200
　　　5.1.2　教師L　202
　　　5.1.3　教師E　202
　　　5.1.4　教師D　203
　5.2　名前の選択・使用と日本語教育における位置取り 204
　　　5.2.1　ある集団への帰属を示す名前のもつ性質　205
　　　5.2.2　「情報管理／操作」としての名前の選択　206
　5.3　「日本人性」が付与された「日本語」の存在 207
　　　5.3.1　「在日コリアン」というカテゴリーの明示化と
　　　　　　通称名使用という戦略　207
　　　5.3.2　「日本語のネイティヴ」内部のヒエラルキー　208

第4章　言語教育における言語・国籍・血統

第1節　ここまでの議論の概要 215
　【事例1】：カテゴリーを戦略的に利用する教師V 220
　【事例2】：国民・言語の枠組みの脱構築を目指す教師L ... 220
　【事例3】：「日本語」を「言語資本」として意識する教師E ... 221
　【事例4】：「日本語話者」の多様性を「したたか」に示す教師D ... 221
第2節　日本語教育における言語・国籍・血統の関係性 223
　2.1　《言語》と《国籍／血統》のズレから明らかになったこと ... 223

         2.1.1 「日本語のネイティヴ」内部のヒエラルキー：
            「日本人性」が付与された「日本語」　223
         2.1.2 「着せ替え」可能な「日本語のネイティヴ」：
            イメージ化された《言語》と《国籍／血統》の一体化　225
      2.2 「在日コリアン」教師たちの言語経験や言語意識からの示唆．．．．226
         2.2.1 「雑多」な属性が揺さぶる「日本語＝日本人」という
            図式　227
         2.2.2 「雑多」な属性を「単一」のものへと塗り替えさせる
            「単一性志向」の根強さ　228
   第3節 「調査するわたし」が内包していた「単一性」の前提．．．．．．．．．．229
      3.1 インタビューを振り返る．．．．．．．．．．．．．．．．．．．．．．．．．．．．．．．．．．．．．．229
      3.2 「調査するわたし」がもっていた「期待」と「構え」．．．．．．．．．．234
      3.3 「単一性志向」の問題への鈍感さが意味する
         「単一性志向」の根強さ．．．．．．．．．．．．．．．．．．．．．．．．．．．．．．．．．．．．．．237
   第4節 「在日コリアン」教師のライフストーリーからの示唆．．．．．．．．．．239
      4.1 「日本語＝日本人」という思想に関する議論に対して．．．．．．．．239
      4.2 「ネイティヴ」／「ノンネイティヴ」という概念に関する
         議論に対して．．242
      4.3 「在日コリアン」研究の議論に対して．．．．．．．．．．．．．．．．．．．．．．．．244
   第5節 言語教育における「単一性志向」．．．．．．．．．．．．．．．．．．．．．．．．．．．．．．．245
   第6節 今後の展望．．249

あとがき．．．253

引用文献一覧．．261

巻末資料．．273

序章

なぜ言語教育における言語・国籍・血統か

第1節
研究背景

1.1 在留外国人の増加と「日本語＝日本人」という図式

　日本における在留外国人数[1]は，2008年の時点で過去最多の約214万人となった（法務省入国管理局 2014）。その後，リーマンショックに端を発した世界的な景気後退の影響などもあって減少したが，2014年末には212万人にまで回復している（法務省入国管理局 2015）。今や在留外国人数は，日本の全人口の約1.6～1.7％で毎年推移しているのである。

　かつては，在留外国人の大部分を，戦前・戦中期（または，「解放」後の朝鮮半島の混乱期）に日本に入国した朝鮮半島や台湾の出身者やその子弟たちが占めていたが，近年に至っては，「ニューカマー」と呼ばれる人々が圧倒的多数となっている。「ニューカマー」の来日は1970年代後半より目立ち始め，この時期には，「エンターテイナー」などとして入国した女性外国人労働者，政治情勢が不安定だったベトナム・ラオス・カンボジアからのインドシナ難民，中国帰国者，欧米諸国からのビジネスマンなどが来日した。さらに，1980年代後半に入ると，南アジア・アラブ諸国からの非正規の外国人労働者やラテンアメリカ諸国からの日系人，「農村花嫁」をはじめとする日本人との国際結婚により日本で居住することになった外国人やその子弟なども入国してくるようになり，さまざまな目的や背景から来日する人が増加した（志水・清水 2006）。

　このような「ニューカマー」と呼ばれる人々のうち，ある程度の年齢に達してから来日する「移住者」1世の人々の多くは，出身国で「母語」を身につけてから日本にやってくる。それに対して，日本で生まれ育った「移住者」2世以降の人々の多くは，日本での生活のなかで「母語」として「日本語」を身につけていく。今後は，「ニューカマー」たちの日本滞在の長期化や定着により，"「日本語」を「母語」として身につけてはいるが「日本人」ではない人々"のさらなる増加が予想される。そのような状況は，これまで素朴に信じられてきた「日本語＝日本人」という図式，つまり，"「日本語」は「日本人」のものである"といった，ある言語をある特定の国籍や血統をもつ人々のものと見なす考え方への

再考を今まで以上に強く迫ってくるのではないだろうか。

　しかしながら，このような"「日本人」ではないが「日本語」を話す人々"は，近年急増したというわけではなく，以前から存在していた。日本には，沖縄やアイヌの人々，そして，植民地化した地域の人々を「日本人」化させるために，人々のことばを「日本語」に置き換えようとしてきた歴史がある。また，植民地支配の影響によって「経済移民」として日本に渡って来ざるをえなかった，あるいは，日本に強制的に連行されてきた「在日コリアン」などを，日本語を身につけざるをえない状況に置いてきた歴史がある。特に後者に関していうと，彼らも現在の「ニューカマー」と同様に，日本語の習得や就学に困難を抱えるなどの深刻な問題に直面していたが（中島 2005），現在では，韓国語を「母国語」として認識しつつも，日本語を「母語」として身につけており，「日本語モノリンガル」の状態に陥っている者も多いという（任 1993）。

　このように，"「日本語」を「母語」とはしているが，国籍・血統的には「非日本人」"だとされる人々というのは，これまでにも相当数いたのである。こうした現実があるにもかかわらず，「日本語＝日本人」という図式は現在に至っても根強く維持されている。

1.2 「単一民族国家」という神話と言語・国籍・血統の関係性への着目

　それでは，依然として「日本語＝日本人」という図式が共有されているのはなぜなのだろうか。このことは，これまで漠然と共有されてきた，「単一純粋の起源をもつ，共通の文化と血統をもった日本民族だけで，日本国が構成されてきたし，また現在も構成されている」（小熊 1995：7-8）という観念である「単一民族神話」と密接に関わっていると思われる。だが，こうした観念に対しては，1970年代後半以降，さまざまな領域の研究者たちによって異議を唱える議論が展開されてきた（網野 1982，幼方 1979，大沼 1986，小熊 1995：1998，福岡 1993 など）。

　例えば，網野（1982）は，日本国内においても言語や文化は均質ではなく，かなりの地域差があることをさまざまな事例をもとに詳細に論じ，歴史学において一般的に共有されている日本史像，つまり，「日本は，律令国家成立以降は単一の日本民族から成る国家である」とする捉え方

を根本から再検討する必要があると指摘している。

　また，福岡（1993）は，血統，文化，国籍という三つの観点をもとに，人々を「日本人」から「非日本人」までの 8 類型に分類し，「日本民族の血」を引き，「日本文化」を内面化し，日本国籍をもつ，血統・文化・国籍のいずれもが日本に繋がる「純粋な日本人」と，それらのすべてにおいて日本に繋がりをもたない「純粋な非日本人」の間には，「日本民族の血」を引いてはいるが，異文化を内面化し，国籍も日本ではない「日系 3 世」や，「日本文化」を内面化してはいるが，異民族の血を引き，外国籍である「在日コリアン」2 世以降の人々などのさまざまなグラデーションがあることを指摘している。福岡は，こうした類型枠組みを用いることで，「日本人」と「非日本人」というものが二項対立的に設定できるものではないこと，また，多様な段階を含んだ連続体であることを明らかにするとともに，日本社会が「単一民族社会」でも，「単一文化社会」でもないことを主張している。

　これらの研究を踏まえ，小熊（1995）は，「日本人」がいつから自分たちを「単一」で均質な民族として捉えるようになったのか，そして，それはどのような状況のもとで，どのような動機でなされたのか，という問いを立て，大日本帝国時代から戦後にかけての日本民族論の変遷を描き出している。台湾や朝鮮を領有していた戦前期には，日本民族はさまざまな民族から成るとする「混合民族論」が唱えられていたが，帝国が崩壊した第二次世界大戦以降は，日本国内の「非日本人」が一気に少数派となったことで，太古の昔から日本列島には日本民族が居住してきたといった「単一民族論」が主流化したと論じ，「単一民族神話」はむしろ戦後に定着したものだということを明らかにしている。

　さらに，小熊（1998）は，「本当の日本人」などという概念はそもそも成立しえないという立場をとりつつ，「日本人」とは「どこまでの範囲の人びとを指す言葉であったのか」，そして，「「日本人」の境界は，どのような要因によって設定されてきたのか」(p.3) という問いを立て，近代日本が行った沖縄・アイヌ・台湾・朝鮮の政策論の言説から再検討している。そして，ある人々を「日本人」に包摂したり，排除したりする際に設定されてきた境界は，常に固定化されてきたのではなく，時期

や政策などに応じてその都度引き直されてきたことを明らかにしている。このことからも、日本は同じ属性を兼ね備えた人々によって構成されてきたという考え方は、ある時勢のなかで必要とされ、創出されてきた虚構だといえるだろう。

だが、このような「単一民族神話」に対して懐疑的な立場をとる見方は、日本語教育の領域においては、十分に共有されているとはいい難い。例えば、日本語の教室場面などにおいて、「日本人」の思考様式や習慣などの画一的な「日本文化」が教育内容として提示されてきたことは、同一の文化をもつ均質な「日本人」といった想定が存在してきたことを物語っていると思われる。「典型的な日本人」など存在せず、「日本人」なら誰もが共有しているとされる「日本文化」と呼ばれるものは幻想にすぎないといった指摘も行われているが（細川 2002）、日本語教育全体においては、同一性を兼ね備えた「単一民族神話」なるものが共有されてきたことを暗に示しているといえるだろう。

また、日本語教育史研究の領域では、近年に至るまで、「日本語を母語としない人に日本語を教えること」を研究対象としながらも、北海道のアイヌ語話者や沖縄の琉球語話者に対する日本語教育の歴史については十分な考察が行われてこなかったという指摘がある（冨田 2000、さかた 2010）。さかた（2010）は、"「日本人」による「外国人」への日本語教育"という観念が強く働き、「国境内」となった「日本列島」に居住するアイヌ語話者や琉球語話者などへの「国語教育」が、従来の日本語教育史研究の範疇とは見なされていなかったからだとしているが、こうした研究動向から垣間見えるのは、日本には「日本語」を解さない人々も居住しており、「単一民族」から構成されてきたわけではないということへの認識の不十分さではないだろうか。

これらの指摘から考えても、言語＝国籍＝血統が前提とされる「単一民族神話」が、日本語教育において今もなお漠然と共有されている可能性は十分に考えられる。果たして、言語、国籍、血統の関係性は、どのようなものとして共有されてきたのであろうか。

第2節
本書の課題

　以上を踏まえ，本書では，《「母語」として身につけた言語》とそこから想定されうる国籍や血統にズレをもつ教師たちのライフストーリーに着目し，言語教育において，言語，国籍，血統の関係性がいかなるものとして捉えられているのかを考察する。具体的には，「日本語」を「母語」として身につけているが，国籍や血統という観点からすると「日本」には属していないという属性をもつ「在日コリアン」の日本語教師たち，特に，日本で生まれ育ち，成人した後，韓国に渡った在韓の「在日コリアン」2世，3世の日本語教師（以下，「在日コリアン」教師）に焦点をあて，彼らの言語意識や言語経験，教育経験にまつわるさまざまなストーリーを研究事例として検討していく。

　前述のとおり，「在日コリアン」と呼ばれる人々のなかでも，2世以降の人々の多くは，「日本語」を「母語」として身につけており，「日本語のネイティヴ」とされている。彼らは，血統や国籍という観点から「非日本人」と見なされてしまう属性をもつが，そうした属性は，日本語教育の世界にいる彼らにいったい何をもたらすのであろうか。本書では，「日本語は日本人のものだ」とする「日本語＝日本人」という言語観が依然として共有されている日本語教育のフィールドにおいて，そうした属性をもつ彼らがどのような位置取り（Hall 1990 = 1998；1996 = 2001）を行うのか（または，行わざるをえないのか）を「当事者」の語りを中心にして描き出していく。

　詳細は第1章において論じるが，近年，日本語教育の分野においても，「日本語＝日本人」という思想は問題視されている。「日本人の日本語」をたった一つの「正しい日本語」として頂点に据えようとする言語観には異議申し立てが行われているのである。しかしながら，そうした議論において，焦点があてられ，批判的に論じられてきたのは，言語形式的に見て，いわゆる「正しい日本語」にはあてはまらない「日本語」を排除してしまうという思想だったのではないだろうか。日本語教育という領域性からか，言語学的な「正しさ」を捉える観点から「日本語＝日本

人」という図式への批判が中心に行われてきたのではないかと思われる。

　しかし，"「母語」として「日本語」を身につけてはいるが「日本人ではない」という人々"の存在は，「日本語＝日本人」という議論において明確には位置づけられてこなかった。また，そうした人々の「日本語」に対して，いかなる評価がなされるのかという点に関しても，議論は行われてこなかった。国籍や血統という観点から考えて日本に繋がりがなくても，いわゆる「正しい日本語」を身につけてさえいれば，「日本語のネイティヴ」と見なされるのか。それとも，そうした属性をもつ人々は，国籍や血統的に「非日本人」であるという理由から，「日本語のネイティヴ」というカテゴリーから排除されてしまうことになるのか。

　このように書き進めていくと誤解を招いてしまいそうだが，筆者は，「日本語のネイティヴ」というカテゴリーに誰を包摂し，そこから誰を排除すべきか，といった議論を展開しようとしているわけではない。また，いわゆる言語学的な「正しさ」を兼ね備えていれば，「非日本人」の「日本語」にも，「日本人の日本語」と同等の価値づけを行うべきだといった主張を展開したいわけでもない。筆者が本書を通じて論じようとしているのは，日本語教育という領域において，「正しさ」という言語学的な観点から論じられることの多かった「日本語＝日本人」という図式の問題を，「日本語」の話者として「日本人」のみが想定されてきたという原点に立ち返って考察し，そうした考え方自体に対しての批判を試みることである。「正しい日本語」を日本語教育の到達目標に据え，言語学的に見て「正しくない日本語」を排除してしまう問題としてのみ，「日本語＝日本人」という思想を問題化することは，議論を言語の形式的な観点のみに矮小化させてしまうことになる。しかし，真に検討されるべきことは，「正しさ」という議論のさらに奥にある，「日本語の話者」として「日本人」のみが想定されてしまう思想そのもの，つまり，ある言語とある特定の国籍や血統との結びつきを前提にし，そこに「正統性」や「真正性」を付与してしまう思想ではないかと筆者は考える。

　そこで，本書では，《「母語」として身につけた言語》とそこから想定されうる《国籍／血統》との間にズレをもつ「当事者」の位置取りに関する語りから，彼らの置かれている言語教育の文脈を論じることを狙い

とする。そうした「当事者」として「在日コリアン」教師のライフストーリーを取り上げるとともに，ライフストーリー調査のプロセスや聞き取りにおける筆者の解釈なども丁寧に記述し，そこから照らし出される日本語教育における言語，国籍，血統の関係性を描き出していく。

第3節
本書の構成と用語の定義

3.1 本書の構成

次に，本書全体の見取り図を示す。

第1章では，《「母語」とする言語》と《国籍／血統》の関係性，および，それに関連した問題を論じるための先行研究を取り上げる。

まず第1節では，国家と言語との一体化を図るべく創出された「国語」という思想を取り上げる。「日本語＝日本人」という考えを内包する「国語」がどのように創造され，流布していったのか，その過程を跡付けていく。また，戦後の日本語教育における「日本語＝日本人」という思想の存在を批判的に論じている先行研究などを取り上げ，その議論を整理・考察する。

次に，第2節では，「母語」という概念と密接に関わってくるものとして，「ネイティヴスピーカー／ノンネイティヴスピーカー」の議論を取り上げる。従来の研究では「ネイティヴ＝標準」／「ノンネイティヴ＝逸脱」といった二項対立的な関係性を前提とした批判が多く，言語学的な観点以外の，民族や人種などの社会的な文脈を踏まえた検討は十分には行われてこなかった点を指摘する。そして，「言語学的な観点からすれば日本語のネイティヴ」だが「日本人ではない」という意味で，従来の二項対立的な関係性では捉えられない在韓「在日コリアン」教師に着目するという本書の方向性を示し，《言語》と《国籍／血統》の関係性を再考していくことに言及する。

第3節では，まず，《言語》と《国籍／血統》にズレをもつ「在日コリアン」の言語やアイデンティティに関する先行研究を概観する。また，本研究に直接関係があると思われる韓国に渡った在韓「在日コリアン」

に関する研究にも言及する。しかしながら,「在日コリアン」教師に関しては,これまで研究の蓄積があるわけではないため,唯一公表されている「在日コリアン」教師が書いたと思われる手記をもとに,「解放」後の韓国における日本語の位置や日本語教育事情と併せて,「在日コリアン」教師とはいかなる人々であるのかを論じていく。

　第4節では,こうした「在日コリアン」教師のアイデンティティを捉える理論的枠組みとして,Hall（1990＝1998；1996＝2001）を取り上げる。ここでは,「日本人」ではないが「日本語」を「母語」とする「在日コリアン」教師が日本語教育という空間において,自己をどのように捉え,位置づけていくのか,といった位置取りの捉え方に関する議論を展開する。また,《「母語」として身につけた言語》とそこから想定されうる《国籍／血統》との間にズレをもつという「在日コリアン」教師の属性が,日本語教育においていかなる意味をもつのかという問題に迫ることを通じて,日本語教育の文脈を描き出していくという本研究の流れにも言及する。

　第2章では,まず,本研究で採用するライフストーリー研究法の歴史的背景や研究方法に関して論じる。そして,それを踏まえた上で,本研究の調査概要を述べる。研究の質を確保するため,本研究では研究の「透明性」および「信憑性」を重視することとし,インタビューの相互行為や調査過程を開示するという方針を立てたことに触れる。インタビュー調査のなかでどのようにリサーチクエスチョンが明確化していったのか,それぞれの研究協力者たちが本研究においてどのような位置づけにあるのかなど,調査研究が辿ったプロセスを具体的に取り上げていく。また,主に執筆の段階で筆者が抱えていた,研究者のポジショナリティとライフストーリーの記述の問題についてもここで取り上げ,フィールドワークの暴力性についても論じていく。

　第3章では,実際に4名の在韓「在日コリアン」教師のライフストーリーを取り上げ,詳細な考察を加えていく。そのなかでも特に,《国籍／血統》という観点からすると「非日本人」だが,「日本語のネイティヴ」であるという属性をもつ彼らが,「日本語＝日本人」という思想の根強い日本語教育の現場において,どのような位置取りを行うのか（ま

たは，行わざるをえないのか）を捉えていく。そして，その意味を考察することを通じて，韓国の日本語教育の文脈を逆照射していく。

最後に第4章では，まず，本研究のまとめとして，教師たちのライフストーリーの概要を示すとともに，彼らの位置取りが意味していたこととそこから明らかとなったことを整理する。また，より広い視点から4名の教師たちの言語意識や言語経験，教育経験がどのような日本語教育の文脈を映し出しているのかについて論じる。さらに，第2章で論じたフィールドワークの暴力性との関連から，調査プロセスにおける筆者の経験の記述も踏まえ，本研究の総括を行う。最後に，本研究の意義，および，課題と今後の展望について述べる。

3.2 用語の定義

先行研究の検討に入る前に，本研究において重要な概念となる，いくつかの用語の定義に触れておきたい。

「在日コリアン」

本研究では，「在日コリアン」ということばを，国籍表記の如何を問わず，日本に居住している／いた，朝鮮半島に民族的なルーツをもつ人々に対する総称として用いることとする。「民族的なルーツ」という観点を重視し，日本への「帰化」などにより日本国籍を取得した人々や「在日コリアン」と「日本人」との間に生まれたいわゆる「ダブル」の人々，また，現在日本以外の土地で生活する人々も含めるという立場を採用することとする。

金東鶴（2006）によると，朝鮮半島に帰属意識をもつ人々を，外国人登録証の国籍欄の「朝鮮」または「韓国」といった記載とは関係なく「在日朝鮮人」とする研究者もいるという。また，国籍という観点をもとに「在日韓国人」と呼称する研究者や，「在日韓国・朝鮮人」とする研究者，ただ単に「在日」とする研究者もいるという。本研究では，朝鮮籍か韓国籍か，という点に焦点が置かれているわけではないため，「朝鮮」や「韓国」ということばを避け，「在日コリアン」という表記で統一する。しかしながら，文献やインタビューデータからの引用箇所で

はそのままの表記となっている。

　一方，韓国国内では，「海外に居住する韓国人」を呼称する用語として「(재외) 동포 [(在外) 同胞]」や「(재외) 교포 [(在外) 僑胞]」，また，よりニュートラルで包括的な用語として「한인 [韓人]」といったものが用いられており，「在日コリアン」に関しても，「재일동포 [在日同胞]」，「재일교포 [在日僑胞]」，「재일한인 [在日韓人]」といった呼称が一般的に用いられている。本研究の研究協力者たちも，他の「在日コリアン」教師のことを，「교포 [僑胞] の先生」と呼んでいたりもした。しかし，こうした呼称には微妙なニュアンスの違いもあるため[2]，本論文では，韓国国内での呼称を用いることはせず，「在日コリアン」という表記で統一することとした[3]。

「帰韓」

　"帰韓" ということばは，一般的には，"韓国に帰る" ことを意味することばである。そして，この "帰る" ということばに関していえば，厳密には，"自身がもともといた場所に戻る" ことを意味する。本論文で扱う「在日コリアン」は日本で生まれ育っているため，正確には，"帰る" 先に韓国を設定するのは実情にそぐわないように思われる。しかしながら，本書では，「帰韓」ということばを，「日本に居住している「在日コリアン」が民族的なルーツのある韓国に長期的に住むことを目的に渡る」という意味で用いることとする。他の候補としては，"韓国に帰還する，戻る，帰る，行く" などが挙げられるが，本書では括弧つきの「帰韓」ということばで統一することとした。

　なお，「特別永住者」という日本での在留資格を継続して保持しているか否かにかかわらず，「帰韓」ということばを用いることとしたが，第3章で引用するインタビューデータのなかでは，それぞれの研究協力者によって，適宜「行く」，「来る」，「戻る」などのことばが使い分けられている。

　一方，本書で用いている「帰還」は，「解放」直後の，「在日コリアン」による韓国への帰国を意味することばとする。

「日本人」

「日本人」=「日本国民」と見なした場合,「日本国民」とは「日本国籍を有する者」となる[4]。日本では,「親との血縁的な結びつきを重視し,生まれた場所がどこであろうと,親の国籍を継承する」という「血統主義」が採用されており[5],父または母が日本国民である者,それ以外では,「帰化」した者に日本国籍が与えられている（江川他［1973］1997）。上記を踏まえ,まずは,「日本国籍を有する者」を「日本人」とここでは定義しておきたい。

一方,石田（2007）は,「日本人の血統をもつ」ということばが指し示している対象を,「日本人の子として出生した者の実子」もしくは「日本人の子として出生した者でかつて日本国民として本邦に本籍を有したことがあるものの実子の実子」としている（p.17）[6]。石田の指摘を踏まえると,日本国籍はもたないが,「血統的には日本人」という場合もあるといえるだろう。

既に本章第1節で論じたように,「日本人」の定義,そして,そこに包摂される人々の範囲は歴史的に大きく変遷しており（小熊 1998）,「日本人」と「非日本人」は二項対立的に設定できるものではなく連続体であることも指摘されている（福岡 1993）。また,「在日コリアン」が自身を「純粋な「日本人」ではなく,不純な「日本人」だ」（鄭暎惠 2003：21）と述べる場合もあるため,「日本人」ということばをここで厳密に定義することに重要な意味があるとは考えにくい。また,筆者自身,「日本人」というカテゴリーに誰を包摂し,誰を排除すべきかを考えることに意味を見出してはおらず,「日本人」という概念は構築されたものだと考える立場をとっている。

とはいえ,本書では,「日本人」や非日本人」といった用語が頻出しているため,暫定的にでも定義づけをしておく必要がある。本書では,国籍または血統という観点から,ある人を「日本人」と呼称するか否かを判断することとし,「国籍や血統という観点から」に類することばとともに,括弧つきの「日本人」と表記する。

「母語」／「母国語」

田中克彦 (1981) は、「母語 (mother tongue)」と「母国語 (national language)」という二つの用語が混同されてしまっている状況を危惧し、著書『ことばと国家』において、「母語 (mother tongue)」に対して、以下のような定義づけを行った。

> 生まれてはじめて身につけ、無自覚のままに自分のなかにできあがってしまったことば、それはもはや、あたかも肉体の一部であるかのように、他のことばとはとりかえることができない、そういうことばの概念も、固有語のそれに劣らず、ことばと人間との根源的な関係を考えるときに、しっかりと手放さないでおきたい。<u>生まれてはじめて出会い、それなしには人となることができない、またひとたび身につけてしまえばそれから離れることのできない、このような根源のことばは、ふつう母から受けとるのであるから、「母のことば」、短かく言って「母語」と呼ぶことにする。</u>
>
> （田中 1981：29、下線は筆者による）

田中によると、「母語」とは、「いかなる政治的環境からも切りはなし、ただひたすらに、ことばの伝え手である母と受け手である子供との関係」で捉えられたものであり、「国家に属しているか否かは関係がな」く、「国家という言語外の政治権力からも、文化という民族のプレスティージからも自由」なものだという。そして何よりも、「国家、民族、言語、この三つの項目のつながりを断ち切って、言語を純粋に個人との関係でとらえる視点を提供してくれる」のが「母語」だと論じている (p.44)。その一方で、混同されがちな「母国語」、「母国のことば」に関しては、「国語に母のイメージを乗せた煽情的でいかがわしい造語」であると述べ、「政治以前の関係である母にではなく国家にむすびついている」と論じている (p.41)。

つまり、田中 (1981) の定義に則ると、「母語」とは、「生まれてはじめて身につけ、無自覚のままに自分のなかにできあがってしまったことば」であり、国家ではなく純粋に個人との関係性で捉えたことばという

ことになる。一方、国家と結びついた概念なのが「母国語」ということになる。このように、田中（1981）の著作により、日本では、「母語」／「母国語」という用語の使い分けは一般的に認識されるようになってきた。しかし、こうした用語の用い方にまったく異論がないわけではない。

　例えば、ましこ（2001）は、三つの観点から疑問を呈している（pp.46-48）。まず、アメリカに生活の拠点を移した、「韓国語」を解さない「在日コリアン」を例に挙げ、このような人々にとっての「母国語」とは何であるのか、「母国の言語」=「母国語」となるのだろうか、と指摘している。また、日本国籍を取得したフィンランド人や「在日コリアン」を例に挙げ、国籍が日本になった時点で「母国語」は「日本語」となるのか、と疑問を投げかけている。さらに、クレオールや手話の使い手などを考えると、果たして、「母語」=「第一言語」と考えてよいのだろうか、と述べている。確かに、以上のような例を踏まえて考えてみると、田中（1981）が提示した「母語」／「母国語」の概念がどの場合にもあてはまるわけではないことは明らかであろう。

　Skutnabb-Kangas and Robert Phillipson（1989）は、「母語」という概念には、Origin, Competence, Function, Internal and External Identificationといった四つの要素があることを指摘している。まず、Originとは、「the language(s) one learned first（最初に身につけた言語）」のことを指し、日常生活のなかで獲得してきたことばを意味している。前述の田中（1981）が定義した「母語」の概念は、このSkutnabb-Kangas and Robert Phillipson（1989）が提示した一つ目の要素のみを意味していることがわかる。また、Competenceは「the language(s) one knows best（もっともうまく使える言語）」、Functionは、「the language(s) one uses most（もっとも頻繁に使用する言語）」、Identificationは、「the language(s) one identifies with」、「the language(s) one is identified as a native speaker of by others（自分自身も周囲からも「ネイティヴ話者」として認められる言語）」をそれぞれ意味しているという。この他、彼らは、一人の人間が複数の「母語」をもちうること、どの定義を用いるかによって同じ人でも異なる「母語」をもつことができること、さらには、長い人生のなかで「母語」が複数回変わる可能性もあることなどを指摘している（pp.452-453）。以上を踏まえると、

「母語」という用語によって言い表す内容にはいくつものバリエーションがあること，また，容易には定義できないことがわかる。

　本書は，「母語」や「母国語」という用語について議論することを目的としているわけではないため，これ以上の議論は行わないが，上記の指摘も考慮に入れ，「母語」／「母国語」ということばによって指し示す内容を次のように考えたい。まず，本書で扱う「母語」ということばを，インタビューを実施した「帰韓」した「在日コリアン」2世・3世の教師にとっての「日本語」という観点から考え，「最初に身につけた言語」で，かつ，「もっともうまく使える言語」，さらには，「「ネイティヴ話者」として認められる言語」という意味で用いることとする。なお，本書で扱う「在日コリアン」教師たちは現在韓国に居住しており，「もっとも頻繁に使用する言語」が「日本語」ではないと考えられるため，この観点は「母語」という定義には含めないこととする。一方，「母国語」に関しては，田中（1981）の定義を採用しつつ，「母語」の場合と同様，筆者がインタビューを実施した「在日コリアン」教師たちにとっての「韓国語」という観点から捉え，民族的なルーツのある国家に結びついたことば，という意味で用いることとする。だが，このような定義も，すべての「帰韓」した「在日コリアン」にあてはまるものではないことを付け加えておく。「帰韓」した年齢や言語環境，帰属意識などによって事情は異なってくると思われるからである。

　なお，第1章の先行研究の検討において頻出している「母語」／「母国語」は，個々の論文からの引用などであるため，この限りではない。

注

1) 2008年のデータは外国人登録者数のうち中長期在留者に該当しうる資格で在留する者および特別永住者の数，2014年のデータは中長期在留者に特別永住者を加えた在留外国人の数となっている。
2) 「同胞」，および，「僑胞」ということばは，「血統を同じくする」という意味をもつ点においては共通している。しかし，「同胞」は「血統を受け継ぐ者として国内外を問わずに暮らしている同一の民族意識をもつ者」を指すことばであり，「僑胞」は「韓国籍をもちながら他国に定着している人々」を指すことばとなっている（金友子 2007：214）。後者のほうがより一般的に用いられているが，前者に比

べて突き放した感じがあるとも指摘されており（金友子 2009：426），両者には微妙なニュアンスの違いがある。
3) なお，こうした「在日コリアン」というカテゴリーは，日本社会に蔓延する差別によって，また，それと闘おうとする運動によって形成されてきたという側面があり，実体を伴ったものというより，ステレオタイプを意味することばでしかないという指摘もある（鄭暎惠 2003）。
4) 日本国憲法第10条，および，国籍法において日本国民たる要件が定められている（井上他編 2015）。
5)「血統主義」には，父系国籍によって子の国籍が決まる「父系優先血統主義」と，父母のいずれかが国籍をもっていることを根拠に子の国籍が決まる「父母両系血統主義」の2通りある。日本では1984年の国籍法改正以降「父母両系血統主義」が採用されている。なお，本研究のフィールドになっている韓国においても「父母両系血統主義」が採用されている（江川他［1973］1997）。
6) ここでは法務大臣による「定住者告示」（平成二年法務省告示第一三二号）において示された「日系人」の定義（法務省入国管理局 1990）が参考にされている。

第 1 章

「在日コリアン」教師の
ライフストーリー研究への視座

本章では,《「母語」とする言語》と《国籍／血統》の関係性を論じていくにあたって参照すべきだと考えられる先行研究を概観する。最初に検討するのは,既に何度も言及している「日本語は日本人のものである」とする「日本語＝日本人」という思想についてである(第1節)。次に,ある言語を「母語」とする人に対して使われる「ネイティヴ」という概念に着目し,先行研究を検討する(第2節)。これらの検討を踏まえ,"「日本語」を「母語」として身につけた「日本語のネイティヴ」だが,国籍・血統的には「非日本人」"である在韓の「在日コリアン」日本語教師に関する研究を検討する(第3節)。最後に,こうした教師たちを捉える理論的枠組みを示すとともに,研究課題について言及する(第4節)。

第1節
「日本語＝日本人」という思想

本節では,まず,言語と国家や国民がどのように結びついたものとして捉えられるようになってきたのか,その過程を概観する(1.1)。次に,国家や国民と密接に結びついた「国語」について,それが創出されたとされている20世紀初頭に遡って,議論を詳細に検討する(1.2)。また,そうした思想が「日本語」にも継承されていることを取り上げ(1.3),戦後の日本語教育にも,こうした「日本語＝日本人」という思想が依然として引き継がれていることを批判する一連の議論を取り上げる(1.4)。

1.1 「国家＝言語」の成立と流布

国家と言語の関係を論じた先駆的な研究としては,田中克彦(1981)やAnderson([1983]1991 = 1997)などの研究が挙げられる。

田中(1981)は,俗語が,文法を所有させられ,国家の手によって,言語の標準化と単一化を兼ね備えた「国語」へと仕立て上げられ,権威づけられていく過程をさまざまな事例をもとに描き出した。また,「あることばが一つのことば」と見なされるときの「ことばの単位」や「ことばの正しさ」とはいったい何を意味するのかといった議論を展開する一方で,「国家語」や「民族語」の位置を相対化し,言語による偏見か

ら人々を解放しうる可能性をもつピジン語やクレオール語に関しても論じている。

一方，Anderson（[1983]1991 = 1997）は，著書『想像の共同体』において，国民を，「イメージとして心に描かれた想像の政治共同体である――そして，それは本来的に限定され，かつ主権的なもの〔最高の意思決定主体〕として想像される」(p.24) ということばで表現し，その概念の成立と流布の過程を明らかにしようと試みた。そして，これまで一度も会ったことのないような人々を，自分と同じ共同体に所属している国民として想像することを可能にしたのは，出版資本主義や出版語の存在であったと指摘した。

出版語は，まず，さまざまな口語を話すために意思疎通が困難だった人々を相互了解できるようにしたという。これにより，「国民的なもの」と「想像」される共同体の胚が形成されたとAndersonは指摘している。また，出版語の登場により，言語の変化が鈍化し，言語の固定化が進んだこと，さらには，ある特定の方言が出版語に比較的近いということから権威づけられていく事態が生み出されたことを指摘している (pp.84-85)。このように，さまざまに話されていた俗語が次第に統一化され，出版語という言語として，新聞や小説などの書物のなかで共有されていく過程を経て，同じ言語を共有している人々の間に共同体意識が形成されていったのだという。その後，19世紀半ばには，すべての君主がこうした俗語を「国家語」として採用するようになり，言語による国家への国民的帰属は決定づけられていったという。この過程において，国民としての意識も醸成されるようになっていったのである。

両者の論考は，世界のさまざまな国家や民族の事例をもとに，言語と国家の関係性を見事に描き出しており，理論的な検討は詳細には行われていないにしても，その見取り図を描き出した点で大きな貢献を果たしたと考えられる。その後，こうした田中（1981）やAnderson（[1983]1991 = 1997）によって提示された「国家＝言語」という素描は，日本に文脈を移し，具体的な考察が行われていった。

1.2 「日本語＝日本人」を内包した「国語」概念の来歴

　亀井（1971）は，論考「「こくご」とはいかなることばなりや」において，「"ひとつの日本語" はもと明治以来の国語政策が教育の実践を媒介として定着せしめた虚構にほかならない」(p.232) と述べている。「国語」は日本の近代国家を形成していく過程で，「国語意識」とともに創出され，教育実践を通じて普及されたものであることを指摘したのである。

　こうした亀井の論考を踏まえ，より実証的に「国語」の来歴を論じたのが，イ（1996）の研究である。イは，亀井（1971）と同様に，「国語」という概念を，明治維新直後にはまったく存在しなかった，近代固有のものとして捉える立場をとり，上田万年から保科孝一に連なる系譜を中心とした国語学者たちの論考などの言説分析から，より具体的にこの問題を捉えている。イは，明治20年代に，統一的国民の創出と国家意識の高揚といった，日本が近代国家として自らを形作っていく過程と並行して，「国語」という理念と制度はつくりあげられていったと指摘している (v-vi)。しかし，亀井（1971）とは異なり，「国語」理念が形成される歴史を，日本国内に向けての「国語」の創出という観点だけではなく，植民地の領有との関わりのなかで要請されていったものとして考察している。

　そこで，以下では，主にイ（1996）の論考をもとに，近代日本における「国語」理念の創出に決定的な役割を果たしたとされている上田万年と，その弟子である保科孝一の思想を跡付け，「日本語＝日本人」という思想を内包した「国語」がどのように形成されてきたのかを描写する。

　上田は，1890年代初頭に留学したドイツでの経験をきっかけに，従来の比較言語学ではなく，厳密な実証主義にもとづいた言語学の方法論を取り入れるようになったとされている（イ 1996：116）。当時のドイツでは，それまでの古典語偏重教育に対する批判が繰り広げられ，実用的知識や近代科学を学ぶためのものとして，ドイツ語の授業時間の拡大が中等教育において推進されていた。また，1871年のプロイセンによる統一に伴い，さまざまな民族を一つの国家に包摂しなければならない事態となっていた。このような状況にあって，「ドイツ語」は「ドイツ的

なもの」、ドイツの民族精神そのものが宿っているものと見なされ、ドイツ語教育は国民教育の根幹をなすものとして考えられていたのである。つまり、当時のドイツ語教育は、「ドイツ人たちに自分たちがひとまとまりの「ドイツ人」であることを目覚めさせる唯一の手段」(p.113) とされていたといえる。このようなフンボルト的な言語観に触れた上田は、非常に強い影響を受け、「言語とナショナリズムの不可分な結びつきという認識」(p.117) を日本にもち帰り、その後、「国語と国家」という講演において、以下のように述べた。

　　言語はこれを話す人民に取りては、恰も某血液が肉體上の同期を示すが如く、精神上の同期を示すものにして、之を日本國語にたとへていえば、日本語は日本人の精神的血液なりといひつべし。

　　　　　　　　　　　　　　　　　　　　　　　　　　（上田 1895：12）

このように、上田は、「日本語」を「日本人の精神的血液」と称し、「日本語」と「日本人」の不可分な結びつきを普及させていった。国語と国家との結びつきを精神主義的に説いた国学系の学者はそれまでにもいたとされているが、上田のように、「より内的・有機的なものとしてとらえ、それを学問的装いのもとに論証しようとした」者はおらず、その点で、上田はまったく新しい観点をもっていたとイは指摘している (p.119)。

しかし、日清戦争以降の内地雑居という新しい言語環境に直面し、上田は、「話し聞くときも、読み書くときも、つねに「同一の性質」をもち、談話にも文章にもひとしく使用することのできる言語」、つまり「言文一致の精神を維持し居る国語」(p.140) が依然として存在していないことを憂慮するようになっていった。そして、日本語の固有性が脅かされてしまうのではないかと危惧し、標準語の制定によって、「国語」の統一化を図る必要性を主張していくようになっていったのである。そこで、さまざまな言語学調査を実施して、前もって標準語を具体的に選定し、それを学校教育によって規範言語として普及させようとした。つまり、言語学的調査という学問的装いを見せながら、「「標準語選定」

という言語規範の確立」(p.144)を行おうとしていったのである。このように，国語の言語学調査と「標準語選定」，つまり，本来ならば，異質で対立するものであるはずの学問的記述と制度的規範の設定が「国語」の理念のもとに結びつけられていったといえる。こうして，「国語」はその理念が完成されていくのと並行して，教育制度のなかにおいてもその存在感を強めていったとされている（pp.133-151）。

　このような「科学的国語学」の構築と国語政策の確立という課題は，その後，上田の弟子である保科孝一に引き継がれていった。保科は，国語学の基礎づけ，標準語の制定，方言調査という異質のものが，学問的にも実践的にも結びついていると捉え，標準語が制定されなければ，「国語学」の確固とした認識対象をつくり出すことができず，国語学の基礎は確立し難いと主張した（pp.222-226）。

　その保科は，その後，ヨーロッパに留学し，ドイツ領ポーランドの危機的な言語状況を見聞するという機会を得ている。そして，その際，朝鮮総督府からの依頼によって，ポーランド人に対する「ゲルマン化」政策に関する調査を行い，異民族を統治下に置くにはどのような方針を立てていくべきかを検討した。そのなかで，保科は，日本が朝鮮に対して採るべき指針を見出していったのである。保科は，日本国内における「国語」の統一化政策を植民地に適用させていくことが有効であると考え，武力によって強圧的に政策を実施するのではなく，「国語」教育を長期的に実施することで「日本人」の思想，そして，日本への「同化」を図り，異民族統治を行っていくべきだと主張した（p.231）。このようにして，領有した植民地において，「非日本人」を「日本人」や日本に「同化」していくための手段として「国語」は利用されていったのである（pp.226-244）。

　このように明治以前には存在していなかったとされる「国語」は，近代国家形成という社会的な状況に影響を受けながら，「日本語＝日本人」という思想とともに，統一化された規範言語としての性質を内包させていった。その概念的な側面と制度的な側面の両方が形成されていったのである。つまり，「「国語」とは，はじめから存在している事物ではなく，近代国家に適合する言語規範をもとめる意志がつくりだした価値対

象」（イ 1996：93）なのである。ここで取り上げた国語学者以外にもさまざまな人物がその過程に関わってきたが、特に、上田の巧妙なロジックのすり替えによる「日本語＝日本人」という結びつき、そして、近代国家形成の過程で着手された「国語」の均一化は、この「国語」という概念の形成において重要な役割を果たしたのである。

1.3 「国語」から「日本語」へ

以上のような来歴を踏まえ、子安（1997）は、「国語」を、「近代日本にあって新たに存立すべき〈国家語・国民語 national language〉への喫緊の要請にもとづいて成立する政治的な、そして制度的な概念」（p.262）だとし、「国語学」については、「〈われわれのことば〉の成立という国家的な要請を学問的な課題として受け取りながら近代日本に成立する学術的言説」（p.263）だと述べた。その上で、「国語学」という名称が「日本語学」に表面的に変更されたという流れが過去にあり、大学制度における学科名としても「日本語科」という看板が掲げられるようになったことについて、批判的に論じている（子安 1994：1997）。子安はこうした動きの背景には、「「国語」が、いまや〈われわれのことば〉を意味することばになってしまった」ため不適切であるから、「〈国語〉の使用は止めて〈日本語〉にかえるのだ」（子安 1997：265）といった考えが、旧国語学者／新日本語学者たちによって共有されていたからではないかとしている。「国語」に代わって用いられるようになった「日本語」は、結局のところ、諸言語の一つではなく、諸国家語の一つとしてしか位置づけられておらず、「国語」が実に表面的に「日本語」にすり替えられているにすぎないことを「欺瞞の言説」であると子安は批判したのである。

また、子安は、「外国語としての日本語」の登場により、「〈日本語〉とは〈日本国家語〉の対外的な顔であり、〈国語〉とはそれの対内的な顔」とされるようになったが、〈日本国家語〉の支配的言語としての構造をそのままに、対内的な顔を対外的な顔にふりかえ」（p.275）るようになったとも指摘している。このような「国語」から「日本語」へのすり替えのなかで、「支配的言語の内外両面における支配性」が隠蔽されてしまっていることを批判したのである。

一方，安田（2003）も，「国語」と「日本語」という二つの概念に関する整理を試み，近年，「国民国家原理を反映した国語から日本語を切り離して中立的な概念として設定しようとする傾向」があることを取り上げ，「日本語という単語の来歴からすれば，国民国家的原理を内に含んだ概念であって，決して中立なものとして設定できない」(p.26)といった批判を展開している。

　安田は，「国語」を，「近代国民国家において国民の創出および統合のために用いられている制度」とし，「過度の精神性」が付与された「きわめて人工的であるにもかかわらず，国民の始源がそこに含まれているという「自然な」言語であるという装い」(pp.22-23)がなされているものとした。一方，「日本語」を，「他者を前提とした日本という概念の形成」と連動して「そこで話されるさまざまな形態の言葉」として認識されていったが，そこに「国語」の機能を内包していったものであるとした。そして，この過程を経て，「国語＝日本語」という等式が成立していったと論じたのである(p.24)。

　また，台湾や朝鮮といった植民地化を行った地域では，帝国臣民としての統合を目指していたため，「日本語」ではなく「国語」と称し教育が行われてきたが，その後，大東亜共栄圏として「国語＝日本語」を広めていく際には，「東亜共通語としての日本語」といった表現が出現し，「日本語」の教育が行われていったことも指摘している。これらの経緯からも，「日本語」ということばには，帝国日本が異民族支配による国民国家の境界から外へ向けられた「国語」と同じ概念が含まれていることがわかる。このような議論を踏まえ，安田は，「日本語」にも，国民国家形成の過程でつくり出された「国語」と同じ思想が流れていると論じたのである。

　このような子安や安田の議論からいえることは，「国語」だけではなく「日本語」も，「日本人」との一体化を前提とする思想を抱え込んできたということである。より「中立的なもの」を求めて，「国語」から「日本語」へと名称などを変更しても，それは，表面的なすり替えにすぎない。実質的には，内包されている概念自体が変容を遂げたわけではなく，そこにあるのは，同質性を兼ね備えた統一体としての「日本語」

という概念なのである。

1.4 日本語教育における「日本語＝日本人」という思想への批判
1.4.1 戦前・戦中期と戦後の日本語教育の連続性

　以上，論じてきたような，「日本語＝日本人」という思想が内包された「国語」概念の形成の過程やそうした概念を継承した「日本語」に関する議論は，多くの場合，その終着点において，批判の矛先を「日本語」を教育内容としている今日の日本語教育に向けていく。

　例えば，川村（1994）は，戦前・戦中期の日本語教育と今日の日本語教育の違いは，その支えになっているものが軍事力なのか経済力なのかといった点のみだと指摘した。そして，「日本国家，日本民族，日本語が三位一体」であるという思想が今もなお引き継がれている今日の日本語教育を批判的に論じた。現在の日本語教育においては，「日本精神や皇道精神」を強要するような教育は行われていないとしながらも，流入する外国人に対して，「「日本語」を強制するほかに，日本的な習慣，風習，文化に対する無言の，あるいは有言の同化や服従」を強いているという。「国際的には決して普遍的ではない奇妙な"日本事情"を勉強し，それに従わなければならない義務」（p.264）を学習者に負わせていると述べ，日本語教育・「日本事情」教育批判を展開したのである（pp.261-264）。

　このような批判は，以下の大濱（1992）の論考においても展開されている。

　　「大東亜」建設の使命感に燃えた戦前の日本語教師がもった強烈な国家意識にくらべ，戦後の日本語教師が国家イデオロギーを「無縁」な存在として，「語学教師」に徹することで自己の場を設定したとはいえ，逆に内実においては強く国家に呪縛されている点で共通した世界にささえられている。むしろ戦後の日本語教育は，言語が民族文化の基底とかかわるが故に，国家イデオロギーから自由であり得ないという認識を故意に欠落させたまま，「語学教師」として「自立」出来ると思いこんでいるだけに，戦前より問題が大きい。

　　　　　　　　　　　　　　　　　　　　　　　（大濱 1992：75）

大濱は，国家イデオロギーと言語教育の密接な関係に無自覚な日本語教師の認識のあり方が，今日の日本語教育の「同化」的側面を形成している可能性を指摘している。そして，戦後の日本語教育が戦争責任ともいうべき議論から逃げるかのように，「言語教育が負わされたイデオロギー性」から目をそらし，「「語学教師」のための教授論にうつつをぬかしすぎ」(p.78) てきたことを厳しく批判している。

　これらの論考は，戦前・戦中期の日本語教育が「日本語」による「日本人」「日本」への「同化」を目指していたことを挙げ，今日の日本語教育にもそのような側面があるのではないかと問題提起している。しかしながら，「日本語＝日本人」という思想を内包しながら成立した「国語」概念の形成過程がその根拠とされているだけで，今日の日本語教育の具体的な文脈は示されていない。そのため，こうした議論からだけでは，今後の日本語教育の展望を考えていくための建設的な視点を得ることはできないと思われる。

1.4.2　日本語教育の構造的問題

　こうしたなか，戦後の日本語教育という文脈に視点を置きつつ，「日本語＝日本人」を批判するタイプの論考も報告されている。

　例えば，田中望（1996）は，言語のフォームを効率的に学習し，コミュニケーションの場で応用するという構造をもつ日本語教育自体に，「日本人をつねに優位に置く枠組みを暗黙のうちに容認し，かえってそれを強化していく」(p.32) 側面があると批判している。また，その場合の日本語は，（現実的にはそうでなくとも）完璧な能力を保持した「日本人」と能力の欠けた「外国人」，「教える側と教えられる側」，「ケアする側とケアされる側」という関係性の固定化を促す「抑圧者の言語」となってしまうことを指摘している。学習者が日本語を学習すればするほど，日本人との能力の差を意識し，「自分の声」をあげることに躊躇してしまうのだという。結局のところ，日本語教育が共生社会の実現を阻害してしまうことになると田中は論じている。

　また，川上（1999）は，「日本事情」教育における「文化」の捉え方を論じた論考のなかで，日本語教育と「日本事情」教育との構造的力のア

ナロジーに関して以下のように述べている。

> 日本語教育は日本語学習者を限りなく日本人に同化する力をその構造的力として持っているということがある。つまり，異文化をもつ学習者をことばの教育を通じて日本人に同化していく構造を日本語教育自体がもっているということである。だとすると，日本語教師はその構造の中にあり，その構造は日本語教師の意識を限りなく同化主義に陥れることになる。したがって，同化主義の傾向を強める日本語教師は，「日本事情」教育においても同様のアナロジーから，日本文化を教えることによって学習者を日本人に同化するように働きかける傾向があるように見える。
>
> （川上 1999：17）

　川上の論考においても，日本語の教育を通じて日本人に同化するといった性質を日本語教育の構造自体がもっていることが指摘されており，日本語教師はその構造のなかで同化主義に陥りやすいことが指摘されている。

1.4.3 「日本語の国際化」論と「簡約日本語」

　一方，「日本語＝日本人」という思想への批判は，「日本語の国際化」論とそれに伴って提唱された「簡約日本語」をめぐる議論のなかでも展開されていった。

　1980年代以降，雑誌などにおいて「日本語の国際化」をめぐってさまざまな特集や対談が組まれてきた。そこでは，日本の経済的な成長に伴い，世界各地で日本語が学ばれるようになった状況を踏まえ，「日本語は日本人のものである」といった意識を変革していく必要性や，さまざまな形の「日本語」，変化していく「日本語」に対処していくことについて議論がなされたのである（例えば，加藤 1986，土屋 1991，西尾 1992）。

　こうした動きのなか，野元 (1986) は，「国際化された日本語は，純正の日本語でなければならないか」(p.33) という問題提起を行った。そして，「簡約日本語」なるものを，「第二言語以下として日本語を習得する

人のために作るべきではないか」(p.35) と呼びかけた。野元が提唱した「簡約日本語」とは、「日本語の難しい点を取り払い、エッセンス」によって創られた「日本語」のことであり、「次々とステップを重ねていって、最終的には日本人の日本語と同じところまでいく」前の、「初歩」の段階の「日本語」とされている（野元 1992：1-2）。このような「簡約日本語」の使用が認められることにより、日本語の裾野はより広くなり、迫りつつある「日本語の国際化」にも貢献しうると野元は考えたのである。

　しかし、こうした野元の主張に対して、各方面からさまざまな批判が巻き起こった[1]。そのなかでも、例えば、土屋 (1991) は、「初めから正しい日本語を教へれば手数がかからないのに、初めからわざわざをかしな日本語を教へ、次の段階で少し修正した、やはりをかしな日本語を改めさせ、第五段階でやうやく正常な日本語に辿りつくという苛酷な学習法に耐へられる人が果たしてゐるのだらうか」(p.14) といった疑問を投げかけた。そして、単に「外國人が正しい日本語、美しい日本語を学ぶ手助けをすればよいのであり、國際化のために日本語を歪めるのは本末転倒である」と指摘した。土屋は、「気候風土、生活様式、自然観、社会観、人間観、伝統文化など」の「民族性」と言語が不可分の関係にあると論じ、野元の主張を真っ向から否定したのである。

　こうした「日本語の国際化」に関するさまざまな議論を、田中克彦 (1989) は二つの観点から整理し、以下のように述べている。

　　一つは日本語が国際的に、すなわち、日本人以外の人たちにも使いやすいように、日本語を閉じ込めている文化的なせまさを破って、より普遍的で広いコミュニケーションの場で使えるように工夫するか、あるいは今ある日本語をそのままに、威信ある言語として、外国人に丸呑みさせるかである。

　　　　　　　　　　　　　　　　　　　　　　　　（田中 1989：22）

　前者は野元の主張に、そして、後者は土屋の主張にあてはまると思われるが、当時、行われた主張のなかで圧倒的に多かったのは、「簡約日

本語」を「日本語＝日本人」という図式を崩すものと見なし，警鐘を鳴らす後者のタイプであった。だが，こうしたなかで，前述の田中（1989）は，前者の「簡約日本語」の方向性自体は評価しつつ，国際的に使用可能なものに改変することが目指され，計画された「日本語」にも問題がまったくないわけではないと述べ，以下のような批判を展開していった。

> この構想は，日本語の構造のより単純化という言語それ自体にせまく限定したかぎりでは，間違ってはいない。それは，日本語の文法と語彙はどこまで単純化し得るかという試みとしてはたいへん意義がある。しかし，問題は，純正日本語をそのままにしておいて，二流の予備日本語を作るというところにあり，方言がすでにそう扱われているように，そのことばを話すだけで話し手は烙印を押されるという，日本の社会言語学的状況を考えに入れていないという点で，この構想は批判を免れないであろう。「二流」とは，言語自体にかかわるものではなく，社会がそう見なすということにほかならない。大切なことは，別の日本語を作ることではなく，今げんにある日本語を使いやすくすることである。
>
> （田中 1989：24）

田中は，「儀礼的，固有文化的側面」が一層強調される傾向にある「規格儀礼日本語」なるものを学習者にそのまま教え込むことを否定した上で，一般的に使用されている「日本語」とは異なる新たな「日本語」がつくり出されても，「二流の予備日本語」としてしか受け止められない可能性を指摘したのである。

このように，「日本語の国際化」論の発展とともに提唱された「簡約日本語」は，「日本語」に意図的な変更が加えられてつくり出されたものであり，「日本人の日本語」ではない「日本語」の使用を広く推進する方向に目が向けられたという点においては，「日本語＝日本人」という思想への対抗言説にもなりうると捉えることもできる。しかし，その先に習得ステップとして「日本人の日本語」が設定され，結局，「日本人の日本語」に移行していくプロセスのなかの中間言語という位置づけ

に置かれているため，実際のところ，何ら「日本語＝日本人」という思想への批判としては機能しないといえるだろう。しかしながら，こうした「日本語」の見直しへの動きは，続く，岡崎が提唱した「共生言語としての日本語」にも継承されていくのである。

1.4.4 「共生言語としての日本語」

　岡崎（2002）も，こうした「日本語＝日本人」という思想を問題視し，同化的側面を回避すべく，「共生言語としての日本語」という考えを打ち出している。岡崎は，多言語・多文化共生社会においては，「日本語母語話者間のコミュニケーションの手段」となる「母語場面での日本語」と「日本語母語話者と非母語話者あるいは非母語話者間のコミュニケーションの手段」となる「共生言語としての日本語」といった2種類の日本語が存在していると述べ，後者のような「日本語」を地域の日本語教室では扱っていくべきだと主張した。「母語話者が内在化している日本語を規範とし非母語話者が用いる日本語をそれからの逸脱として「指導」や「矯正」の対象」(p.64)とするのではなく，「母語話者と非母語話者の間で実践されるコミュニケーションを通して場所的に創造されていく」(p.59)，「母語場面の日本語」とは異なる「一つの言語変種」(p.64)として，新たに「日本語」を立ち上げる必要があると論じたのである。そして，そうした「日本語」を岡崎は「共生言語としての日本語」としたのである。このように「一つの言語変種」という観点から，「共生言語としての日本語」を新たに位置づけることで，岡崎は「母語場面の日本語」を教え込むような同化主義的な日本語教育からの脱却を目指していくことができると主張したのである。

　しかし，こうした岡崎の主張に対して，以下の牲川（2006b）や須田（2006）では鋭い批判が展開されている。

　牲川（2006b）は，「ネイティブの日本語は規範となりノンネイティブにその習得を迫るので，地域の日本語支援は，それとは別の，規範とならない創造的な「共生言語としての日本語」を対象とすべきだと主張されている」(牲川2006b：112-113)と岡崎の論考をまとめた上で，「母語場面の日本語」と「共生言語としての日本語」は「別種のものとして共存

できるのか」(p.115) と疑問を投げかけた。牲川は,「別種のもの」として「共生言語としての日本語」を打ち立てたとしても,「母語場面の日本語」には固定的な体系があるということ自体を否定しているわけではないため,「決まった体系をもつ一つの日本語として,確かな存在が約束」(p.116) されてしまうことには違いないと指摘し,ネイティヴ≒日本人の「母語場面の日本語」は結局より正当なものとして温存されてしまうのではないかと論じている。そして,こうした批判をもとに,牲川は,「共生言語としての日本語」を「母語場面の日本語」とは異なるもう一つの「日本語」として提起するのではなく,「共生言語としての日本語」しかないと言い切るという,戦略的な論じ方が必要だと主張した。

　一方,須田 (2006) は,まず,「日本語の国際化」という議論において,「逸脱した日本語」にいかに対処するかという議論がどのように展開されてきたのかを跡付けた上で,「共生言語としての日本語」のもつ問題を指摘している。それによると,これまでの「日本語の国際化」論においては,「逸脱した日本語」を,「国民国家日本＝日本民族＝日本語＝日本文化」とする「単一民族神話」に反しているという理由から,積極的に排除すべきだと主張する「非寛容な」論調がある一方で,「「おぞましき日本語」に耐える寛容の精神を持たないといけない」(加藤 1986：10) といった「寛容」な論調も見られるとした。しかし,須田 (2006) は,「単一民族神話」を脱‐神話化している後者の「寛容」な見解にも,「正しくない日本語」を受容するか否かの判断が日本人側に委ねられているという問題が内包されており,実際には同化主義的な考えが織り込まれていると批判した。

　そして,岡崎 (2002) が提唱した「共生言語としての日本語」に対しても,同化主義から逃れることを目指して打ち出されたものとはいえ,「共生日本語」の創出が「日本語」の内実を大きく変容させていく可能性は低いと指摘した。その理由を,須田は,「「共生日本語」もまた「方言」と同様に,「標準日本語」との共通点をもちつつも「標準日本語ではない」という否定の形で同一性を与えられているから」(p.18) だと論じている。「共生言語としての日本語」も結局は「日本語」の「内部の外部」に位置づけられることになり,「日本語」という参照枠自体

が大きく変化する可能性は依然として閉ざされてしまっているのだという。

1.4.5　教師と学習者が経験する「日本語の規範性」

　以上のように，近年，日本語教育に潜む「日本語＝日本人」という図式をめぐってさまざまな議論が構築されている。それらは，単に過去の「国語」概念の形成過程を踏まえて日本語教育を批判しようというものではなく，視点は現在の日本語教育に置かれているといえる。それでは，こうした問題を，日本語教育の現場にいる学習者や教師などはどのように経験しているのであろうか。

　まず，友沢（1999）は，「日本語」が日本語教師にとってどのようなものかという問いを立て，日本語の規範性に関して論じている。友沢は，日本語教師自身が「日本語」の同一性のイメージのなかに「安住」してしまっている結果，そのイメージのなかに存在する「階層的構造」とその「規範」を受け入れていると指摘している。「階層的構造」や「規範」とは，すなわち，「標準語」という「国語」を頂点に据え，その下に「方言」などの変種，さらに「第二言語としての日本語」を置くといった「序列構造」や，その序列が生み出す「標準語」偏重のことを意味している。教師たちはそれらに無自覚のまま「教える」現場に立っているため，結果として，その再生産に加担してしまっていると友沢は指摘している。

　一方，以下で取り上げる，森本（2001），鄭京姫（2010a；2010b）はそれぞれボランティアの日本語教室におけるミーティング記録や学習者のライフヒストリーなどのより具体的なデータをもとに，詳細な文脈を事例として提示した上で「日本語＝日本人」の問題について論じている。

　まず，森本（2001）は，ボランティアの日本語教室の言説分析から，「日本語能力」という覆しえない基準によって，「日本人」カテゴリーと「非日本人」のカテゴリーが決定されていく場面を描いている。自分には「専門家」としての知識や経験がないと認識しているにもかかわらず，自分には「外国人の日本語」の「正しさ」を判定する資格があるといった意識をボランティアがもってしまうことを取り上げている。その背景

には,「日本人」であるということを理由に,「非日本人」にはもちえない「日本語を完璧に操る能力」があるといった前提があることを森本は指摘している。このように,「日本人」には「日本語を完璧に操る能力」があり,「非日本人の日本語」を評価できるという特権を付与してしまうことは,「日本人の日本語」には「正統性」を与え,「非日本人の日本語」には「逸脱」といった烙印を押す土壌をつくり出すことになるといえる。

　また,鄭(2010a；2010b)は,〈一番わかりやすい日本語〉,〈完璧な日本語〉とラベリングされる「正しい日本語」としての「日本人の日本語」と,〈変で〉,〈馬鹿な〉とラベリングされる「外国人の日本語」という「二分化された日本語」の存在を日本語学習者へのライフヒストリー・インタビューから明らかにしている。その問題点として,鄭は学習者が「日本人の日本語」を意識するあまり「コミュニケーションにおいて自分らしさを感じることができなくなる」(2010a：8)ことを挙げている。そして,「日本人」に理解されない「日本語」ではあるが,自分の感情や考えを表現できる,「日本人の日本語」でもなく「外国人の日本語」でもない「私の日本語」を育成していく日本語教育の必要性を指摘している。このように,鄭の論考では,「外国人の日本語」が逸脱として捉えられ,それが「日本人の日本語」の下位に位置づけられていること,そして,そうした構図を学習者自身も内面化してしまっていることが描き出されているといえる。

1.4.6　「日本語＝日本人」という思想への通時史的な批判

　これらの論考に対して,以下で取り上げる田中里奈(2006a；2006b)や牲川(2004a；2004b；2006a；2008；2012)においては,「日本語＝日本人」というイデオロギーを内包したままの戦後の日本語教育の姿が長期的なスパンで実証的に明らかにされている。

　田中(2006a；2006b)は,日本語教科書の通時的な内容分析と作成者の論考の批判的検討から,戦後の日本語教育において,「国家」「国民」「言語」「文化」がいかに捉えられてきたのかを明らかにした。「日本人のように日本語が話せるようになりたい」などといった学習者の視点が

利用されながら、巧妙に「日本語＝日本人」という考え方が提示されてきたこと、また、境界が完全に固定化され、「単一」のものから構成された統一体として「日本」「日本人」「日本語」「日本文化」がそれぞれ想定されてきたことを指摘した。田中は、こうした思想は、戦前・戦中期のものとまったく同一のものではないにせよ、類似していることを問題化したのである。

一方、牲川 (2004a；2004b；2006a；2008；2012) は、戦後の日本語教育学がいかにナショナリズムに規定され、それを維持してきたのかを、雑誌『日本語教育』に掲載された論考の内容分析などをもとに描き出している。牲川は、1) 戦前・戦中の「日本語＝日本精神論」との連続性と断絶、2) ナショナリズムに規定された日本語教育学の理念、3) ナショナリズムに亀裂をもたらす日本語教育学という、三つの分析観点を設定し、「思考様式」という側面から日本語教育におけるナショナリズムの問題を論じている (牲川 2006a；2012)。牲川 (2012) は、まず、学習者に対して日本的なものを理解・習得させて、「日本人」化を促そうとする「包摂の言説」の存在を指摘している。だが、日本的なものに関しては明確な規定はなされず、「非日本人」には理解・習得しきれないものであるとされるため、結果として、「日本人」への包摂を求めつつ、「非日本人」には完全には理解・習得できないとして差異化を正当化するのだという。その一方で、日本的なものや学習者の母国的なものがあるといった前提から、両者の間に越えられない壁を構築し、差異を強調する「差異化の言説」も存在しているという。だが、両者の差異を理解・尊重させるといった教育目標は、学習者が日本や日本人に対して何か違和感をもったときに、批判や告発をさせないよう方向づけることになり、結果として、日本・「日本人」への包摂を正当化するという。このように、戦後の日本語教育に見られる包摂／差異化の論理は、「「非日本人」を「日本人」に取りこみつつ排除し、排除しながら取りこむという形で、巧妙にナショナリズムの維持に寄与してきた」(p.199) という。

以上のような研究の動向を概観した三代・鄭 (2006) は、「正しい日本語」を想定することの問題、つまり、「日本語＝日本人」という思想の問題を以下の三つに分類した (pp.81-88)。

1) 日本語が近代の植民地主義的なイデオロギーから影響を受けて「国語」という思想を内包し形成されてきたという「歴史的問題」
2) 「ネイティヴ＝日本人が話す日本語」を「正しい日本語」として設定することによって，「正しい日本語」から逸脱したものが社会的に不利益を被る可能性があるという「差異化の問題」
3) 「日本人にわかってもらうための日本語」，「日本人のような日本語」といった「正しい日本語」の存在によって，言いたいことが言えなくなるなどの「コミュニケーション阻害の問題」

　三代・鄭は，上記の三つが互いに絡み合う形で，こうした「日本語＝日本人」という図式の問題は構成されてきたのだと指摘している。
　しかしながら，「日本語＝日本人」という考え方の再考・解体を目指すのであれば，研究の蓄積は未だ十分とはいえないのが現状ではないかと筆者は考える。
　例えば，従来の研究では，「非日本人」を「日本人」化させるための論理やその媒介になるとされている「日本人のような日本語」や「正しい日本語」といった発想が批判の対象とされてきた。日本語教育という研究の領域性からか，「正しいか／正しくないか」といった言語学的な観点からの「日本語＝日本人」への批判が中心となっていて，「日本人の話す日本語」を「正しい日本語」として頂点に据えようとする言語観への批判という側面が前面に押し出されている傾向にあった。しかし，そうした「日本語＝日本人」批判の議論のなかで，"「母語」は「日本語」だが「日本人」ではない人々"の存在はいったいどこに位置づけられてきたのであろうか。これまで行われてきた多くの研究では，《「日本語」を「母語」とする「日本人」》と《「日本語」を「母語」とはしない「非日本人」》といった二項対立的な関係性のなかで議論が展開され，「母語」は「日本語」だが「日本人」ではない，といった《「母語」とする言語》とそこから想定されうる《国籍／血統》との間にズレをもつ人々の存在は等閑視されてきたといえる。つまり，日本語の「ネイティヴ」として「日本人」のみが想定されてしまっていること自体に対する批判は十分には展開されてこなかったのである。

それでは，ある言語の「ネイティヴ」とはいかなる人々を指す概念なのであろうか。また，ある言語の「ネイティヴ」ではあるが，その言語が話されている言語共同体の主要な構成員として国籍や血統を有していない場合，その「ネイティヴ」は一体どのような位置に置かれるのであろうか。

　そこで，次節では，「日本語＝日本人」という思想の議論からは少し離れ，言語教育において「ネイティヴ」／「ノンネイティヴ」がいかなるものとして捉えられ，そこにどのような力が付与されてきたのか，また，そうした関係性を脱構築していく議論がどのように展開されてきたのかを概観していく。

第2節
「ネイティヴ」／「ノンネイティヴ」という概念

　「ネイティヴスピーカー（以下，「ネイティヴ」）」，「ノンネイティヴスピーカー（以下，「ノンネイティヴ」）」という概念に関して，これまでどのような議論が展開されてきたのであろうか。本節では，まず，これまで論じられてきた「ネイティヴ」という概念に関する定義を確認し (2.1)，次に，主にアメリカの言語教育において議論されてきた「ネイティヴ」／「ノンネイティヴ」の概念に関する研究を検討していく (2.2)。そして，日本語教育における「ネイティヴ」／「ノンネイティヴ」という概念に関しても，どのように論じられてきたのかを批判的に考察し，その上で，新たにどのような視点から，「ネイティヴ」／「ノンネイティヴ」概念の議論を構築することができるのかについて言及する (2.3)。

2.1　「ネイティヴスピーカー」とは誰か

　「ネイティヴ」という概念そのものに疑問を投げかけた先駆的な研究として，まず，Paikeday (1985 = 1990) が挙げられる。Paikedayは，日常的にも使用されている「ネイティヴ」という用語の定義に悩み，さまざまな言語学者に定義に関する回答を求めた。そして，それらをもとに，紙上パネルディスカッションという形で議論を展開させ，『The Native

Speaker is Dead!』というタイトルの書籍にまとめた。そのなかで，Paikedayは，言語学者たちによる「ネイティヴ」という用語の定義には，大別して2通りあることを以下のように指摘している。

　まず，一つ目の定義は，「ある言語を母語（mother tongue）または第一習得言語（first learned language）として身につけている人」(p.23) といったものである。これは，辞書にも見られるようなもっとも一般的なものとされている。「ある言語のネイティヴはその言語を幼児期から，その言語の使われている国に生まれたお陰で身につけた人」(p.4) と捉えたマクレオードや，「言語形成期にその言語を第一言語として（場合によっては他の言語と同時にでもいいですが）身につけた人々」(p.12) と捉えたカウイーなどによっても支持された定義である。

　また，二つ目の定義として挙げられているのは，「ある言語の有能なスピーカー（competent speaker）であって，その言語を慣用に則って（idiomatically）使う人」(p.24) といった捉え方である。これは，言語運用に関する有能さや熟達度にもとづいて，ある人を「ネイティヴ」か否か判断するといったものである。例えば，論文のなかでは，「ある言語社会の一員であって，どれが正しい英語（フランス語，日本語，アタバスカ語）であるか，どれが，間違った英語（フランス語，日本語，アタバスカ語）であるかに関してその人の判断を辞書編纂者や言語学者が真剣に取り上げてよいような人全て」(p.9) といったハンクスの定義や，「自分の言いたいことをどう言語の形にするかに関して，音声と文法に関する限り，まったく何も考えないでよい人で，考えなければならないのは，文体，単語の選択といった種類のことに関してだけの人」(p.65) といったドリアンの定義などである。

　インド出身でアメリカに移住後，英語辞書の編纂に従事した経験をもつPaikedayは，「いわゆるネイティヴスピーカーと呼ばれる人でさえ，自分の身に付けた言語運用能力や文化レベルにはさまざまな個人差があり，決して絶対的なものではない」(p.69) と，一つ目の定義には懐疑的な立場をとっている。そして，そもそも，「ネイティヴスピーカー」ということばは，ただ単に，「母語または第一言語のスピーカーであるという事実」を示すだけであり，「用語の示す対象物がこの世に実存する

ことを証明できない」にもかかわらず，それがいかにも存在するかのように想定されてしまっていることをPaikedayは問題視した。「「ネイティヴスピーカー」は言語学者が想像した虚構の産物としてしか存在しない」(p.26) と強く主張したのである。

　上記のPaikeday (1985 = 1990) における議論を踏まえ，大平 (2001) は，さらに，言語学研究に大きな影響を与えてきたと思われる構造主義言語学のブルームフィールド，変形生成文法を唱えたチョムスキー，社会言語学のハイムズによる「ネイティヴスピーカー」の概念を比較検討した。そして，①「誕生時，あるいは少なくとも幼児期から当該言語に接触している」か否かに焦点化した「時間説」，②「当該の言語使用における有能さ」に焦点化した「能力説」，③「現実のさまざまな要素に左右されず，言語能力を完全な形で発揮できる理想的な話し手」を「ネイティヴ」とする「理想説」，といった異なるアスペクトから切り取られた三つの定義が混同されていることを指摘した。「ネイティヴ」／「ノンネイティヴ」という概念は，言語学研究においては，人間の言語現象をある一つの観点から描くための理論的道具として利用されてきたのだが，それにもかかわらず，今日では，その存在が所与の事実として当然視されてしまっていると大平は問題化した。さらに，こうした「常識」が受け入れられていくことにより，「ネイティヴ＝標準」／「ノンネイティヴ＝逸脱」といった前提が強化されていってしまう危険性も指摘した。このように，「ネイティヴ」という概念は，所与のものとして受け取られがちではあるが，Paikedayや大平の研究によって示されたように，実際には，研究者や研究領域によってその捉え方も異なっており，非常に漠然とした実体のないものだといえる。

2.2　他の言語教育における「ネイティヴ」／「ノンネイティヴ」概念への批判的検討

2.2.1　二項対立的な「ネイティヴ」／「ノンネイティヴ」の関係性の議論

　以上のような，「ネイティヴ」という概念に対して，特に1990年代以降，主にアメリカにおける言語教育関係者の間でさまざまな観点から異

議申し立てが行われてきた。

　その流れの一つは,「ネイティヴ」と「ノンネイティヴ」との間にあるとされる権力関係を批判的に考察した研究 (Canagarajah 1999, Cook 1999, Pennycook 1994, Phillipson 1992 など) である。

　例えば,Cook (1999) は,言語教育の現場において,「ネイティヴ」を言語能力や言語熟達度,言語知識という観点から,参照すべきモデルとして捉える考え方が依然として根強く支持されていることを指摘している。「初めて学んだ言語の「ネイティヴ」がその言語の「ネイティヴ」」(p.187) といった従来の捉え方を取り上げ,この定義に従って考えると,幼児期から学習しなかった第二言語学習者はその言語の「ネイティヴ」にはなりえず,いつまで経っても不完全なネイティヴとして見なされてしまうことになると批判している。このように「ネイティヴ」を捉えると,「ネイティヴ」と同等の言語能力に完全に近づくことは理論的に見ても不可能であり,それを言語教育の目標として設定することにはそもそも大きな矛盾を孕んでいるということになる。しかしながら,言語教育において「ネイティヴのように話せるようになること」を到達点とする考え方は根強く存在しており,それによって,多くの学習者は学習意欲を失うなどの負の影響を受けてきたと思われる。

　そこで,Cook (1999) は第二言語学習者を「approximations to mono-lingual native speakers（単一言語のネイティヴ話者の近似）」ではなく,「L2 users（第二言語使用者）」と見なすべきだといった主張を展開していった (p.187)。このようなイメージが共有されていくことで,「failed native speakers（不完全なネイティヴ話者）」といったイメージは払拭され,一言語しか使えない母語話者とは異なる能力をもつ「successful multicompetent speakers（複数の言語に有能な話者）」(p.204) として学習者は自らを捉え,「ネイティヴ」に対するコンプレックスを捨て去ることができるようになるとした。

　このように「ネイティヴ」／「ノンネイティヴ」という概念の捉え直しを試みたCookの主張は,「ノンネイティヴ」を「ネイティヴ」よりも「劣ったもの」,「不完全なもの」として捉える従来の研究とは異なる視点を提供しており,「ネイティヴ」神話への異議申し立てとしても興

味深い。しかしながら，その後，こうした議論に対しても，そもそも「ネイティヴ」や「ノンネイティヴ」という概念には，その内部にあるはずの多様性が固定化され，均質なものとして想定されている側面があるといった批判が展開されていった（例えば，Doerr 2009, Pennycook 2007）。こうした批判を乗り越えるための研究の視点がさらに必要とされているのが現状である。

2.2.2 「ノンネイティヴ」教師への肯定的評価による関係性の脱構築の議論

一方，「ネイティヴ」／「ノンネイティヴ」の権力関係に関して，「ノンネイティヴ」教師が兼ね備えた有利な資質を明らかにすることを通じて，両者の関係性を変えていこうとする論考も多数報告されてきた。

例えば，Medgyes（1992）は，まず，「ノンネイティヴにはネイティヴの言語能力には決して到達できず，ネイティヴとノンネイティヴという二つのグループには明確な区分がある」(p.342)と述べ，「ネイティヴ」と「ノンネイティヴ」の間には越えることのできない壁があるとした。しかし，その一方で，「ノンネイティヴ」には，「ネイティヴ」がもちえない強みもあるといった指摘を行った (p.346)。例えば，「ノンネイティヴ」教師は，「ネイティヴ」教師のように完璧な言語モデルにはなれないが，「成功した学習者」といったモデルを提供しうるということ，また，言語学習ストラテジーが提供でき，教育・学習プロセスにおいて学習者の「母語」でサポートできることなどをMedgyesは挙げている。

このような「ノンネイティヴ」教師に関する研究の多くは，「ネイティヴ」教師よりも「ノンネイティヴ」教師が有利だと思われる点や「ノンネイティヴ」教師のもっているストラテジーに着目している研究（例えば，Amin 2004, Cook 2005, Liu 2005, Phillipson 1992, Widdowson 1994）が多く，学習者のもつ文化的態度や信念，価値観などを熟知しているといった側面から「ノンネイティヴ」教師を評価するという共通性がある。こうした研究は，ことばや発音の正しさなどの言語能力以外の側面に焦点をあて，「ノンネイティヴ」教師の資質を肯定的に捉え直そうとしている研究だといえよう。

しかしながら，こうした研究に対しても，その後さまざまな批判が寄せられた。例えば，Doerr（2009）は，教授能力以外の部分で，「ノンネイティヴ」教師を評価していくという議論の方向性は，「ネイティヴ」が「ノンネイティヴ」よりも言語面において優れた能力をもっているという発想自体の再考を促すことには繋がらないと指摘している（p.6）。同様の指摘は，Kubota（2009）やWiddowson（1994）などでも展開されているが，言語能力以外の側面で「ノンネイティヴ」教師を評価するということは，「ネイティヴ」が「ノンネイティヴ」より言語的に有能で優位にあるといった論点を回避しているにすぎない。新たな評価の軸を設けることで，「ノンネイティヴ」の優位性を明らかにすることはできたが，これらの研究においても，「ネイティヴ＝標準」，「ノンネイティヴ＝逸脱」といった二項対立的な関係性を脱構築する視点の提供には至らなかったといえる。

2.2.3　新たな「ネイティヴ」／「ノンネイティヴ」の権力関係性批判へ

　以上，概観してきたように，1990年代以降，「ノンネイティヴ」が「ネイティヴ」に従属する位置に置かれているといった発想を問題視する研究や，「ノンネイティヴ」教師には「ネイティヴ」教師にはない資質があることを肯定的に評価する研究などが多数報告されてきた。これらは，いずれも，「ネイティヴ」の優位性への異議申し立てという文脈のなかで行われてきたものである。しかし，その一方で，「ネイティヴ」／「ノンネイティヴ」間の権力関係の再考を促すのであれば，未だ研究の蓄積は十分とはいえない。

　例えば，Nero（2006）は，「白人」ではない英語の「ネイティヴ」教師である自身の経験をもとに，「英語のネイティヴ」のようには見えないという理由から自身のnativenessが英語教育の現場で疑問視されてしまうことを挙げ，求人面においてもそうした影響があることを指摘している。こうした指摘は，「英語」が話される空間において，正統な「ネイティヴ」とされているのは「白人」であり，そのカテゴリーに，例えば，「黒人」や「アジア系の人々」などの有色人種が含まれていないといった認識が共有されている可能性を示すものだといえる。たとえ「英語の

ネイティヴ」であっても,「白人」ではないということは,「英語のネイティヴ」というカテゴリーから排除されてしまいうることを示しているのである。

また,Okubo (2009) は,日本の学校でのフィールドワークをもとに,"民族的には「日本人」ではないが「日本語」の「ネイティヴ」である学生" が,日本語のクラスに振り分けられてしまった事例を報告している。ある人を「ネイティヴ」と見なすか,「ノンネイティヴ」と見なすかという行為が,民族学的な観点と密接に結びついているということが示されているといえる。

これらの指摘は,「ネイティヴ」/「ノンネイティヴ」という判断が,従来議論されてきた言語学的な「正しさ」という観点のみから付与されるものではないということを指し示しているといえる。従来の研究では,「ネイティヴ」と「ノンネイティヴ」の権力関係に関する議論が,言語学的な「正しさ」という観点からの二項対立的な関係性のなかで行われる傾向が強かった。しかしながら,Kubota and Lin (2006) や久保田 (2008) においても指摘されているように,今後は,言語学的な観点からだけではなく,人種や民族などの他のさまざまな社会的文脈を踏まえた観点から,「ネイティヴ」/「ノンネイティヴ」の議論を行っていく必要があるのではないかと思われる。

さらに,Kubota (2009) は,有能だと思われる「日本語のネイティヴ」教師がアメリカにおける就職活動のなかで選考対象から外され,結局,「ノンネイティヴ」教師が採用されていくという事例を取り上げ,「ネイティヴ」が絶対的な優位性をもち,常に権力が付与される側に立てるわけではないことを示している。そして,「ネイティヴ」という概念が創出・維持される際に,権力が,人種やディスコース,その他の社会的要素にいかに作用するのかを考察することの重要性を指摘している。権力関係というのは,社会的要素が絡み合った複雑なものであり,「ネイティヴ」だけが権力を保持できるわけではないという。そして,権力とは,その権力関係という複雑な網目を通じて行使されたり,抵抗されたりするものなのだと述べている (p.236)。このように,Kubotaは,「ネイティヴ」は「ネイティヴ」自身がもつ言語学的属性のために権力が生得

的に与えられるのではなく，ディスコースにおいて生み出された「ネイティヴ」という支配的な権力によって価値づけられていると指摘したのである (p.245)。

こうした点を踏まえると，「ネイティヴ」／「ノンネイティヴ」というカテゴリーを所与のものとし，絶対的な存在として捉えたり，両者の間にある権力関係を批判したりするだけでは十分とはいえない。「ネイティヴ」の特権や優位性自体を単純に問題化するのでなく，関係性のなかで構築される権力といったものの複雑性を捉える視点が，これらの概念を脱構築していくことには必要なのだと考えられる。

2.3 日本語教育における「ネイティヴ」／「ノンネイティヴ」概念への批判的検討

2.2で概観してきた「ネイティヴ」／「ノンネイティヴ」に関する議論は，主にアメリカの言語研究や言語教育の分野で深められてきたものである。それでは，日本語教育の分野では，「ネイティヴ」／「ノンネイティヴ」に関する議論はどのように展開されてきたのであろうか。

しかし，日本語教育の分野に議論の文脈を移す前に，一つ指摘しておかなければならないことがある。それは，「ネイティヴ」／「ノンネイティヴ」ということばと，「母語話者」／「非母語話者」ということばが混同されている傾向が強いという点である。大平 (2001) が指摘しているように，英語のnative speaker/non-native speakerの訳語として，日本では，それぞれ「母語話者」／「非母語話者」という用語が定着しているが，実際には，「母語話者」／「非母語話者」という概念は，native speaker/non-native speakerという用語で示しうる内容の一部しか反映していないのだという。例えば，「母語話者」／「非母語話者」という用語の略称として，括弧書きでNSやNNSという用語が用いられるケースがあるが，それらは両者の混同を端的に示しているといえよう。そこで，以下，日本語教育という文脈において「ネイティヴ」／「ノンネイティヴ」という概念を検討する場合には，その下位概念と考えられる「母語話者」／「非母語話者」という用語が用いられているケースも含めて取り上げていく。

日本語教育という文脈において,「ネイティヴ」／「ノンネイティヴ」,「母語話者」／「非母語話者」という概念は,近年,主に「非母語話者」教師の資質に関する研究(例えば,阿部・横山1991,石井恵理子1996,朱・単2002,辛2006；2012,古市2005など)や,海外で働く日本人教師／母語話者教師の資質に関する研究(森田1983,佐久間1999,平畑2007；2008など)において取り上げられている。

　まず,「非母語話者」教師の役割を肯定的に論じた先駆的な研究として,阿部・横山(1991)の研究が挙げられる。阿部・横山(1991)の研究では,「非母語話者」教師が学習者と「母語」や文化背景を共有していることにより,「母語」での指示ができたり,これまでの日本語学習経験を生かして学習者に支援ができたりすることが取り上げられ,それが「非母語話者」教師のメリットであると論じられている。その一方で,日本語力が十分ではないと自己否定に陥る「非母語話者」教師がいることや,「非母語話者」教師の日本語力の不足を欠点と捉える「母語話者」教師がいることも明らかにされている。

　また,共生日本語教育実習における「母語話者」教師,「非母語話者」教師,および学習者のやりとりを分析した朱・単(2002)では,「母語話者」／「非母語話者」教師が教室においてそれぞれ異なる役割を担っていることが指摘されている。「母語話者」教師が調整発話のモデルを示す役割を担っている一方で,「非母語話者」教師は自身の体験を学習者に提示したり,発話の内容を評価したりするなどの役割を担っているという。

　同様に,多言語多文化共生日本語教育を目指す実習を取り上げ,「非母語話者」実習生の役割に着目した古市(2005)においては,学習者と「母語」を共有していることや日本語学習経験があることにより学習支援がスムーズに行えることや,マイノリティという立場を生かした心理的支援などが可能となることを,「非母語話者」教師が自身の役割だと捉えていることが明らかにされている。また,さまざまな国籍の「非母語話者」日本語教師の存在が,従来抱かれてきたような「日本語や日本文化は母語話者のものとされてきた暗黙の了解を崩す」ことに繋がり,彼らが多言語多文化リソースの体現者となりうると論じられている。

さらに、辛（2006）では、日本国内にいる現職の「非母語話者」日本語教師に対する学習者のビリーフ調査から、「非母語話者」日本語教師の参与意義や役割が明らかにされている。また、「非母語話者」教師へのインタビュー調査からは、日本国内の現場を経験することを通じて、規範的な日本語や日本語教師像が見直され、肯定的な自己評価を行うようになっていったことが指摘されている。また、それを踏まえた辛（2012）では、「日本人モデル」を追求しない自己成長の仕方を模索することに加え、日本語教育の現場に向けて、自らが現場に参与することの意義を発信したり、現場の質的な平等を求めていったりする姿勢が「非母語話者」教師には必要であると指摘されている。

　これらの研究では、「ノンネイティヴ／非母語話者」のもつ資質を肯定的に評価し、教室現場における彼らだけがもつ強みを提示することで、「ノンネイティヴ／非母語話者」教師をエンパワーしようとする意図が垣間見える。そして、それにより、「ネイティヴ／母語話者」教師のもつ優位性を脱構築していこうとする狙いがあると思われる。しかしながら、一見、「ネイティヴ／母語話者」、「ノンネイティヴ／非母語話者」という二項対立的な関係性への異議申し立てを行っているかのように見受けられる、これらの研究にも問題がないわけではない。これらの研究の多くが立脚している、"「ノンネイティヴ／非母語話者」教師の言語能力以外を評価することによって関係性を組み替える" という考え方は、Doerr（2009）やKubota（2009）が英語教育の文脈で批判していたように、実際には、現在の二項対立的な構造自体の批判とはなっていないのではなかろうか。「ノンネイティヴ／非母語話者」教師の言語能力以外を評価することで論点がすり替わり、結局のところ、「ネイティヴ／母語話者」－「ノンネイティヴ／非母語話者」といった二項対立関係のなかに教師たちを振り分けることになってしまっている。言語能力という観点で、「ネイティヴ／母語話者」と「ノンネイティヴ／非母語話者」との間に線引きが行われていること自体への批判からは論点がずらされてしまっているため、議論の根底では、「ネイティヴ／母語話者」－「ノンネイティヴ／非母語話者」といった二項対立が維持されてしまっているのである。

また，論文によっては，無意識のうちに，「母語話者教師＝ネイティヴ教師＝日本人教師」，「非母語話者教師＝ノンネイティヴ教師＝外国人教師」といった二項対立的な関係が設定されているものも見受けられる。このことは，「日本語のネイティヴ／母語話者」として「日本人」のみが想定されてしまっていることを示しており，「日本語」を「母語」とする多くの「非日本人」の存在が忘れ去られているといった問題も孕んでいるともいえる。確かに，「非母語話者」の資質を肯定的に評価することで「非母語話者」教師をエンパワーし，平等な関係性を生み出そうとする方向性を読み取ることはできるが，二項対立的な図式が所与のものとされてしまっている側面があることは否めない。結局，それらの論考が目指していたものとは裏腹に，「ネイティヴ／母語話者」の言語能力に優位性があるから「ネイティヴ／母語話者」は権威づけられるとする考え方や「ネイティヴ／ノンネイティヴ」間の権力関係自体の脱構築に向けた議論には繋がっていないのではないかと思われる。

　一方，「母語話者」に関しては，海外で働く日本人教師／「母語話者」教師の資質に関する議論において言及されてきた。その先駆的な研究である森田（1983）や佐久間（1999）を踏まえた平畑（2008）の研究では，アジア諸地域の日本語教育有識者へのインタビュー調査から，求められている「母語話者」教師の資質として「教育能力」，「人間性」，「国際性」が指摘されている。平畑は，こうした資質が求められる背景には，「日本語を地域共通語とすることも，母語話者性の魅力を否定することも，日本人性につきまとう傲慢さを払拭することも不可能」（p. 17）な状況に教師が置かれているといったことがあると指摘している。「日本語母語話者として，日本人として認識され，均質化される構造から自由になることもできない」が，そうした状況のなかで教師ができることは，「母語話者性，日本人性を生み出す功罪を自らに引き受け」ることであり，「同じ言葉を分かち合う相手を望み，必要とする存在として，その地の人々との時間を共有していくこと」（p. 17）だと平畑は論じている。このように，「母語話者」のもつ権威が共有されている構造への自覚が資質として取り上げられている点は興味深い。しかし，権力関係の脱構築を目指した場合，「日本人性」や「母語話者性」に教師一人一人が自

覚的になるだけで十分だといえるだろうか。

　ここで取り上げた「日本人」／「母語話者」教師の資質に関する論考は，そもそも「ネイティヴ／母語話者」－「ノンネイティヴ／非母語話者」間の権力関係の脱構築に主眼を置いて執筆された論考ではないと思われるが，こうした議論を通じて，権力関係の脱構築を模索していこうとするならば，一「母語話者」教師がこうした状況を自覚していくだけでは大きな変革は見込まれない。ある言語の所有者として誰かに「正統性」を与えてしまうという思想が根強く維持されていることから考えても，むしろ重要なのは，誰かをある言語の所有者として見なす思想が創出・維持される構造を可視化させ，矛盾を抱えもつ構造全体を組み替えていくための働きかけなのではないだろうか。

　それでは，このような研究動向を踏まえ，今後，新たにどのような議論を構築することができるだろうか。ある言語の「ネイティヴ」／「母語話者」－「ノンネイティヴ」／「非母語話者」といった二項対立的な図式に陥ることなく，ある人に言語の話者としての「正統性」を付与してしまうような構造そのものを脱構築していくにはどのような議論を展開していけばよいのだろうか。

　例えば，「単一民族国家」という思想に支えられた「日本語＝日本人」という図式には収まりきらない，「母語」とする言語とそこから想定されがちな国籍や血統との間にズレをもつような人々，もう少し具体的にいえば，「非日本人」だが「日本語のネイティヴ」であったり，「日本人」だが「日本語のノンネイティヴ」であったりするような人々を研究の俎上にのせるなどして，従来の二項対立的な図式をずらしたり，攪乱させたりしていくような議論の方向性を模索していくことが考えられる。また，国籍や血統なども含め，さまざまな社会的要素がどのように絡み合い，「ネイティヴ」／「ノンネイティヴ」を権威づけるのか，その文脈が意味していることは何かを丁寧に紐解いていくことも必要であろう。「ネイティヴ」の優位性を批判することに留まらず，そのような優位性が成立する権力構造の文脈を描写することで，「ネイティヴ」／「ノンネイティヴ」という概念自体の恣意性の証明と脱構築が可能となるのではないかと考える。それにより，「ネイティヴ」／「ノンネイティヴ」

という概念に対して，言語学的な観点からのみ展開されてきた，硬直化した議論自体を新たな方向へと導くことが可能となるのではないだろうか。

第3節
《言語》と《国籍／血統》との間にズレをもつ「在日コリアン」教師

　第1節，第2節の議論を踏まえ，第3節では，「日本語＝日本人」という図式には収まりきらない，「日本語のネイティヴ」だが国籍・血統的に「非日本人」とされる「在日コリアン」に関する一連の研究を取り上げる。「帰韓」した「在日コリアン」教師を本研究の考察対象に据えるべく，まず，「在日コリアン」の歴史的背景を概観し (3.1)，「在日コリアン」のアイデンティティや言語意識に関する先行研究を検討していく (3.2, 3.3)。次に，「帰韓」した「在日コリアン」に関する研究を取り上げる (3.4)。また，「帰韓」した「在日コリアン」が生活してきた韓国の社会状況や，韓国社会における日本語の位置に関しても取り上げる (3.5)。そして最後に，「在日コリアン」の日本語教師と彼らの日本語教育における位置づけについて論じる。既存の研究がほとんどなく，まったくといってよいほど可視化されてこなかった存在である「在日コリアン」教師とはいったいどのような人々か，また，彼らを研究対象とする意義とは何かについても触れていく (3.6)。

3.1 「在日コリアン」の歴史的背景

3.1.1 渡航から残留／定着まで
　文 (2007) によると，人夫や労働者としての朝鮮人の日本への渡航は，1876年の不平等条約の締結にまで遡る。それ以降，徐々に日本に「出稼ぎ」に来る朝鮮人が増え始め，日韓併合後に行われた「土地調査事業」(1910〜18年) に伴う朝鮮社会の変化により，朝鮮人の日本への渡航は本格化したとされている。当初は，単身の出稼ぎ移民が中心であったが，1920〜30年代頃には，製造業部門で仕事を得て，日本で一家を構

える定住型の出稼ぎ移民が増えていった。しかし,「戦時動員」が始まった1939年以降は,軍事徴用という名の強制連行で来日する朝鮮人が急増し,1945年の終戦直後には,約200万人の「在日コリアン」が日本に居住していたという。そのうちの150万人前後は,1年余りの間に韓国に「帰還」したとされているが,日本で生活の基盤がある程度できあがってしまっていた者の多くは,終戦後もそのまま日本での生活を選択したとされている。また,済州島四・三事件(1948年)や朝鮮戦争(1950~53年)の勃発などで朝鮮半島の政情が非常に不安定だったこともあり,日本残留を余儀なくされた者や韓国から日本に新たに密航した者も相当数いたとされている(以上,文2007:20-35)。

3.1.2 「特別永住者」という在留資格

このような経緯から日本に残留した「在日コリアン」たちは,その後,1946年11月に,GHQ渉外局より,「日本国籍を保有するものとみなされる」ため,「地方の法律・規則に服さなければならない」といった通達を受けた(金東鶴2006:146)。これに対し,「在日コリアン」たちは強く反発したが,日本政府側は,さらに,「日本国籍を保有する」ということを根拠に日本人と同じように日本学校に通学することを義務づけたのである。このような流れから,兵庫や大阪などの各都道府県は朝鮮学校の学校閉鎖令を出したため,抗議は激化し,阪神教育闘争(1948年)が勃発した。このように,GHQ,および,日本政府は「在日コリアン」を「日本国籍をもつ者」として扱い,「日本人と同様の教育を受けさせよう」としたのである。

しかし,その一方で,1947年には「外国人登録令」を施行し,「在日コリアン」を「外国人」と見なすこととした。さらに,1952年に発効されたサンフランシスコ講和条約締結に伴い,「朝鮮人は講和条約発効の日をもって日本国籍を喪失した外国人となる」という通達を一方的に出し,「外地」戸籍登録者をこの「喪失」の対象とし,出入国管理令の適用対象としたのである。その後,「在留資格及び在留期間が決定されるまでの間,引き続き在留資格を有することなく本邦に在留することができる」とし,「在日コリアン」の在留資格を保障する体裁は辛うじて

守られたが，日本は，「朝鮮人の実態や要求とは無関係に自己の統治に都合の良いように日本人扱いしたり，外国人扱いしたりした」（金 2006：147）のである。このように，日本における「在日コリアン」の立場は非常に不安定なものであった。

結局，1965年の日韓国交正常化の際に，「日本国に居住する大韓民国国民の法的地位及び待遇に関する日本国と大韓民国との間の協定」が結ばれ，「在日コリアン」には「協定永住」資格が認められた。また，このときに在留資格の申請などが行えなかった「在日コリアン」もいたことから，1982年には「永住許可の特例」として，「特例永住」資格の付与も行われた。そして，最終的には，1990年の入管法の改正の際に，「協定永住」や「特例永住」などの在留資格が一本化され，「特別永住者」の在留資格が付与されるようになった。現在では，この特別永住者の子孫には，申請によって永住が許可されることになっている（以上，金東鶴 2006：139-209）。

しかし，このように不安定で理不尽な対応は，在留資格の付与に限ったことではない。主に公務員や教員などの職種で起きた「国籍条項」による就職差別などの問題が端的に示しているように，「在日コリアン」は日本社会における偏見や差別などの問題に長い間直面させられてきたのである。

3.1.3 日本式氏名（通称名）の使用

こうした日本社会における偏見や差別を回避するために用いられてきたのが，日本式氏名（通称名／通名／日本名）である。

日本国内に居住する「在日コリアン」による通称名使用は，朝鮮半島で1940年に実施された「創氏改名[2]」以前から実は行われていたという。1930年代には，一部の留学生を除いた大多数の日本在住の朝鮮人によって使用されていたのである（金一勉 1978：41-43）。その理由として，金は，①日本社会で朝鮮名が馴染みにくいこと，②朝鮮名を名のっていると異分子として目につき，差別に遭うこと，③先住朝鮮人の「しきたり」に従うため，の三つを挙げている。日本名の名刺をもち，その名前で働き，家には日本名の表札を掲げることで，周囲の日本人による差別

や官憲の目から逃れようとしていたのだと思われる。特に，1923年の関東大震災以後はその傾向が強まったとされており，制度として強制されていたわけではなかったものの，1940年以前から，「生きるための方便」として通称名は使用されていたということになる。

　こうした「生きるための方便」は，1945年に「解放」を迎え，朝鮮半島において日本式氏名の使用が法律によって廃止されてからも，日本国内では依然として用いられている。帝国主義体制下の日本において，差別や偏見を恐れ，日本名を用いることによって「在日コリアン」であることを隠して仕事を見つけたり，住居を借りたり，周囲の日本人との人間関係を築いてきた「在日コリアン」にとって，法律が変更されたからといって，次の日から日本名を韓国名へと切り替えることは現実的にはかなりの困難を伴うものだったからである。伊地知（1994）はこの点に関して，「名前への規制は，法律では，ある日付をもって明文化され，ある日付をもって消されるけれども，日々の生活のなかでは，そんなに切ったり貼ったりできるもの」ではないと指摘している（p.21）。「創氏改名」による日本式氏名の強制力は，「解放」とともになくなったとはいえ，「解放」後の「在日コリアン」が「仕方なく」日本名を使うという状況をつくり出してしまったのである。

　このような状況のなか，「在日コリアン」が我に返ったように本名である韓国名を強調するようになったのは，1959年に始まった北送船による帰国運動がきっかけになっているという（金1978）。通称名を名のり，「日本人」になりすまして生活してきた人々が，朝鮮籍であることを表明し，本名を名のって，帰国の申込に殺到したからだという（p.221）。そして，1970年代に起きた「日立就職差別闘争」によって，「在日コリアン」の通称名使用と日本社会での差別問題は浮き彫りとなった。入社試験において通称名を使用して合格した人が日本国籍をもたない「在日コリアン」だったということから，企業側がその応募者の採用を取り消したのである。このことは裁判沙汰となり，その後市民運動にまで発展していったという。

　このように，多くの「在日コリアン」が通称名を名のって日本での生活を送っている実態は次第に明らかになっていった。そして，それを問

題視した日本人教員たちは，その後,「本名（民族名）を呼び名のる」といった実践を教育現場において展開していった。この「本名（民族名）を呼び名のる」実践とは,「日本人の子どもたちが本名（民族名）を呼び，朝鮮人の子どもたちが本名（民族名）を「名のる」ことのできる教育環境（集団作り）を作り出していく実践過程全体」（李月順 2006：242）のことであるが，それは次第に「当事者」である「在日コリアン」たち主導のものになっていったとされている。しかしながら，李（2006：243）が指摘しているように，この「本名（民族名）を呼び名のる」運動によって,「通名の「名のり」＝差別の表れ」とする一面的な捉え方が広がってしまった側面もある。日本社会の差別構造に取り組んでいくといった当初の思惑からは外れ,「本名」さえ名のればよいといった「本名を名のるという行為」そのものが目的化されてしまったのだという。

また,「本名（民族名）を呼び名のる」運動に従い，学校のなかで本名を名のる実践が進んだとしても，就職や進学の道が完全に差別なく保障されているのでなければ十分ではないことも指摘された。本名を名のることによって差別されてしまうかもしれないと恐れ，ひた隠しにする「在日コリアン」も多数存在していることが報告されているからである（金 1978：233）。福岡・金（1997）が実施した調査によると,「在日コリアン」の若い世代の人々の 8 割弱が「日本名のみを使用」／「ほとんど日本名を使用」／「韓国名より日本名を使用」していることが明らかとなり，1970 年代から「本名（民族名）を呼び名のる」運動が取り組まれてきたにもかかわらず，1990 年代後半の時点でも，依然として多くの「在日コリアン」が日本国内において通称名を使用していることが指摘されている。

3.2 「在日コリアン」のアイデンティティに関する研究

このような背景をもつ「在日コリアン」に関しては，主に日本国内においてさまざまな研究が進められてきた。本研究に関係があると思われる,「在日コリアン」の生活史やアイデンティティに焦点をあてた研究だけでもかなりの蓄積がある。

例えば，福岡・辻山（1991），福岡（1993）などの研究では，数多くの

「在日コリアン」へのライフストーリー調査が行われ,「在日コリアン」の若い世代のアイデンティティの葛藤とその形成が「同化／異化志向」,「祖国／共生／帰化／個人／同胞志向」などの概念によって分類・説明され,その多様性が実証的に明らかにされている。しかしながら,本質主義的な民族観を前提としたアイデンティティの理解に留まっていたため,そうした前提の批判・再構築を目指して,その後,金泰泳（1999）や鄭暎恵（2003）などの研究が行われた。

　これらの研究は,民族的なカテゴリーに依拠したアイデンティティを,差別への抵抗という文脈において戦略的に用いることを認めつつ,従来の研究で提示されてきたような民族観に縛られたアイデンティティの捉え方を批判するという方向性を明確に打ち出している。例えば,日本国籍を取得した「在日コリアン」や,「在日コリアン」と「日本人」の間に生まれた「ダブル」に着目した金（1999）の研究では,彼らのハイブリッド性や「柔軟なアイデンティティ」に着目され議論が行われているが,そうした議論は本質主義的な民族観に縛られていた既存の「在日コリアン」研究の再考を促したという点で大きな意義をもっていると考えられる。

　この他,柏崎（2007）,倉石（2007）,李洪章（2008）などにおいても,「ダブル」や日本国籍を取得した「在日コリアン」のアイデンティティが論じられている。例えば,李（2008）では,「在日コリアン」と日本人の間に生まれた「ダブル」という共通項をもつ二人が出会い,カテゴリーに対する認識を変化させていく様が描かれている。「ダブル」であるその二人は,当初は「在日コリアン」というカテゴリーに違和感を抱いているだけであったが,その違和感は,対話を通じて,多様性や差異を隠蔽することによって成立しているカテゴリーに対する拒否感へと繋がっていき,カテゴリーの権威を転覆させるといった方向にまで発想が転換したことが示されている。

　さらに,近年に至っては,日本からカナダやアメリカなどの第三国へ移住した「在日コリアン」に着目した研究（徐阿貴 2001,黒坂・福岡 2008）も行われており,従来のような画一化された「在日コリアン」像ではなく,より多種多様な「在日コリアン」の生活史や動態的なアイデンティ

ティのあり方が描かれている。

このように，1990年代以降さかんに論じられてきた「在日コリアン」のアイデンティティに関する研究は，本質主義的な民族観に縛られたアイデンティティという捉え方から，そうした所与のものとして捉えられてきたカテゴリー自体を批判的に考察する方向へと発展してきたといえる。

3.3 「在日コリアン」のアイデンティティと言語意識に関する研究

一方で，「在日コリアン」の言語経験をもとにした，流動的なアイデンティティと言語意識を論じる研究も進められてきている（オストハイダ 2006，徐京植 2010b，鄭暎惠 2005，平田 2005 など）。

例えば，徐（2010b）の研究では，「在日コリアン」2世として日本で生まれ育った徐自身の日本や韓国での言語経験が中心に取り上げられ，「母語」,「母国語」,「国民」を等式で結びつけようとする「単一民族国家」観に起因する，国語ナショナリズムに支配された韓国語と日本語への痛烈な批判が展開されている。徐は，「日本語」を「母語」とし，「朝鮮語」を「母国語」とする自分にとって，「非母語」である「朝鮮語」が「できる」というのはどのような状態なのか，という命題を立て，自分が何者として見なされているかによってその評価が分かれることを指摘した。「自国民」と見なされている場合には，日常生活で不自由しない程度の朝鮮語では「朝鮮語ができない」と批判の対象になるが，「外国人」と見なされている場合には同じ程度の朝鮮語でも「朝鮮語ができる」と評価されるという。徐のこのような言語経験は，生まれながらにして「母語」と「母国語」が一致している人が圧倒的多数を占めているような言語環境があることを示しており，国語ナショナリズムが存続している国家のなかで，言語のマジョリティ側に属する人のみがこうした「母語」＝「母国語」といった発想をもつことができると指摘している。こうしたことを踏まえ，徐は，日本側に向けての「母国語の権利」と韓国側に向けての「母語の権利」を主張していくことが，ある集団を「単一血統」,「単一言語」,「単一文化」の集団へと固定化させることへの抵抗力になると論じている。そして，「在日コリアン」も含めた世界に散

らばった「コリアン・ディアスポラ」や近年韓国への流入が相次ぐ移住外国人労働者などの存在についても言及し,「帝国主義によって支配を受けた経験をもつ民族が,その経験に学び,反転させ」ることができず,「単一民族国家」観に縛られない「多言語・多文化共同体」を思い描くことができないならば,「せっかく植民地支配を受けた甲斐がないではないか」(p.235) と皮肉を込めて論を展開している。

また,平田 (2005) は,「父方の祖母が朝鮮人」であることを成人してから知ることになった作家・鷺沢萠の韓国での「留学」体験とそこでの言語経験をもとに,アイデンティティの複数性・流動性を論じている。いわゆる「在日コリアン」とは異なる生育環境で育った鷺沢は,血統という観点から考えても,自身が「僑胞なのか,そうではないのか」明確ではなく,「正統性」のある「純粋」な「在日コリアン」から「あなたは日本人」だと指摘され,「在日コリアン」のカテゴリーに自己を同一化できないことに悩む。しかし,「わたしのことを僑胞だと思う人にとっては僑胞だし,そうでない人にとってはそうではないだろう」といった,「そのつど決定される」という立場をとるようになり,アイデンティティの「非・決定状態」が受け入れられていく。平田は,このような「雑多で混沌とした」アイデンティティを反映するものとして,あらゆる言語がその確固とした輪郭を失ってきていることを取り上げているが,こうした「不純で不完全なごちゃまぜ言語」こそが,「絶えず変容して固着することのない」アイデンティティを表現するには必要であると主張している。

以上のように,日本に居住している「在日コリアン」に関しては,日本国内を中心に,かなりの量の研究が蓄積されてきた。そのなかには,徐や平田のように,韓国での一時的な滞在経験などから,言語とアイデンティティの捉え方へと考察を深めているものもある。「雑多」なアイデンティティをもつ「在日コリアン」の言語経験をもとに,あるカテゴリーで括られ,統一体として創造されてきた言語や国民などの境界がいかに恣意的なものであるかが示されたり,それらを「雑多で混沌としたもの」として捉え直していく必要性が主張されたりしてきているのである。

3.4 「帰韓」した「在日コリアン」とは誰か
3.4.1 「帰韓」した「在日コリアン」に関する先行研究
　それでは，自身の民族的なルーツのある韓国に渡った「在日コリアン」に関する研究はどのように蓄積されてきたのだろうか。

　まず，「解放」直後に日本から韓国へ「帰還」した人々に焦点をあてた이(2004)の研究が挙げられる。しかしながら，이の研究では，「帰還」までのプロセスに焦点があてられており，アイデンティティや言語経験などに踏み込んだ議論は展開されていない。

　一方，「帰韓」した「在日コリアン」のアイデンティティなどを論じたものとしては，研究という形態よりも先に，日本語作家である李良枝によって小説『由熙』(1989)が発表されている。『由熙』では，韓国に「母国留学[3]」という形で訪れたある女性のアイデンティティの葛藤が克明に描かれており，その後，それは，韓国に一時的に滞在した「在日コリアン」のアイデンティティが研究として論じられる際にも取り上げられている（例えば，徐京植2010aなど）。金泰泳(1999)の研究においても，韓国社会に一時的に滞在した「在日コリアン」が取り上げられているが，そこで描かれているものも，李良枝の小説同様，「本当の韓国人になりたい」といった希望と期待を抱いて「帰韓」した「在日コリアン」が，韓国社会のなかでも違和感をもち，アイデンティティが確立できないという挫折感を抱えて日本に戻ってくるというストーリーであった。

　それに対して，구라시게(2001)の研究では，韓国に「母国留学」している「在日コリアン」3世・4世へのインタビュー調査から，韓国での「留学」生活が彼らのアイデンティティにどのような影響を与えたのかが明らかにされている。구라시게は，「日本人」や「韓国人」との社会的なインターアクションを通じて，「母国留学」している「在日コリアン」たちに「日本人でも韓国人でもない」というアイデンティティへの気づきが起こり，自分自身を「在日コリアン」としてアイデンティファイするようになっていったと指摘している。

　一方，김(2009)や韓(2011)は，「帰韓」した「在日コリアン」3世のなかでも，特に，朝鮮から韓国に「国籍変更」した人々を対象にしたインタビュー調査を実施している。これらの研究では，「帰韓」した「在

日コリアン」のアイデンティティや言語経験への言及はあるものの，国籍上，朝鮮から韓国へと「越境」することが，韓国社会においてどのように経験されているのかに焦点があてられている。

これらに対し，本研究に近い視点をもつ研究として考えられるのが，권숙인（2008）と조（2011）の研究である。권（2008）の研究では，韓国に渡った「在日コリアン」3世が韓国行きを決意した背景や目的，韓国社会での経験，そして，アイデンティティが捉えられている。一方，現在韓国に居住していたり，過去に居住した経験をもつ在日韓国朝鮮人2, 3世11名と，現在韓国への移動に困難を抱えている4名にインタビュー調査を実施した조（2011）の研究では，彼らが韓国社会と新たにどのような関係を構築しているのか，どのような構造的な限界があるのかが記述されている。

だが，これらの研究の多くは，大学生や大学院生という身分で韓国に「滞在」している比較的若い世代の「在日コリアン」3世を研究対象としているため，韓国社会のなかで職業をもち，自身のポジションを確立させていった人々がどのような経験をしてきたのか，そのライフストーリーに関しては十分には明らかにされていない。また，それ以前に韓国に渡った「在日コリアン」2世の存在は十分には記述されていない。現在の韓国社会の状況とは大きく異なり，日本や日本語に対するまなざしが厳しかった時代に，韓国社会に「参入」していくことを余儀なくされた彼らの経験も記述していく必要があるのではないかと思われる。さらに，断片的なインタビュー記録の引用から構成された研究が多いというのも特徴的である。「帰韓」した「在日コリアン」の経験を十分に理解していくには，一人一人のライフストーリーをより丁寧に，そして，包括的に描いていく試みが必要となってくるのではないかと思われる。

3.4.2 不可視化されてきた「帰韓」した「在日コリアン」

ところで，このような「帰韓」した「在日コリアン」は，現在，韓国国内にどのくらい存在しているのだろうか。

実はそうした人数が示されている統計資料は存在せず，その正確な人数を把握することができないというのが現状である（金友子2009）。その

要因の一つとして，「在日コリアン」とされる彼らの国籍が韓国や朝鮮，帰化して日本となっているなど，一様ではないことが挙げられる。また，日本に帰化していなければ，ビザなどによる制限なしに，韓国に入国し居住できるため，日本での在留資格である「特別永住者」資格を保持したまま，かなり長期的に韓国で生活しているという場合もある。一方，韓国に居住している「在日コリアン」のなかには，「特別永住者」資格を放棄し，韓国に「完全帰国」している者もいる。このように，多様な背景をもつ彼らの存在を統計的に把握するのは至難の業といえよう。

　実際，筆者がインタビュー調査した協力者のなかにも，「特別永住者」資格を保持したまま，韓国で結婚し家庭を築いている人，それとは反対に，早々にも「特別永住者」資格を放棄している人，日本国籍を取得している人などがいた。このような多様な人々が「在日コリアン」というカテゴリーによって捉えられていることもあり，その存在を正確に把握できないという現状があることはある意味では仕方のないことだといえよう。

　その一方で，趙（2012）においては，その数は毎年1.2万人前後で推移しているのではないかといった見解が示されている。韓国出入国統計によると，2012年3月末の時点での，日本出身の「在外同胞」の数は，韓国国籍保持者が11813名，日本国籍保持者が637名となっている[4]。しかしながら，これらのデータは，韓国に滞在する「在外同胞」が韓国の入管に提出した「在外国民国内居所申告証」の数がもとになっている。この「在外国民国内居所申告証」は，韓国に滞在するすべての「在外同胞」が法律で定められた権利を享受できるようにするために1999年に設けられたものである[5]。だが，申告は義務ではなく，任意とされているため，韓国に滞在するすべての「在外同胞」，つまり，本研究に即していえば，すべての在韓「在日コリアン」が申告をしているわけではないとされている。また，居所申告をしたまま韓国から出国してしまうようなケースもある。さらには，他国における永住資格を放棄し，「完全帰国」した在韓「在日コリアン」はここには含まれないことから，実際には，その正確な人数を把握することはできないというのが現状である。また，2015年1月22日より，韓国に居住する「在外同胞」の身分証明

書として「在外国民住民登録証」が発給されるようになった（재외동포신문 2015）が、すべての在韓「在日コリアン」が発給を申請している状況にあるわけではないため、統計的にその数値を正確に把握することは困難だといえよう。

このような状況を踏まえると、統計などを用いた調査では、こうした「帰韓」した「在日コリアン」という対象への接近は難しい。だからこそ、おそらく、「帰韓」した「在日コリアン」に関する研究は、日本にいる「在日コリアン」に関する研究ほどには進んでこなかったのではないかと思われる。

そして、その背景には、もう一つ、韓国社会のなかでの「在外同胞」に対するまなざしも影響していると思われる。金友子（2007）が指摘しているように、韓国では、もともと「韓国を去った韓国人」に対する関心は高くなく、1990年代半ば以降、韓国が経済危機に陥った頃から急激に関心が寄せられるようになったという背景がある。こうした世界中に散らばっている「在外同胞」に対する韓国政府が行った政策はほとんどなく、近年に至るまで、「棄民政策」が実行されていたのである（金友子 2009）。グローバル化に伴い、国益のために「在外同胞」が役立つと認識されるようになるまで、その存在を把握しつつも、具体的なアクションはとられてこなかったのである[6]。要するに、韓国に在住している「帰韓」した「在日コリアン」が不可視化されてきた背景には、そもそも、韓国以外に在住している「在外同胞」に対する無関心や認知の低さが韓国社会のなかにあったことがその一つの要因だといえよう。

また、「在外同胞」を、朝鮮戦争や1960～70年代の韓国における貧困と苦難の時代を回避した人々と見なし、「反愛国者」の烙印を押すような考え方も共有されてきた。そのような認識から、否定的なイメージをもつ者もいるという（金 2009）。特に、「在日コリアン」に関しては、韓国への投資を誘致するという文脈のなかでイメージが形成されたという背景もあるため、「裕福な先進国の住民」、「金持ち」という等式が定着してしまい、韓国人が「在日コリアン」に対して否定的なイメージを付与している場合もあるという（권혁태 2007）。

このように、そもそも「在外同胞」に対する認知度が低かったという

ことに加え，認知されている場合でも，歪められたイメージが付与されてきたこと，さらには，統計資料を用いてもその存在を十分には把握できないということから，「帰韓」した「在日コリアン」を研究対象とする動きはなかなか起こらなかったのではないかと考える。まさに，彼らは「目に見えない「帰還同胞」」(趙 2012：152) とされてきたのである。

3.5 韓国社会の状況と日本語・日本語教育の位置づけ

それでは，このように不可視化されてきた「帰韓」した「在日コリアン」が目にしてきた「解放」後の韓国の社会状況，および，旧宗主国のことばである「日本語」や日本語教育はどのような位置に置かれてきたのであろうか。

現在，世界第 3 位の約 84 万人もの人々が日本語を学んでいる韓国だが (国際交流基金 2013)，日本の帝国主義体制下では，「日本語」は「国語」として学ぶことが強要されていた言語であった。そのため，「解放」後は，『우리말 도로찾기 (我らの言葉の取り戻し)』という冊子が発行され，植民地時代の残滓である「日本語」を徹底的に排除して，朝鮮語の純化を目指す「国語浄化運動」が繰り広げられたという歴史がある (稲葉 1986，曺 1994)。「日本語」は，「解放」後の韓国社会において，植民地時代を連想させうる言語として否定的に捉えられ，公の場で口にするのも憚られるような時代が続いたのである。こうした「日本語」に対する緊張感は，「日本との繋がりがあると社会からつまはじきにされる」などの不安から「日本人」であることを隠すために「日本語」を一切使わずに生活しようとした在韓日本人妻のライフストーリー (山本 1996，花井 2010) でも指摘されている。

しかし，このような冷やかな視線が投げかけられていた「日本語」に対する緊張感は，「日本人」だけに共有されていたわけではない。日本語教育が再開された 1960 〜 70 年代に「日本語」を学んだ経験をもつ韓国人の元日本語学習者たちの間でも，こうした「日本語」に対する複雑な思いは共有されていた (田中 2011)。「日本語」を「母語」としているわけではない韓国人学習者でさえも，自身が「日本語」を学んでいることを隠したり，日本語学習に対して葛藤や後ろめたさを抱いていたりす

るなど,「日本語」を韓国社会のなかで使うことには慎重な姿勢を貫いていたのである。また,「日本語が持つ経済的価値は認めつつも, 感情的には日本人を受け入れ難いという二面性」(金賢信 2008:41)をもつ学習者がいたこと,「日本を凌駕するためという「克日」を大義名分に掲げる学習者」(磐村 2007:23)が多かったことなども指摘されている。「日本語による文化的侵略を危惧する風潮が根強い中で, 韓国内で日本語を教授すること, 学習することに対して根強い反発や懸念が色濃く影を落とす時代」(磐村 2007:23)があったのである。

その証拠に, 1961年から韓国外国語大学において, 1973年から高等学校の第二外国語として, 正式に日本語の教育は再開されたものの, 日本文化による同化が非常に懸念されていたという。河先(2003)や金(2008)などが指摘しているように, 文化交流には力点を置かない, 経済的な知識の獲得のみに日本語教育の価値を見出そうとする限定的な受け入れ論がこのとき展開されていたのである。このことからもわかるように, 当時は, 植民地政策の一環として行われた日本語教育の過去, そして,「日本語」がもつ抑圧の歴史は非常に強く記憶されており, 現在でこそ, 当たり前のように結びつけられている「日本語=日本・日本文化」は, 意識的にそれらを切り離して教育が行われなければならないほどだったのである。

しかし, その後, 韓国国内で「日本語ブーム」が起こり, 中等・高等教育機関における日本語教育に留まらず, 大企業の語学研修院やテレビ・ラジオなどでも日本語講座が設けられるようになっていった。そして, ついに, 1998年からは, 懸案だった日本の大衆文化の開放が段階的に行われることとなり, それまで禁止されていた日本映画の上映なども実現され, 日本語教育にも強い追い風が吹いたのである。

3.6 「在日コリアン」教師の日本語教育における位置づけ

以上, 概観してきたように, 韓国社会における日本語や日本語教育は, 時代の変遷を経て, 強い否定的なまなざしを受けてしまうものから, 徐々にその位置づけを変えてきたといえる。それでは, このような社会状況, および, 日本語・日本語教育の位置づけのなかで,「帰韓」した

「在日コリアン」，そのなかでも，日本語の教育に直接携わってきた教師たちはどのような経験をしてきたのであろうか。

3.4で論じたように，「帰韓」した「在日コリアン」に関する研究はあまり進んでいないというのが現状である。そのことから考えても，「帰韓」した「在日コリアン」の日本語教師に関する研究も手つかずの状況だということは容易に想像ができるだろう。

実際，「在日コリアン」教師に関する先行研究として挙げることができる報告や研究成果は見当たらず，「在日コリアン」教師だと思われる人物が書いた手記以外は入手することができなかった。そこで，以下では，まず，その唯一残されていると考えられる「帰韓」した「在日コリアン」教師の手記を取り上げてみよう。

　　（前略）或る日，教室に入ると黒板に落書がしてあった。「Japanese go home!」
　　生徒たちのクスクス笑いを尻目に，私は黙々とそれを消して教室を出た。こんな場合，いきり立ってみたところで私の立場はいよいよ苦しくなる筈だった。日本人なるが故に日本語を話すのではなく，寧ろ，日本語を話すが故に日本人なりとする言語学的見地からすれば，私は紛れもない日本人であったかもしれなかった。実際，「先生は合いの子と違いますか」と生徒から皮肉られたこともあったものだ。日本育ちの私には，今でも物腰にどこかぎこちないところがあるらしい。それはともかく，こうも明けすけに侮辱されてはたまったものではなかった。「日本人」は惨めだった。

(李敦甲 1976：105)

上記の引用は，日本で生まれ育ち，「帰韓」して「日本語」を教える仕事に就いた「在日コリアン」教師によって綴られた当時の教育現場に対する所感である。この手記が書かれたとされている1975年当時，「日本語」や「日本人」は依然としてかなり否定的に捉えられる傾向にあったことがこの手記からも読み取ることができる。この手記で描かれている「在日コリアン」教師は，その「日本語」を「母語」として身につけ

ており、おそらく、「日本語」を教えることに多くの葛藤を抱き、困難に直面していたと思われる。上記の手記には、日本で生まれ育ったという生い立ちと「日本語」を話すという理由から「日本人」として見られてしまうことへの違和感が綴られており、教育現場における「在日コリアン」教師のポジショニングの難しさが描かれているといえよう。

とはいえ、この短い手記からだけでは、教師のポジショニングの難しさの一端を読み取ることしかできず、「在日コリアン」教師がいったいどのような人生を歩んだのか、また、どのような言語経験や日本語教育経験をしたのかを理解することはできない。さらに、手記に示されていた教師のポジショニングの難しさが何に起因するものなのかを十分に把握することもできない。

前述のとおり、韓国では1945年の「解放」から1961年までの間、公式的には日本語教育が行われていなかったため、日本語教育が再開されてからしばらくは、深刻な人材・教材不足に陥っていたという（村崎1977）。「解放」後の韓国社会において日本語教育が再開された当初、日本語の教育にあたっていた人々の多くは、「解放」前に「日本語」を「国語」として学んだ経験をもつ韓国の人々や「帰韓」した「在日コリアン」であり、日本語教師の数はかなり不足していた。また、韓国にいる「日本人」も現在に比べれば、非常に少数で、日本語の「ネイティヴ」が不足している状況でもあった。これらのことから考えても、「在日コリアン」教師は貴重な存在であったと思われる。

それにもかかわらず、3.4で取り上げた「帰韓」した「在日コリアン」同様、「在日コリアン」教師も、公式の統計資料などで数値的に把握することが困難な対象であるためか、その存在がこれまで可視化されるようなことはなかった。つまり、「在日コリアン」教師のライフストーリーがいかなるものであるのか、これまでまったくといってよいほど明らかにされてこなかったのである。

果たして、「日本語」を「母語」として身につけ、自身のルーツである韓国に渡った「在日コリアン」教師たちは、どのような経緯から「日本語」を教えることをあえて選び、どのように「日本語」を教えることを意味づけていったのであろうか。また、「母語」として「日本語」を

身につけてはいるが，血統や国籍という観点からすれば「非日本人」である「在日コリアン」教師は，「日本語＝日本人」といった思想の根強い日本語教育において，自己をどのように捉え，位置づけ，教育に臨んできたのであろうか。そして，彼らは，周囲の人々によって，どのような存在として捉えられ，日本語教育に位置づけられてきたのであろうか。

第4節
アイデンティティを捉える理論的枠組みと研究課題

本節では，まず，「在日コリアン」教師のアイデンティティを捉えるための理論的枠組みについて論じ (4.1)，それを踏まえた上で，本研究の研究課題を設定する (4.2)。

4.1 「アイデンティティ」という概念に対する本書の立場

前節で述べた観点から，「在日コリアン」教師のライフストーリーを捉え，考察しようとする際，きわめて示唆的なのは，アイデンティティを本質主義的にではなく，「一つの位置化 (positioning)」(Hall 1990 = 1998：94) として捉えたスチュアート・ホールの議論である。

従来のアイデンティティ論では，Erikson (1959 = 1973) が論じたように，「わたしとは何者であるかをめぐるわたし自身の観念」である「個人的同一性 (personal identity)」と，「わたしとは誰であるかという社会および他者が考えているわたしについての観念」である「社会的同一性 (social identity)」が一致していることが望ましいとされてきた。両者が一致しない場合は，アイデンティティの危機が起こるとし，問題化されてきたのである。しかし，こうした捉え方には，上野 (2005) が指摘しているように，そもそも，アイデンティティは統合すべきものであり，安定している状態こそが望ましいといった前提が内包されているという問題を孕んでいる (pp. 3-9)。

こうした考えに対して，本節で扱うHallは，それまでのアイデンティティ概念の捉え直しを行い，「決して完成されたものではなく，常

に過程であり，表象の外部ではなく内部で構築される「生産物」」(Hall 1990 = 1998：90) として考えなければならないと主張した．また，それは，「「あるもの」というだけではなく「なるもの」」(Hall 1990 = 1998：93) であると論じ，従来の概念とは異なる視点を打ち出し，アイデンティティ理論を発展させていったのである．

> アイデンティティの概念は，本質主義的なものではなく，戦略的・位置的なものである．つまり，固定されてしまったその意味の経歴と思われているものとはまったく反対に，アイデンティティという概念は，変化せずに変転する歴史のすべてを通って最初から終わりまで展開されていくような，自我の安定した核を示すものではない．それは，いつも，そしてつねに「同一」のまま留まっている自己の一片，時を超えてそれ自身と同一の自己ではない．
>
> (Hall 1996 = 2001：11-12)

このように，Hallは，アイデンティティを統一されたものではなく，「断片化され，分割されているもの」と見なし，「単数ではなく，さまざまで，しばしば交差していて，対立する言説・実践・位置を横断して多様に構成される」(p.12) ものとして捉えた．また，「根源的な歴史化に従うものであり，たえず変化・変形のプロセスのなかにある」(p.12) ものとしたのである．

こうした「プロセスのなかにある」とされるアイデンティティを，「特別な言説形式と言説実践の内側で，特別な発話の戦略によって，特別な歴史的・制度的場のなかで生産されるもの」(p.13) として理解する必要があるとHallは主張した．

> 私は「アイデンティティ」という言葉を，出会う点，縫合の点という意味で使っている．つまり，「呼びかけ」ようとする試み，語りかける試み，特定の言説の社会的主体としてのわれわれを場所に招き入れようとする試みをする言説・実践と，主体性を生産し，「語りかけられる」ことのできる主体としてわれわれを構築するプ

ロセスとの出会いの点，〈縫合〉の点という意味である。このようにして，アイデンティティは，言説的実践がわれわれのために構築する主体の位置への暫定的な接着点である。

(Hall 1996 = 2001：15)

　Hallは，アイデンティティを，歴史的，社会的に形成されてきたものを背景に，他者から「呼びかけ」られ，一方的に付与される言説や表象として捉えているわけではない。そうした一方的に付与される言説や表象をそのまま受け取るのではなく，それに対抗する形で，「当事者」が語ることによって発話位置を定め，主体的に獲得されていく暫定的な位置（positioning）という意味で，Hallはアイデンティティということばを用いているのである。

　以上の議論を踏まえ，本研究では，Hallのアイデンティティ論に依拠し，アイデンティティを本質主義的なものとして捉えるのではなく，他者から付与される表象や言説のなかで，「当事者」が主体的に獲得していく暫定的な位置として捉えることとする。

4.2　研究課題

　このようなHallのアイデンティティ論を用いた研究として，近年，渋谷（2001）や浅井（2006）の研究成果が公表されている。渋谷（2001）は，歴史的・社会的に構築されてきた「帰国子女」という集団を取り上げ，その他の「日本人」学生との間にどのような差異があるとされてきたのか，また，その差異をめぐっていかなる日常実践が繰り広げられているのかを捉えた。「帰国子女」に関する言説分析と中学校でのフィールドワークにもとづき，「帰国子女」と呼ばれる人々がどのように配置されるのか，また，与えられたその位置づけに対してどのように対応しているのか，その間のせめぎあいを描き出したのである。

　一方，浅井（2006）は，外国語補助助手（Assistant Language Teacher：ALT）が，教育現場などでどのように位置取りを行いながら自分自身を構築していくのかを明らかにした。特に，ALTの対人関係や教育実践の対処方略を手がかりに，文化的アイデンティティのゆらぎがどのように起こる

のか，また，そのゆらぎが，他者との関係性や環境とどのように関わるのかに焦点を置き，新しい文化的アイデンティティ理論の構築を目指した位置取りのメカニズムを解明しようとしたのである。

　本研究も，考察対象となる「帰韓」した「在日コリアン」の日本語教師が日本語教育においてどのように位置取りを行っていくのかを明らかにすることに主眼を置いている点で，基本的には，上記の「帰国子女」のアイデンティティに着目した渋谷（2001）やALTのアイデンティティに着目した浅井（2006）の研究の流れを汲むものである。

　しかしながら，本研究では，渋谷（2001）や浅井（2006）のように，そのメカニズムを解明し，アイデンティティ理論を構築していくことを目指してはいない。本研究がHallのアイデンティティ論に依拠し，「帰韓」した「在日コリアン」日本語教師の日本語教育における位置取りを捉えていく理由は，「なぜ，そうした位置取りが必要とされるのか」，「そうした位置取りをする意味とは何か」を考察し，「在日コリアン」教師たちが置かれている文脈を照射することにある。3.4や3.6で論じてきたように，「帰韓」した「在日コリアン」，および，「在日コリアン」教師についてはこれまでほとんど明らかにされてこなかったため，言説や表象の分析という方法では彼らの置かれている文脈を明らかにすることは難しい。そこで，本研究では，日常的なレベルで他者から付与される表象に対して，彼らが行おうとする位置取りを，語りから捉えることによって，彼らの置かれている文脈そのものを包括的に明らかにすることを目指す。

　ところで，本研究の分析の枠組みに比較的近いものに，南（2010）の研究がある。南（2010）の研究では，日本に「完全帰国」をした「中国残留日本人」がそれぞれ異なる実践の場において，「残留孤児」，「日本人」，「中国人」という三つのアイデンティティを戦略的に使い分け，位置取りをしていくことで，さまざまな問題に対処してきたことが明らかにされている。南（2010）は，本節で詳細に取り上げてきたHallの議論に加え，言語行為によって事後的に構築される行為体（agency）によって繰り返される実践を意味するパフォーマティヴィティ（Butler 1990 = 1999）の概念も参照し，「アイデンティティが実現されていく」具体的

な素材として,「中国残留日本人」の語りを捉え,考察対象とした。本研究においても,「帰韓」した「在日コリアン」教師たちの語りを,単なる過去の出来事の再現や証言として捉えるのではなく,アイデンティティが構築されていく過程を映し出す素材として捉え,分析対象としていく。

　以上の議論を踏まえ,本研究の研究課題を,以下の二つに設定する。

　まず,一つ目の研究課題は,「帰韓」した在韓「在日コリアン」の日本語教師のライフストーリーを日本語教育というフィールドに限定することなく包括的に捉えることである。本章第3節で論じたように,「帰韓」した「在日コリアン」や「在日コリアン」教師の存在はこれまでほとんど可視化されてこなかったため,まずは彼らのライフストーリーを詳細に描き出していく必要があると思われるからである。

　次に,二つ目の研究課題は,「日本人のような日本語を」といった目標が掲げられがちな日本語教育という空間のなかでの,「在日コリアン」教師のアイデンティティを捉えることである。"「日本語」を「母語」とはするが「日本人」ではない",ということが日本語教育においてどのような意味をもつのか,さまざまな力関係で構成されている現場に身を置く「在日コリアン」教師が,自分自身に付与されてしまう表象やまなざしにどのように対応するのか,そして,それによって,どのような位置を選択するのかを捉えていく。また,「日本人」ではないが「日本語」を「母語」とする彼らが,どのように自身を捉え,その空間に自身を位置づけようとしてきたのかを明らかにする。「当事者」である「在日コリアン」教師の語りからこれらを捉えていくことは,《「母語」とする言語》とそこから想定されうる《国籍／血統》との間のズレがどのような意味をもつのか,また,「在日コリアン」教師が置かれている文脈がいかなるものであるのかを照射することに繋がると考える。

　以上論じてきたように,本研究では《「母語」とする言語》と《国籍／血統》との間にズレをもつ在韓「在日コリアン」教師の語りから,《「母語」とする言語》と《国籍／血統》のズレがどのような意味をもつのかを捉えていく。それを通じて,韓国の日本語教育における言語,国籍,血統がどのような関係に置かれているのかを描き出すことを狙いと

し，日本語教育のもつ思想を従来の研究とは異なる対象や角度から考察していく。

第5節
「在日コリアン」教師のライフストーリー研究へ

　本章では，まず，第1節で，「日本語＝日本人」という図式に対して批判的な考察を加えてきた数々の研究を取り上げた。「非日本人」を「日本人」化するための論理やその媒介になるとされる「正しい日本語」の存在が問題化され，「正しくない日本語」を排除してしまう思想が批判されてきたことを指摘した。しかし，言語学的な観点から捉えた「正しさ」ではなく，《国籍／血統》が日本に繋がりをもたないということがどのような意味をもつのかが十分には考察されていないことを指摘した。このことから，《「日本語」を「母語」とするが「日本人」ではない》ということがどのような意味をもつのかを改めて考察し，「日本語＝日本人」という図式の問題を検討していく必要性があることを主張した。

　次に，第2節においては，「ネイティヴ」／「ノンネイティヴ」に関する先行研究の批判的考察を行った。まず，言語学的な熟達度や流暢さ，接してきた時間の長さなどの観点から「ネイティヴ」と「ノンネイティヴ」とを分ける考え方が批判されたり，「ノンネイティヴ」教師のもつ属性を肯定的に評価し直すことで，両者の権力関係を脱構築しようとする方向に研究が進められてきたことを確認した。しかし，そうした批判的考察においても，「ネイティヴ＝日本人」／「ノンネイティヴ＝非日本人」といった関係性は所与のものとして設定されている場合が多く，そうした二項対立的な関係性を脱構築するための研究は十分には行われていないことが明らかとなった。そこで，アメリカの言語教育において既に研究が進められているような，人種や民族などのディスコースを踏まえた議論を展開させていく必要性があることを指摘した。さらに，「ネイティヴ＝日本人」／「ノンネイティヴ＝非日本人」といった枠組みに収まりきらない属性の人々を研究対象とし，従来の二項対立的な図

式をずらしたり，攪乱させたりする方向に議論を導くことで，「ネイティヴ」／「ノンネイティヴ」という概念の脱構築に向けた新たな議論が可能になることを指摘した．

そして，このような理由から，在韓「在日コリアン」教師を研究対象とすることに意味があると論じた．

次に，第3節では，こうした「帰韓」した「在日コリアン」を本研究に位置づけるべく，「在日コリアン」の歴史的な背景がいかなるものであるのか，また，「在日コリアン」のアイデンティティや言語経験に関する研究がどのように行われてきたのかについて検討した．さらに，本研究により関係のある「帰韓」した「在日コリアン」や「在日コリアン」教師に関する先行研究も検討した．それらを通じて明らかになったのは，本研究に類似した先行研究がなく，そして彼らがさまざまな理由から不可視化されてきた存在であるということであった．

そこで，本研究では，「帰韓」した「在日コリアン」教師がいかなる人生を歩んだのかをまずは押さえた上で，特に，彼らの言語経験や日本語教育経験，そして，そこでのアイデンティティを中心に扱っていくこととした．分析の枠組みとしては，Hall（1990 = 1998；1996 = 2001）のアイデンティティ論を用いることとし，アイデンティティを，本質主義的なものではなく，他者から付与される表象や言説のなかで，「当事者」が主体的に獲得していく暫定的な位置として考えるという本研究の立場を示した．

そして，このような議論に依拠し，「日本語」を「母語」として身につけてはいるが「非日本人」である「帰韓」した「在日コリアン」の日本語教師が，「日本語＝日本人」という思想が根強い日本語教育において，自己をどのように捉え，位置づけていくのか，または，周囲から位置づけられていくのかを捉えていくという本研究の研究課題について述べた．この研究課題を明らかにすることにより，「日本語」を「母語」として身につけてはいるが「非日本人」であるということ，すなわち，《「母語」として身につけた言語》とそこから想定されうる《国籍／血統》との間にズレをもつということが何をもたらし，どのような経験をしてきたのか，そして，そのことがいったい何を意味しているのかが明

らかになっていくと思われる。彼らのライフストーリーを詳細に取り上げ，その意味を解釈していくことを通じて，言語教育における言語，国籍，血統の関係性を議論していきたい。

注
1) この時期に公表された「簡約日本語」への批判に関しては，野元（1993，1994，1997）において詳しく論じられている。
2) もともと朝鮮では，姓は父系血統を示すものと考えられ，氏族の発祥地を示す「本貫」とともに併称されてきた。男女問わず，婚姻により姓が変わることはなく，生涯同じ姓を名のり，父方の繋がりを重視する。水野（2008：50）によると，日本が朝鮮において「創氏改名」を行ったのには，この父系血統にもとづく一族の連帯力を弱め，日本の「家」制度を導入することによって，「天皇への忠誠心」を植えつけるという目的があったという。これに対して，朝鮮半島の人々は当然ながら反発したが，日本は，学校への入学拒否や配給制度からの排除などの制裁を加えることで従わせていったようである。
3) この「留学」ということばに対しては，「自分のルーツがある国へ【行く】場合，それは【留学】よりも【修学】ということばのほうが適切ではないか」といった意見や，それとは反対に，「自分のルーツがある国ではあるが，自分にとっては未知なる国なのだから，【留学】ということばでよいのではないか」といった意見をインタビュー調査で耳にした。こうした用語の使用は，研究協力者の韓国や日本との関係性や韓国に渡った時期などによって，異なっていると思われる。本書では，구라시게（2001）などの論考でも用いられている유학（留学）ということばに括弧をつけた「留学」ということばで統一することとする。
4) 韓国法務部による「출입국・외국인정책통계 월보（出入国・外国人政策統計月報）」2012年3月号p.35，および，「외국국적동포국내거소신고 신고현황（外国国籍同胞国内居所申告 申告現況）」による。
5) 韓国には住民登録制度があるが，韓国以外の土地に永住権をもつ韓国人は，その永住権が放棄されない限り，住民登録はできないことになっていた。そのため，他国に永住権をもつ「在外同胞」は，韓国国民がほぼ例外なく保持している「주민등록번호（住民登録番号）」や「주민등록증（住民登録証）」をもつことができなかった。日本の「特別永住者」資格を放棄し，韓国に「完全帰国」した場合には，この「주민등록증（住民登録証）」が付与されるが，韓国籍や朝鮮籍の「在外同胞」が韓国に居住する場合には，そうした身分証がなく，しかも韓国籍を保持している彼らは外国籍ではないため，「외국인등록증（外国人登録証）」の発給もされない。韓国では，銀行口座開設，各種契約，通信販売の申し込み，インターネット上のアカウント作成などに際して，パスポートなどのような身分証よりも，

「住民登録番号」の提示が求められるため,「住民登録番号」も「外国人登録番号」ももたない「在外同胞」は,韓国国内での生活に不便なことが多かったとされてきた(金2009)。そこで,代わりに,発給されるようになったのが,「재외국민국내거소증(在外国民国内居所証)」と呼ばれる身分証である。

6) 韓国政府は朝鮮戦争の勃発・休戦・復旧などにかかりっきりであったため,「在外同胞」問題にはなかなか目を向けることができなかったという背景がある(金2009)。1975年には,韓国政府主導で在日本大韓民国居留民団(現名称は在日本大韓民国民団)に母国訪問推進委員会がつくられ,墓参りや親族訪問などを中心とした母国訪問の機会が「在日コリアン」に提供されたり,1980年代には「海外同胞の権利と利益を保護する」といった条項が憲法に盛り込まれたりもしたが,1990年代に入るまで,具体的な政策レベルでの動きは見られなかった。

第 2 章

研究方法

本書は，言語，国籍，血統の関係が言語教育においてどのように捉えられているのか，また，そのことが，どのような意味をもつものであるのかを明らかにすることを目的としている。そこで，《「母語」とする言語》とそこから想定されうる《国籍／血統》との間にズレをもつ在韓「在日コリアン」の日本語教師2世・3世のライフストーリーを事例として取り上げ，彼らが「日本語＝日本人」という思想の根強い日本語教育において，自己をどのように捉え，位置づけているのか，また，その意味を考察していく。そのためには，個々の教師の具体的な経験とそれに対する意味づけを捉えていく必要がある。そこで，本研究ではライフストーリー研究法を採用し，語り手の経験や意味世界を丁寧に解釈していく。本章では，ライフストーリー研究法やインタビュー論などの先行研究を参照しながら，本研究で採用した方法論的な立場，および，研究方法について述べた上で，具体的にどのように調査が実施されたのかを詳細に論じていく。

第1節
ライフストーリー研究法とは

1.1　なぜライフストーリー研究法か

　「ライフストーリー」とは，桜井（2002）によると，「個人が歩んできた自分の人生についての個人の語るストーリー」のことであり，「その人生で意味があると思っていることについて選択的に語」られたものを指す（p.60）。

　こうした個人の語るストーリーへの着目は，20世紀初頭より，主に人類学の分野における異文化をもつ少数民族の研究から始まったとされ，量的研究法によってでは見えてこない，または，こぼれ落ちてしまう人々の意味世界を読み解くための調査技法とされてきた。桜井・小林（2005）は，こうした研究法に関心が高まってきた理由として，社会側からの要請を挙げている。これまでの研究では可視化されてこなかった人々や社会問題への関心が高まり，それに関わる「当事者」や少数派の声を聞くことが重要視されるようになったのである。

本研究で取り上げる"在韓の「在日コリアン」日本語教師"も，その存在の全体像を把握することが難しく，これまでの研究ではあまり可視化されることのなかった人々である。第1章で論じたように，そもそも「帰韓」した「在日コリアン」に関しては，量的研究法で用いられる統計的サンプリングの母集団のような，その集団の全体像を明確に示すような公式統計そのものが存在しておらず，同様に，「在日コリアン」教師に関しても，その人数や所在などが把握できるようなデータは存在していないからである。また，今日の日本語教育界では，「在日コリアン」教師は少数派となっており，また，通称名を用いて教育に携わっている教師も多いため，ますます見えにくい存在になってしまっているからである。
　このような状況を踏まえると，「在日コリアン」教師の存在を把握し，彼らがどのような人生を歩んでいるのかを明らかにしていくには，研究の蓄積が十分ではなく，未だ探究されていない社会的現実や少数事例を照射するのに有効な手法であるとされるライフストーリー研究法が最適な方法だと考えられる。

1.2　ライフストーリーへの三つのアプローチ

　桜井（2002）によると，ライフストーリーへのアプローチには，「実証主義アプローチ」，「解釈的客観主義アプローチ」，「対話的構築主義アプローチ」の三つがある。
　まず，「実証主義アプローチ」とは，語られるライフストーリーが真実なのかどうかを重視するアプローチであり，ライフストーリーを科学的で客観的なものにしなければならないといった考えがその根底にはあるという。調査手法としては，既存の理論をもとにしてあらかじめ仮説を設定し，演繹的に推論していく仮説検証型が主に採用され，調査の妥当性を高めるために，さらに他者からの聞き取りや記録文書などの資料が用いられる。
　また，二つ目の「解釈的客観主義アプローチ」は，「実証主義アプローチ」とは異なり，帰納論的な推論をもとに，ライフストーリーを解釈し，インタビューを重ねていくことによって，社会的現実を明らかに

しようとするものである。分析的帰納法が基本的な考え方とされるこのアプローチは、具体的な事例を詳細に調査し、次の事例と重ね合わせ、二つの事例をもとにした普遍化を行い、さらに次の事例を用いて修正を加えながら普遍化をしていくというものである。

　上記の二つのアプローチに対して、三つ目の「対話的構築主義アプローチ」では、インタビューの場における相互行為が重視され、語りは「語り手とインタビュアーとの相互行為を通して構築されるもの」として捉えられている。

　　　語りは過去の出来事や語り手の経験したことというより、インタビューの場で語り手とインタビュアーの両方の関心から構築された対話的混合体にほかならない。とりわけ、語ることは、過去の出来事や経験が何であるかを述べること以上に〈いま－ここ〉を語り手とインタビュアーの双方の「主体」が生きることである。

　　　　　　　　　　　　　　　　　　　　　　　（桜井 2002：30-31）

　この手法を用いてライフストーリー・インタビューを行っている桜井は、従来のアプローチでは、語り手が「何を語ったのか」といった「語られる内容」にばかり関心が払われ、「それがどのように語られたのか」といった「語りの様式」には着目されてこなかったことを指摘している。だが、実際には、「語られる内容」はインタビュアーである調査者と語り手との間で繰り広げられるインタビュー行為と関係なく生成されるものではないため、「語られる内容」に加え、「いかに語ったのか」という「語りの様式」にも注意を払う必要があるという。こうした観点に立つのが「対話的構築主義アプローチ」である。

1.3 「アクティヴ・インタビュー」論と本書の立場

　このような「対話的構築主義アプローチ」におけるインタビュアーと語り手の相互行為にも着目するという考え方は、Holstein & Gubrium（1995 = 2004）の「アクティヴ・インタビュー」論から大きな影響を受けている。伝統的なインタビュー調査においては、「本当の事実や感情が

存在している」という「期待」があり，「最初からそこにあるものを発見」するために，「情報をできるだけダイレクトに取りだすこと」が重要視されてきた。しかし，これに対して，Holstein & Gubrium (1995 = 2004) は，「この情報がどこからもたらされているのか，そしてそれはどうやって引き出されるのか，という根本的な認識論的問題を無視している」(p.18) と批判し，インタビューを「単なる無色透明な行為」や「情報が歪曲される原因」としてではなく，むしろ，「報告できる情報それ自体を出す場所」(pp.19-20) として捉え直した。そして，彼らは，インタビューという行為そのものが，「解釈作業を伴う「アクティヴ」なものであり，インタビュアーと回答者の両方の側の意味を作り出す作業を，必然的に含んでいる」(p.21) と主張したのである。つまり，インタビューとは，インタビューの場にいるインタビュアーである調査者も語り手もともに意味を引き出し，構築していく作業であり，語り手から自動的に語りが「運ばれてくる」といった単純な行為ではないのである。インタビューの場では，インタビュアーも語り手もともに，「アクティヴ」にならざるをえず，だからこそ，「共同で知識を構築することに貢献していることを認め，それを意識的にかつ良心的にインタビューのデータの産物と分析に組み込んでい」(p.22) くことが提案されたのである。

本研究では，インタビューの初期の段階では，非構造化インタビューを用い，語り手自らが語ろうとするライフストーリーを聞くという態度を貫き，彼らの語りを方向づけてしまうことがないよう注意を払ってきた。そして，その後のインタビューにおいても，彼らの語りを遮ったり統制したりするようなことがないよう努めてきた。だが，筆者による意識／無意識的に発せられる相槌や表情は，どのような方向にインタビューを進めていきたいと考えているのかといったインタビューに対する「期待」や「構え」を彼らに多かれ少なかれ伝えてしまっていたと思われる。

こうしたことを根拠に，インタビューにおけるインタビュアーと語り手との間には権力関係が働いていると見なされ，インタビュアーに都合のよい歪められた語りが引き出されているから，インタビューを用いた

研究には信頼性がないと判断されてしまうことも考えられる。だが、そのような発想は、そもそも語り手の主体性を無視していることになる。「アクティヴ・インタビュー」論において指摘されたように、インタビューという行為をインタビュアーと語り手との間で構築されていくものとし、その過程を十分に研究のなかで示していけば、そうした信頼性への不安からは解放されるのではなかろうか。

　ところで、桜井（2002）は、そもそも、インタビューとは、インタビュアーである調査者が「構え」を完全にもたない状態で遂行することができないものであり、誰しも何らかの「構え」をもってしまわざるをえないものであると指摘している。

　　　ここで注意を喚起しておきたいのは、インタビュアーはそうした構えから自由になって無心でインタビューを遂行したほうがよい、と主張したいわけではないということだ。そうではなくて、<u>私たちは意識するしないにかかわらず、またそれが一貫しているかどうかにかかわらず、インタビューに際して一定の構えをもっていることを常態であると認め、むしろその構えがどのようなものであるかに自覚的でなければならない</u>、ということなのである。

　　　　　　　　　　　　　（桜井2002：171、下線は筆者による）

　重要なのは、インタビューが完全に中立的な立場で遂行できるものではないことを念頭に置き、どのような「構え」をもち、どのようにインタビューを遂行したのか、そうした部分も踏まえ、インタビュー調査のプロセスをデータとして開示することだという。そして、ある「構え」をもっているということ自体がいったい何を指し示しているのかを紐解いていくことだという。

　以上を踏まえ、本研究では、「対話的構築主義アプローチ」の立場に立ち、「語られる内容」だけを分析対象とするのではなく、「内容」とともに「語りの様式」にも着目する。また、「アクティヴ・インタビュー」論を踏まえ、インタビュー調査そのものをインタビューの語り手との意味構築の場と捉える立場を採用する。そして、そうした場に、インタ

ビュアーである調査者がどのような「期待」や「構え」をもち込んでいたのか，その点についても考察していく。

第2節
ライフストーリー研究法の評価基準

2.1 研究の「信頼性」・「妥当性」から「透明性」・「信憑性」へ

　質的研究法に対しては，これまで，しばしば，量的研究法の評価基準の観点から，その「信頼性」と「妥当性」に関して，疑問が投げかけられてきた (Flick 1995=2002)。Flickによると，研究における「信頼性」とは，一般的に，その研究法を用いれば他の人もまったく同じデータが得られるかどうかを評価する基準のことであり，「妥当性」とは，研究者の研究目的に沿った研究調査が遂行されているかどうかを評価する基準のことである (pp.273-282)。だが，これらは，量的研究法を基準に考えられたものであり，質的研究法に適した評価基準とは必ずしもいえない。質的研究法の主要な手法であるインタビューを例に考えてみても，それは明らかであろう。異なる調査者がまったく同一のインタビューを遂行することは不可能に近く，同じ調査者であっても，時と場合によって，また，語り手との関係性によって，語り手との間に構築されていく語りは異なってくるからである。こうした点を踏まえ，桜井（2002）は，本研究で採用するライフストーリー研究法に関しても，従来の「信頼性」や「妥当性」の基準は必ずしも適切なものとはなりえないと指摘し，それに代わる基準を打ち出した。

　まず，挙げられたのは，「信頼性」に代わる基準として，データ収集から分析に至るまでの過程を明らかにする，手続きの「透明性」である（桜井2002：38-40，桜井・小林2005：48-50）。これは，研究協力者の選択，インタビュー・プロセスの記録，トランスクリプトの作成，カテゴリーの抽出，分類の仕方などの調査過程を読者に公開する，その程度のことを意味している。量的研究法のように調査者の技法自体を同じにするのではなく，個々の調査が同じものにはなりえないことを前提とした上で，その違いや特質を読み手が納得するような形で示すことを重視すべきだ

としている。このような手続きの「透明化」の作業は、「積極的に調査者と調査過程を記述することであり、とりもなおさず調査者である「私」自身を問う反省的な過程」（桜井・小林 2005：50）だという。

　また、同様に、「妥当性」という評価基準に関しても、その再考が必要となってくる。ライフストーリー・インタビューから明らかにしようとしているものは、たった一つの「事実」ではなく、ある個人の主観的リアリティである。個人の語りは、どんなに正確に記録したとしても、結局は現在の時点からの語り手の主観的な解釈でしかない。そのため、従来の量的研究法で採用されてきた「妥当性」という基準に関しても、見直すことが必要となる（桜井 2002、桜井・小林 2005）。

　そこで挙げられているのが、語りの「信憑性」であり、その指標となるのが語りの「一貫性」である。桜井（2002）は、語りの一貫性には、「内的一貫性」と「外的一貫性」があり、その両者の確保が重要であると主張している。そして、それを従来の研究の「妥当性」に代わる尺度や基準としている。まず、「内的一貫性」とは、ある時点で語られたことと他の時点で語られたこととの間に矛盾がないかを吟味することであり、矛盾がある場合には、それがなぜ起きたのかを理解することが必要であるとされている。また、「外的一貫性」とは、調査者のそれまでの知識と語られたものとの間に整合性があるか否かを検討することとされている。桜井がより重視しているのは、前者の「内的一貫性」の確保であるが、いずれにしても、語りに矛盾が生じている場合には、「どちらが真実か」ではなく、「なぜ、そのような矛盾が起きたのか」という観点から語りを詳細に論じていく必要があると指摘している。

　以上のことを踏まえ、本研究では、次の第3節において、本研究の調査プロセスを開示することとし、続く第4章では、語られた内容の「一貫性」に注意を払いつつ、調査者である筆者の語りも含めたインタビューという場における相互作用を提示する。そうすることで、本研究の「透明性」および「信憑性」を確保していく。

2.2　サンプリングと「代表性」の問題

　ライフストーリー研究法に対して、しばしばなされるもう一つの批判

として，研究協力者の「代表性」の問題がある。「代表性」とは，「あるサンプルもしくは事例が，それが選び出された全体的な調査対象群を代表している程度を表す概念」（Flick 1995 = 2002：398）である。量的研究法においては，母集団の特性があらかじめわかっている統計データなどを利用することで，「代表性」は確保されてきた。しかしながら，可視化されてこなかった集団や少数事例などを対象とするライフストーリー研究法の場合，量的研究法で用いるような母集団のリストは存在しない。そうした人々を研究対象とするのだから，「代表性」を求めるという発想では研究を遂行することはできないといえる。

　こうした量的研究法で用いられている確率論的な統計的サンプリングに対して，ライフストーリー研究法で用いられているのは，「芋づる式サンプリング」や「スノーボール・サンプリング」と呼ばれるサンプリング法である。桜井・小林（2005：30-33）によると，最初の語り手によって次の語り手を紹介してもらったり，語り手のライフストーリーに登場してきた人物への接触を試みる手法で，「必要なデータを獲得するために誰を選択するのかが意識的に」行われるものだとされている。そして，「原則として，当初のライフストーリーをもとに次の対象者が選択されるのであり，そこにはすでに分析も解釈も入り込んでいる」（p.33）ものとして考えられている。

　このようなサンプリング法を用いた研究では，ライフストーリーの聞き取り調査の過程で仮説の普遍化を行い，理論モデルの構築が目指される場合もある。例えば，「解釈的客観主義アプローチ」の立場に立つ，Bertaux（1997 = 2003）によるフランスのパン屋のライフストーリー研究においては，上記のような理論の普遍化が明確に目指され，こうしたサンプリング法が用いられている。そこでは，15例目であるパターンが理解され，25例目でパターンとその変容が明確となり，30例目には新たなバリエーションがなくなり，これまでの知見を確認するような語りしか聞くことができなくなったため，調査は終了している。

　だが，「対話的構築主義アプローチ」を採用する本研究は，在韓「在日コリアン」教師のライフストーリーの普遍化・一般化を目指しているわけではない。語り手の経験と意味世界を描くとともに，インタビュ

アーと語り手の間に繰り広げられた相互行為を詳細に記述し，そこから見えてくる文脈を論じることを目的としている。したがって，サンプリングの大きさではなく，「語り手とインタビュアーの相互行為を基盤としたライフストーリーの構成のあり方」(桜井・小林 2005：36) を重視するという立場をとることとする。

第3節
本研究の調査概要と記述

3.1 研究協力者

　本研究のもとになっているインタビュー調査は，2009年9月から2011年10月にかけて，韓国のソウルと釜山において行われた。本研究は，2007年から2009年にかけて筆者が行っていた「1960年～1970年代に日本語を学んだ経験をもつ韓国人日本語教師のライフストーリー調査」(田中 2011) を通じて知り合った研究協力者に，「在日コリアン」教師を紹介してもらうような形で始まった。その後は，インタビュー調査を終えた「在日コリアン」教師に次の協力者を紹介してもらうという「スノーボール・サンプリング法」によって研究協力者を見つけ，インタビュー調査を試みた。

　ここでもう少し具体的にインタビュー調査の過程を述べておく。2009年から開始したインタビュー調査は，最初の1年間は，「在日コリアン」2世の60～70代の教師に対してのみ行われた。「在日コリアン」2世の教師だけを研究対象としていたわけではなかったのだが，研究協力者を見つけることができず，「在日コリアン」3世の教師へのインタビュー調査実施になかなか辿りつけなかったのである。しかし，調査開始からちょうど1年が経過した頃から，ようやく「在日コリアン」3世の教師へのインタビュー調査が実現するようになり，結局，「在日コリアン」2世の教師よりも多くの協力者からさまざまな語りを聞く機会を得た。

　結果として，約2年間の調査期間に1週間程度の集中的なインタビュー調査を計8回[1] (2009年9月1日，2009年10月24日，2009年12月23～

29日，2010年2月4～10日，2010年8月23～28日，2011年3月16～20日，2011年8月22～27日，2011年10月6～10日）実施し，「在日コリアン」2世の教師7名，3世の教師11名の計18名からライフストーリーを聞くことができた。研究協力者18名に関しては，表1のとおりである。

表1を見ると，「在日コリアン」3世の教師へのインタビュー調査に着手するまでにかなりの時間を要してしまったことがわかる。そのため，本研究では，「在日コリアン」2世の教師のインタビューをほぼ終えてから，3世の教師のインタビューを行うといった段階的な調査スケジュールを経ることとなった。

3.2 インタビュー調査の方法

インタビュー調査は，Flick（1995 = 2002）やRosenthal（2004）を参照し，以下のような流れで実施した。

1) まず初めに，筆者が研究協力者に対して「ナラティヴ生成質問」をし，生まれてから今日に至るライフストーリー全般を自由に話してもらった。この段階では，筆者によって語りが構造化されたり，語りの範囲が狭められたりするようなことがないよう，傾聴マーカー以外は極力口を挟まないようにした。
2) 次に，ライフストーリー全体の流れを整理しつつ，研究協力者が言及した語りの内容のうち，聞き取りが十分ではなかったと思われるトピックに対して，筆者から質問を投げかけ，より詳細に語ってもらった。
3) 最後に，語り手が自発的には語らなかったトピックにも触れ，さらに語ってもらうよう促した。また，この段階では，これまでに聞き取ったさまざまな協力者による語りとも照らし合わせながら，筆者の推論や解釈も交えながら，インタビューを実施した。

第1章においても触れたが，先行研究がほぼ皆無だったこともあり，インタビュー調査開始当初は，「在日コリアン」教師を捉える視座が明確ではなく，筆者のリサーチクエスチョンは非常に漠然としていた。そ

表1：研究協力者の一覧

本書での表記	性別	在日	出生年代	「特別永住者」資格の有無	国籍	インタビュー日時	回数	調査時の音声保存
	女性	2世	1940年代後半	×	韓国	2009/9/1, 2009/12/24	2	ICレコーダー／フィールドノーツ
	女性	2世	1940年代前半	×	韓国	2009/10/24, 2009/12/27, 2011/8/23	3	ICレコーダー／フィールドノーツ
	女性	2世	1940年代前半	×	韓国	2009/10/24, 2010/2/5, 2011/8/25	3	ICレコーダー／フィールドノーツ
	女性	2世	1940年代後半	○→×（調査期間中に放棄）	韓国	2009/10/24, 2010/2/8, 2010/8/26, 2011/3/17	4	ICレコーダー／フィールドノーツ
V	女性	2世	1940年代後半	○→×	韓国	2009/10/24, 2009/12/28, 2010/8/24, 2011/3/19, 2011/6/22	5	ICレコーダー／フィールドノーツ
	女性	2世	1930年代後半	×	韓国	2010/2/9	1	フィールドノーツのみ
	男性	2世	1940年代前半	○	韓国	2011/10/8	1	ICレコーダー／フィールドノーツ
L	男性	3世	1960年代前半	○	韓国	2010/8/27, 2011/3/18, 2011/10/10	3	ICレコーダー／フィールドノーツ
	女性	3世	1960年代半ば	○	韓国	2011/3/18	1	ICレコーダー／フィールドノーツ
E	女性	3世	1970年代前半	○	韓国	2011/8/26, 2011/10/8	2	ICレコーダー／フィールドノーツ
D	女性	3世	1970年代前半	○	韓国	2011/8/23, 2011/10/7	2	ICレコーダー／フィールドノーツ
	女性	3世	1970年代半ば	○	韓国	2011/8/26	1	ICレコーダー／フィールドノーツ
	男性	3世	1980年代前半	○	韓国	2011/10/10	1	ICレコーダー／フィールドノーツ
	女性	3世	1970年代半ば	○	日本	2011/8/25	1	ICレコーダー／フィールドノーツ
	女性	3世	1970年代半ば	○	韓国	2011/10/10	1	ICレコーダー／フィールドノーツ
	女性	3世	1970年代半ば	○	韓国	2011/10/8	1	ICレコーダー／フィールドノーツ
	女性	3世	1960年代半ば	○	韓国	2011/10/9	1	ICレコーダー／フィールドノーツ
	女性	3世	1970年代前半	○	韓国	2011/10/9	1	ICレコーダー／フィールドノーツ

のため，ほとんど焦点を絞ることなく，研究協力者たちが人生のなかで重要だと考えるエピソードを研究協力者主導で自由に語ってもらうという非構造化インタビューとなった。しかしながら，リサーチクエスチョンが比較的明確になった 2010 年以降は，語り手の語りの方向性を尊重しつつ，以下の 5 点に関係する内容について話してもらうよう促した。

1)「帰韓」するまでの経緯と理由
2)（反日感情が強い社会状況であったにもかかわらず）日本語教育に携わることを選択した理由と経緯
3) 日本語教育の経験と教育現場における立場
4) 日本語，および，日本語を教えることに対する意味づけ
5)「母語」の日本語や「母国語」の韓国語に関する言語経験や言語意識，および，アイデンティティ

インタビューを実施した場所は，研究協力者が指定した喫茶店や研究協力者の研究室だった。インタビューを実施した回数や時間の長さは，協力者によって異なるが，一人につき 1〜4 回，各 1 時間半〜5 時間程度となった。回数は少ないが，初回のインタビューから深い語りを聞くことができた協力者もいれば，初回は雑談が中心となり，具体的なライフストーリーは 2 回目以降となった協力者もいたため，インタビューの回数と質は必ずしも比例していない。そのため，あえてインタビューの回数を揃えるようなことはしなかった。結果として，さまざまな文脈の理解に時間を要した，調査の初期段階で出会った教師や語っていただいたライフストーリーが比較的長い「在日コリアン」2 世の教師へのインタビュー調査は回数が多くなっている。

インタビューにおいて使用した言語は，日本語，および，韓国語である。韓国語使用の割合は人によって異なるが，臨場感を出すために，単語レベル，または，それほど長くないセンテンスレベルでの使用が中心となり，インタビューの大部分は日本語で行われた。

インタビュー終了後，録音したデータをもとに，なるべく早い段階でトランスクリプトを作成した。トランスクリプトに関しては，概ね，桜

井 (2002：177-180) に従って行った[2]。

なお，研究協力者はそれぞれアルファベットで表記することとし，インタビュアーである筆者は＊で示すこととした。また，語りの一部を本文中で引用する場合には，【　】を用いて挿入することとした。

3.3　研究倫理

インタビュー調査に先立ち，事前にe-mailで研究の趣旨が書かれた「研究協力依頼書」(巻末資料①) を研究協力者に送付し，研究の趣旨に対して賛同が得られた場合には，具体的に日程の調整を行った。e-mailでの連絡が難しい場合には，電話連絡により，口頭で研究趣旨等を説明した上で，具体的な調査の日取りを決めた。なお，研究趣旨を説明する際には，「従来の研究では，「在日コリアン」教師の存在が等閑視されており，研究対象とされてこなかった」といった研究状況を説明し，本研究への理解を求めた。

インタビュー調査当日は，再度，「研究協力依頼書」を手渡しし，口頭で趣旨を説明してからインタビュー調査を開始した。その際，録音の可否も尋ね，許可が得られた場合は，ICレコーダーを用いて録音し[3]，その他，フィールド・ノーツもつけた。

また，調査の際，個人情報の取り扱いに関する規約が書かれている「研究倫理遵守に関する誓約書」(巻末資料②) を見せながら口頭で説明し，承諾が得られた場合は，署名を求めた。

また，学会発表の前や論文の投稿前には必ず研究協力者に原稿を送付し，インタビューデータの使用許可を得た。本書の原稿にも目を通していただき，掲載許可を得るとともに，文章の修正や削除等の依頼がある場合は指摘してもらい，若干の修正を試みた。

3.4　本書で取り上げるライフストーリー

本書で取り上げるのは，18名の研究協力者のうち，「在日コリアン」2世の教師1名 (教師V) と「在日コリアン」3世の教師3名 (教師L，E，D) の計4名のライフストーリーである (表2参照)。

「在日コリアン」2世・3世という区分は必ずしも明確なものではない

表2：本書で取り上げる4名の研究協力者

本書での表記	性別	在日	出生年	「特別永住者」資格の有無	国籍	日本語教育開始時期	日本語教育現場での名前	インタビュー日時	回数
V	女性	2世	1948	○→×	韓国	1979	本名のみ	2009/10/24, 2009/12/28, 2010/8/24, 2011/3/19, 2011/6/22	5
L	男性	3世	1963	○	韓国	1999	通称名（本名の姓＋通称名の名）	2010/8/27, 2011/3/18, 2011/10/10	3
E	女性	3世	1971	○	韓国	2003	通称名のみ	2011/8/26, 2011/10/8	2
D	女性	3世	1970	○	韓国	1996	ほとんど通称名	2011/8/23, 2011/10/7	2

が，韓国における日本語や日本語教育へのまなざし，生まれ育った日本の社会状況などの変化も考慮し，どちらの教師も考察対象に入るようにした。

とはいえ，本研究は「在日コリアン」教師のライフストーリーの普遍化・一般化を目指しているわけではなく，個々の教師たちのこれまでの経験を具体的な文脈とともに示し，それらが意味していることを明らかにすることを目的としている。そこで，本書では，インタビュー調査を行った全員のデータに共通している語りを見つけ，それらをまとめる形で論じるのではなく，取り上げるライフストーリーを4名のものに限定し，一人一人のライフストーリーと語りの意味を丁寧に考察していくこととした。

本書で考察対象とした4名は，少なくとも2回以上インタビュー調査を行い，量的にも質的にも全体のライフストーリーを十分に聞き取ることができ，筆者なりにライフストーリーを十分解釈できたと考えられる協力者たちである。さらに，本書でインタビューデータを使用することを承諾してくださった方々である。

3.4.1 研究の問いの浮上から明確化のプロセス

3.1で既に述べたが,「在日コリアン」教師へのインタビュー調査に先立ち,筆者は,「解放」後の韓国において日本語教育が再開された時期に日本語を学んだ経験をもつ日本語教師のライフストーリー研究（田中 2011）を行っていた。その調査の過程で,偶然にも「在日コリアン」教師にインタビューをする機会を得たのがきっかけで,「在日コリアン」教師のライフストーリー調査に着手することとなった。そのため,調査を開始した当初は,リサーチクエスチョンが明確には定まっておらず,インタビュー調査を重ねていくなかで,徐々に研究の問いが浮上し,明確化していくというプロセスを経ている。

本研究のように,インタビュー調査の進行とともにリサーチクエスチョンも深まっていくというのは質的研究ではよく見られることであり,意味のあるデータの収集と分析を通じて,リサーチクエスチョンは次第に絞りこまれていくという軌道を経ることが多い（Maxwell 2005）。したがって,ライフストーリー研究法を用いた研究も含め,質的研究全般において,調査開始当初からリサーチクエスチョンが明確であることは非常に稀だといえよう。このような特徴をもつライフストーリー研究法を手法として用いるため,本研究では本章第2節で論じたが,研究の「透明性」と「信憑性」を確保するためにも,インタビュー調査の相互行為や調査過程もできるだけ詳細に記述していく必要があると考える。そこで,ここでは,リサーチクエスチョンがどのように明確化していったのか,そのプロセスについても言及しておく。

表3に示してあるのは,本書で取り上げる4名の研究協力者たちとのインタビュー調査のプロセスである。インタビューがいつ,どのようなトピックで行われ,それが研究内容の深化にどのように関わっているかを時系列にまとめた。実際には,18名の協力者全員とのインタビュー調査のプロセスが研究内容の深化には関係しているが,特に本書で取り上げる4名の教師とのやりとりはその重要な役割を担ってきたため,ここでは4名の教師の研究調査のプロセスに絞って掲載することとした。

インタビューにおけるトピックの変遷を見ると,教師Vとのインタビュー（【インタビュー①】〜【インタビュー③】）を通じて本研究の研究課題

が浮上したことがわかる。表1に示したように，本研究調査に関わった研究協力者は他にもいるため，実際には他の教師とのインタビューも，研究課題が明確化していくプロセスを支えていたが，教師Ｖとのインタビューはその中核を成すものであった。その後，教師Ｌとのインタビュー調査（【インタビュー④】）によって研究課題がより明確になり，その後は，教師ＥやＤなどの新たな研究協力者にもインタビュー調査を実施し，研究の観点に沿った聞き取りを集中的に行った（【インタビュー⑤】～【インタビュー⑫】）。

　以上のように，本書で取り上げる教師4名は属性が異なっていることはもちろんのこと，研究調査のプロセスにおける位置づけという観点から見ても，異なる役割を担っている。そこで，以下では，次章で取り上げる教師たちのインタビューデータに先立ち，彼らが本研究においてどのような位置づけにあるのかを述べておく。

3.4.2　本研究における教師たちの位置づけ
(1) 教師Ｖ

　第3章で初めに取り上げる教師Ｖは，筆者にとって二人目の「在日コリアン」教師の研究協力者であった。一人目の研究協力者から教師Ｖの連絡先を聞き，初めて電話で調査の依頼をしたときから，教師Ｖは筆者の研究に非常に好意的であった。「知人にも声をかけてみます」と言いながら，二つ返事でインタビューを引き受けてくれたのである。

　初回のインタビュー調査当日，筆者はまず，「在日コリアン」教師5名の昼食会に同席させてもらった。年に1，2回は開かれているという昼食会で，教師たちはお互いの近況をこれまで報告し合ってきたという。「在日コリアン」という出自が同じであり，かつ，日本語教育に携わっている（きた）という共通点もあるため，直面するさまざまな悩みなども共有しやすかったのであろう。筆者が参加した日には，「日本から大学院生がわざわざインタビュー調査のためにやってきたから」ということで，約2時間の間に教師Ｖを除く4名の教師がそれぞれのライフストーリーを断片的に語ってくれた[4]。なかには共有されている同じような経験もあるため，和やかに談笑するような形で，その昼食会の時間は

表3：研究調査のプロセス（本書で取り上げる

	教師V	教師L
2009/10/24	【インタビュー①】 ライフストーリー全般（「帰韓」前後〜現在），自身にとっての日本語の意味について	
2009/12/28	【インタビュー②】 ライフストーリー全般（幼少期〜現在），自身にとっての日本語/日本語教育の意味，「特別永住者」資格を放棄するか否かについて	
2010/8/24	【インタビュー③】 「特別永住者」資格を放棄したこと，アイデンティティ，日本語を教えることの意味，「日本語のネイティヴ」教師の採用，本名で「日本語のネイティヴ」教師として日本語教育に携わる難しさについて	
《研究課題の浮上》		
2010/8/27		【インタビュー④】 ライフストーリー全般（幼少期〜現在），アイデンティティ，「日本語のネイティヴ」教師の採用，日本語教育における名前の問題について
《研究課題の明確化》		
2011/3/18		【インタビュー⑤】 通称名を用いて日本語教育に携わる意味について
2011/3/19	【インタビュー⑥】 「日本語のネイティヴ」教師の採用，本名で「日本語のネイティヴ」として日本語教育に携わることについて	
2011/6/22	【インタビュー⑦】 投稿用の論文をもとにしたディスカッション，事実確認	
2011/8/23		
2011/8/26		
2011/10/7		
2011/10/8		
2011/10/10		【インタビュー⑫】 通称名を用いて日本語教育に携わることについて，事実確認

第2章

察対象者とのインタビュー内容の変遷）[時系列]

教師E	教師D
	【インタビュー⑧】 ライフストーリー全般（幼少期〜現在），アイデンティティ，「日本語のネイティヴ」教師の採用，日本語教育における名前の問題について
【インタビュー⑨】 ライフストーリー全般（幼少期〜現在），アイデンティティ，「日本語のネイティヴ」教師の採用，日本語教育における名前の問題について	
	【インタビュー⑩】 通称名を用いて日本語教育に携わることについて，事実確認
【インタビュー⑪】 通称名を用いて日本語教育に携わることについて，事実確認	

過ぎていった。

　その後，筆者と教師Vは近くのカフェに場所を移し，1対1のインタビュー調査を行った。第2章で指摘したとおり，「解放」後に「帰韓」した「在日コリアン」に関する先行研究はほとんどなく，「帰韓」した「在日コリアン」教師に関する先行研究も一度も目にしたことがなかった。そのため，まずは教師Vの人生そのものを，特に日本語教育に限定することなく，可能な範囲で筆者が十分理解していくことが必要だと考えた。そこで，教師V主導という形で，自身の人生のなかで重要だと思う経験を中心に自由に語ってもらった。結局，教師Vには平均5時間程度の対面でのインタビュー調査に計4回，電話でのインタビュー調査（約50分間）に1回協力してもらった。

　このように，教師Vはインタビュー調査に非常に協力的であったのだが，それは，教師V自身が，自分の経験をまとめる時期に達したと感じており，自分のこれまでの経験を「自分史」という形で残してみたいという欲求をもっていたこととも関係があるように思われる。

> V：もし，ものを書くとしたら一番いいものを書く，バランスよく，もっと客観的に，［筆者注：韓国に］初めて来たときは，もう，とにかく受け入れる，あるいは，日本が懐かしいとかそういう感情的なものに支配されていたと思うんですけども，今は，ある意味で，非常にいいものが書ける時期に入ったんじゃないかと思うんですね。(中略) ぜひ自分なりに，自分の生きてきた過程を整理してみたいと思っているんです。それは，もうお金とは関係なく，自分の成功とは関係なく。自分自身を納得させるため，自分自身を本当の意味で振り返るため。経済とかいろんな世間の目を気にしないでね。日本でも自分史というのが流行った時代があったと思うんですが，まあ，そういう流行とか，流行に乗るっていう意味じゃなくて，本当にそれをしてみたかったし，それができる時期に入ったんじゃないかなって思うんです。
>
> 　　　　　　　　　　　　　　　　　（インタビュー1回目：2009/10/24）

【自分の生きてきた過程を整理してみたい】という欲求をもっていた教師Vにとって，筆者からのインタビュー調査の依頼は【とても興味深いお誘い】だったと教師Vは語っている。一方，「帰韓」した「在日コリアン」教師の経験や意味世界がまったくといってよいほど把握できていない状態でフィールドに入った筆者にとって，教師Vは，本研究の取っ掛かりを与えてくれた貴重な存在である。他の「在日コリアン」2世の教師からも多くの語りを聞かせてもらったが，教師Vは日本語教育での経験に限定することなく，日韓でのさまざまな経験を惜しみなく語ってくれたのである。後述する教師L，E，Dとは異なり，教師Vが「帰韓」した頃の韓国社会では，日本や日本語に対する反感は今とは比べ物にならないほど強く，これまで家族などにも話せなかった非常につらい経験なども語りには含まれていた。こうした教師Vのさまざまな経験や意味世界を捉えていくことによって研究の問いが次第に明確化していくというプロセスを本研究は経ており，教師Vとのインタビュー調査は，本研究の要ともなっている。

　以上の理由から，第3章では，まず，教師Vのライフストーリーを取り上げることとする。日本語教育に限定することなく，彼女のさまざまな経験とそれに対する意味づけを捉え，そうした教師Vの意味世界が何を意味しているのかを考察していく。そのなかでも，特に教師Vが「日本語＝日本人」という思想の根強い日本語教育において，自身をどのように捉え，どのようなポジションを獲得してきたのかに着目する。教師Vは本名である韓国名を用いて「日本語のネイティヴ」として日本語教育に携わっているのだが，そのことがどのような意味をもつのか，また，そのことが教師Vにどのようなことをもたらしてきたのかについて明らかにしていく。

(2) 教師L

　教師Lは，教師Vとは対照的に，日本語教育において意識的に通称名を使用している「在日コリアン」3世の教師である。在日2世の教師たちへのインタビュー調査からだんだんと研究の問いが明確化してきた段階で出会った研究協力者であり，初めての「在日コリアン」3世の研究

協力者であった。そして，なかなか進まない研究調査を大きく一歩前進させてくれたのも，この教師Lであった。教師Lは，筆者がインタビューした協力者のなかで初めて，通称名を用いて日本語教育に携わっていることに関する自身の考えを聞かせてくれた協力者であり，また，「通称名を用いる意味」が日本語教育という文脈においても重要な論点になる可能性を気づかせてくれた協力者であった。そこで，第3章では，教師Vに続いて教師Lのライフストーリーを取り上げ，「通称名を用いる意味」について，そして，それにより，教師Lが獲得しようとしているポジションについても詳細に論じていく。

(3) 教師E，教師D

教師EやDは，教師L同様，通称名を用いて日本語教育に携わっている教師である。教師Vなどとの長時間にわたる包括的なライフストーリー・インタビュー調査によって，おおまかな研究の方向性が見え，教師Lのインタビュー結果なども加わって，さらに研究課題が明確になってきた段階から，集中的にライフストーリーを聞かせてくれたのが彼女たちである。教師Vや教師Lほど豊富なインタビューデータが揃っているわけではないが，どちらの教師にも2～3時間程度のインタビューを2回実施しており，本書で扱う研究課題と密接に関係のある語りを十分に聞くことができた。特に教師Dとは，ICレコーダーによる録音を行ったインタビュー調査の後に，録音なしではあったが，毎回，飲食をともにしており，その際にも多くのことを学ばせてもらった。インタビューデータは量的にも質的にも充実しており，彼女たちのライフストーリーを筆者なりに理解できたと感じられたため，第3章において取り上げていくことにした。

3.5　研究者のポジショナリティの問題とライフストーリーの記述

最後に，研究を遂行する筆者のポジショナリティ，つまり，「当事者性」の問題とライフストーリーの記述に対する本書の立場を記しておく。

3.5.1 「日本人のあなた」が「在日コリアン」を研究対象とする意味とは，という問いかけ

　筆者はこれまで，日本語教育の領域や移民研究の領域で，本書のもとになっている内容の研究報告を行ってきた。その際に，筆者は他の参加者からの次のような問いかけ——「〈日本語教育を専門とする日本人〉のあなたが〈「帰韓」した「在日コリアン」〉を研究対象とする意味をあなたはどのように捉えているか」——にしばしば遭遇してきた。筆者に向けられた問いかけには，いったいどのような意味が込められていたのであろうか。

　このような問いかけは筆者にとって非常に悩ましいものであり，「在日コリアン」教師のライフストーリーを描くことを通じて，日本語教育が抱える問題を指摘するという自身の研究スタイルに，強い違和感を抱くようになっていった。そして，ライフストーリーをまとめていくという作業にも躊躇するようになっていき，幾度となく研究を中止したくなるような衝動にも駆られていった。だが，この問いを考え続けることで，本研究そのもの，そして，ライフストーリーの記述の仕方に関しても，方向性を探りあてることができたことも事実である。そこで，以下では，この問いかけがいかなる意味をもつものであったのかを論じていく。

　まず，この問いかけは二つの解釈が可能だと思われる。その一つは，「日本語教育を専門とする者が「在日コリアン」を研究対象とする意味とは何か」というものだと思われる。今日では日本語の教育の主たる受け手となることが比較的少ない「在日コリアン」を，日本語教育学研究の対象とすることに果たして意味があるのかといった疑問がもたれたのだと思われる。そして，もう一つは，「「日本人」が「在日コリアン」を研究対象とする意味とは何か」というもので，「日本人」である筆者が「在日コリアン」のライフストーリーを論じることの意味が問われたのだといえよう。

　一つ目の問いに対しては，日本語教育において「在日コリアン」を研究対象とする意義を明確化することで対応できると考えられる。既に第2章で論じたのでここで再度詳細に論じることはしないが，簡潔にまとめれば，「日本語＝日本人」という図式が根強く共有されている日本語

教育において,「日本語のネイティヴ＝日本人」,「日本語のノンネイティヴ＝非日本人」という従来の二項対立的な図式では捉えきれない「在日コリアン」の言語経験や日本語教育経験を議論の俎上にのせることは,従来の図式を攪乱していくための新たな議論の構築に繋がる可能性があるということである。こうした観点から考えるとき,日本語教育を専門とする筆者が「在日コリアン」を研究対象とすることには意味があるといえるだろう。

　しかし,難問なのは,むしろ,問いかけに対する二つ目の解釈のほうである。「日本人」であり「在日コリアン」ではない筆者が,「在日コリアン」を対象とする研究を行うことにどのような意味があるのかという問いかけ,つまり,それは,研究者のポジショナリティに関わる議論だと思われる。いったい「非当事者」である筆者が「在日コリアン」を研究する意味とは何か。だが,学会などで遭遇した質問者たちが発したことばのニュアンスからいって,それは,単に,どのような意味をもつのかと尋ねたのではなく,「当事者」ではない筆者が,知られざる「帰韓」した「在日コリアン」のライフストーリーを明らかにしようとするスタンスに暴力性はないのか,といった批判が込められているようにも感じられた。

　当時の筆者にはこのことに対する明確な答えは準備できておらず,「「在日コリアン」のライフストーリーや葛藤,苦悩などを論じることができるのは「在日コリアン」だけだ」としてしまうことのほうに,むしろ問題があるのではないかと議論をスライドさせた。そのように考えてしまうことのほうが,「「在日コリアン」の葛藤や苦悩は「在日コリアン」の問題だ」と議論を狭めることになり,むしろ問題を含んでいるのではないかと切り返したように記憶していている。ある問題を語る資格をもつのはその研究対象とする人々と同じ属性をもつ「当事者」のみだとしてしまうことは,「「在日コリアン」のことについては「在日コリアン」にしか語ることはできない」といった論理の成立に繋がる。そして,そうした論理は,議論している内容を「在日コリアン」固有の問題として片づけてしまう状況をつくり出しかねない。

　だが,こうした問いかけに何度か遭遇していくうちに,質問者たちが

本当に指摘しようとしていたことは，実は，もう少し違うところにあったのではないかと考えるようになっていった。それは，「「在日コリアン」の問題を，「日本人」のあなたには語ることはできない」という批判だったのではなく，むしろ，「在日コリアン」の問題に取り組む筆者の向き合い方への批判だったのではないか。それは，筆者による「在日コリアン」教師たちのライフストーリーの記述が，彼らのストーリーの詳細な記述とそこから導き出される解釈，そして，それらを通じて照らし出される，日本語教育という文脈における問題に限定されていたことに対する遠まわしの批判だったのではないか。

興味本位ということばは適切ではないにしても，「在日コリアン」教師のライフストーリーがこれまで可視化されてこなかったものであったから，筆者が強い興味と関心をもって研究調査を続けてきたのは事実である。そして，「当事者」ではない筆者が，「在日コリアン」教師というカテゴリーに入る人々からライフストーリーを聞き取り，研究調査のなかから次第に見出された分析・考察の観点をもとに，教師たちのことを記述し，そこから明らかとなった日本語教育という文脈における問題を研究成果として報告してきたのも事実である。だとすれば，そうした研究報告を聞いた人々が，ある問題を指摘するために，教師たちの語りを筆者が一方的に「利用」していて暴力的だと認識してしまうことは十分に考えられる。だからこそ，「当事者」ではない「日本人」のあなたが「在日コリアン」を研究対象とすることにどのような意味をもつと考えているかが問われたのではないかと思われる。

それでは，ライフストーリーを聞き取り，記述することに対する暴力性にいったいどのように対峙していくことができるのであろうか。筆者が今から「在日コリアン」となって，研究対象と同じ属性をもつ「当事者」になることは不可能であるし，そもそも，こうした問題は，必ずしも「当事者」であれば回避できるようなものでもないように思われる。在日朝鮮人のライフストーリーにおける「当事者性」の問題について論じた李（2010）においても，「当事者」というカテゴリーに甘んじて研究に臨むことで，「当事者」であっても他者を知らないうちに差別し抑圧する可能性が十分にあることが指摘されている。問題なのは，研究対象

となる人々と同じ属性をもつか，もたないか，ということではないのではないか。このような筆者に向けられた鋭い問いかけにより，ライフストーリーを聞き取り，記述することに対する暴力性を意識すればするほど，筆者はライフストーリーの前で身動きができなくなってしまっていったのである。

3.5.2 「調査するわたし」の経験も含めたライフストーリーの記述

　こうした状況に風穴を開けてくれたのは，インタビューデータの記述に関する議論であった。
　好井（2004）は，インタビュー調査において，研究対象を，あるカテゴリーにあてはめることなく実行することは不可能だと指摘している。たとえ可能であるとしても，カテゴリー化してしまう姿やそこに潜んでいる前提などとの"格闘"を経て，初めて到達できる可能性があるものであり，カテゴリー化してしまうという営み自体は必然であると論じている。そして，そこで重要なのは，次のようなことだと指摘している。

　　　問題は，相手にあてはめようとしているカテゴリーが，どのようなかたちで「わたし」のなかに位置づいているのか，カテゴリーがいったいどのような前提，どのような問題「理解」のなかから出てきているのか，そのカテゴリーを使用することに対して「わたし」はどのように評価しているのかなど，いわば，「わたし」のカテゴリー理解のありようであり，「わたし」が自明視してしまっているカテゴリーをめぐる意味内容の批判的検討であろう。

　　　　　　　　　　　　　　　　　　　　　　　　　　　（好井 2004：15）

　重要なことは，カテゴリー化をしてしまうか否かではなく，あるカテゴリーを用いることやそれに研究協力者をあてはめること，そして，あてはめることで研究協力者の語りを理解しようとする「調査するわたし」の営みに徹底的に敏感でいることだという。また，研究協力者からの違和感の表明や抗いの語り，皮肉などのさまざまな反応を察知することなのだという。研究対象について観察し，それを淡々と記述するので

はなく，インタビューの場における研究協力者とのせめぎあいやすれちがい，しのぎあいなどのやりとり自体を解読し，「調査するわたし」自身のフィールドワークでの経験を記述することの重要性を好井は説いているのである。

　李（2010）は，こうした好井の「調査者である私の経験を記述する」という方法論によって，フィールドワークの暴力性と調査者とが向き合う様までもが記述の対象となりうること，また，それは，フィールドワークの暴力性を超克する一つの可能性になると指摘している。そして，こうした「調査者である私の経験の記述」は，読者が依拠する「自明の前提」に疑問を投げかけるという形で，読者を対話的空間へと導くと論じている。

　〈日本語教育を専門とする日本人の筆者〉が〈「帰韓」した「在日コリアン」〉を研究対象とする意味をどのように捉えているか，という問いかけ自体に，これまで論じてきたような，フィールドワークの暴力性への批判が含まれていたのかどうかはわからない。また，「日本人」というポジショナリティからの発話を意識させ，記述のあり方を見直させる意図があったのかどうかも実際のところはわからない。しかし，この問いかけは，筆者のライフストーリー研究への向き合い方や記述のあり方を大きく変化させたことは事実である。

　そこで，本研究では，筆者が内包している暴力性に常に自覚的でいるためにも，研究対象である「在日コリアン」教師を「観察対象」として記述するのではなく，「在日コリアン」教師に向き合う「調査するわたし」の経験も含めて記述していくこととし，筆者から切り離すことなく「在日コリアン」教師のライフストーリーを論じていきたいと考える。これは，もちろん，本章第2節で論じた，インタビューの相互行為や調査過程の開示を積極的に行うことによって，ライフストーリー研究の「透明性」および「信憑性」を確保するという議論にも繋がるものでもある。

　以上の議論を踏まえ，次章からは具体的に「在日コリアン」教師たちの語りを取り上げていく。教師たちのライフストーリー全般を提示しつつ，そのなかでも，特に，「日本語＝日本人」という思想を内包したま

まの日本語教育において、教師たちが自己をどのように捉え、位置づけようとしているのか、また、自己をどのように見せ、それにより何を成し遂げようとしているのかに着目する。

注
1) そのうち、2009年9月、10月に実施された調査は、前述のとおり、「韓国人日本語教師のライフストーリー調査」の一部という位置づけで行われたものである。
2) トランスクリプトに関しては、以下の1〜6をもとに作成した。
   1. 重複発話にはその発話が始まった地点にブラケット（[）を挿入した。
   2. 話されているところに短い発話（相槌など）が挿入されている場合は、// // のなかに示すこととした。
   3. 発話の流れのなかでの沈黙はドット（・）で示すこととした。ドット1個は1秒を意味する。
   4. 音の引き延ばしに関しては、長音（ー）記号を用いた。
   5. 疑問文で終わっていない発話の上昇音調は疑問符（?）によって示した。
   6. 笑いに関しては、会話分析で用いられる呼気音（h）で示すこととした。hの数は笑いの長さを意味する。
3) 研究協力者18名のうち1名は、録音には応じられないとのことだったので、フィールド・ノーツを詳細に取るようにし、それをもとに分析した。
4) この4名の教師のうち3名に対しては、その後、個別にインタビュー調査を実施することとなった。さらに彼、彼女らの紹介によって、その他の「在日コリアン」教師へのインタビューが実現した。

第3章

《言語》と《国籍／血統》のズレと教師たちの戦略が意味すること

本章では，実際に，「帰韓」した「在日コリアン」の日本語教師たちのライフストーリーを分析していく。取り上げるのは，「在日コリアン」2世の教師Vと「在日コリアン」3世の教師L，E，Dの事例である。

　第2章で論じたように，インタビュー調査開始当初は，研究の問いが非常に漠然としていたため，特に焦点を絞ることなく，研究協力者主導で自由にライフストーリーが語られていった。だが，さまざまな「在日コリアン」教師とのやりとりのなかで研究の問いは次第に明確化していき，言語教育における言語，国籍，血統の関係性について論じるという研究の視点も定まっていった。そうしたやりとりのなかでも，本研究の根幹に関わる内容に関して，多くの語りを提供し，筆者に大きな気づきと示唆を与えてくれたのが，本章で取り上げる4名の教師たちである。

　そこで，本章では，「帰韓」した「在日コリアン」教師がいかなる人生を歩んだのか，そのライフストーリーを取り上げていく。そのなかでも，特に，彼らの言語意識や言語経験，日本語教育経験を詳細に描いていく。また，「日本語＝日本人」という思想が根強い日本語教育という空間における「在日コリアン」教師のアイデンティティについても論じていく。第2章で論じたように，本研究では，Hall（1990 = 1998；1996 = 2001）のアイデンティティ論に依拠し，アイデンティティを，本質主義的なものではなく，他者から付与される表象や言説のなかで，「当事者」が主体的に獲得していく暫定的な位置として捉えるという立場を採用する。「日本語」を「母語」として身につけてはいるが，国籍／血統的には「非日本人」である「在日コリアン」教師が，日本語教育において，周囲の人々からどのように位置づけられていくのか，また，それを受けつつ，自己をどのように捉え，位置づけていくのかを描いていく。

第1節
【事例1】カテゴリーを戦略的に利用する教師V

1.1　教師Vの略歴

1.1.1　【「制度圏」に入りたい】～日本での経験に関する語り

　教師Vは，1948年に名古屋で生まれた「在日コリアン」2世の女性で

ある。彼女の両親はともに「在日コリアン」1世ではあるが,「在日コリアン」がほとんどいない地域に居住していたこともあり,家庭内で韓国語が使われることはほとんどなく,教師Vは【完全な日本文化】のなかで育てられたという。教師Vの兄弟のなかには,民族学校に通った者もいたが,進学問題[1]を回避し,なるべくよい教育を受けさせたいという両親の強い希望から,三女である教師Vは,一貫して日本の公立学校に通った。その後,日本での大学受験を経て,四年制大学の英文学科に進学した彼女は,将来,英語の教師になることを目指していたという。だが,就職活動を始める時期になって,教師Vは,国籍条項[2]の関係から英語教師として働くことを断念せざるをえないことを知った。教師Vはその当時のことを以下のように語っている。

【語り1】

> V:<u>天地がひっくり返るような驚きでしたね。自分が,あのー,韓国人ということがどういう意味なのかというのが,22歳のときに初めて悟ったというか。国籍を変えないということがどういう結果をもたらすのか</u>,うーん,で,父に国籍を変えてほしいと,帰化してほしいと頼んだんです。ところが在日1世の父は13歳のときに日本に来て,苦労して事業を広げてですね,当時日本の社会でも,地域社会では認められるような事業をしていましたから,でー,成功したら錦を飾るんだと。それ［筆者注：日本への帰化］はできないとね。まあ,故郷の人たちは日帝時代のこともあるから,日本に帰化するということは民族の裏切り者だと見られる。

(インタビュー2回目：2009/12/28)

上記の語りにも示されているように,国籍条項の関係から希望している進路を諦めなければならないとわかったとき,教師Vは父親に【帰化したい】と願い出たそうである。しかし,帰化せずに日本で成功を収め,祖国に錦を飾ることを目指してきた父親に反対され,結局,断念せざるをえなかったという。帰化してまで就きたいと思った英語教師の仕事を

結局は諦めなければならなかったのである。そのことに対して，教師Ｖは，腹立たしさもあったようだが，訴訟を起こしたりするほどの勇気や覚悟はもっていなかったため，そのままその現実を受け入れていったと語っている。

　結局，教師Ｖは，特別採用枠で日本の大手企業の系列会社に就職したのだが，この就職差別の一件があったことにより，初めて，日本の社会では自分の力ではどうにもならないこと，いくら努力しても思うとおりにはならないことがあることを認識したという。そして，【その人自身の意思や努力を認めてくれるシステム】である【「制度圏」】というものに【入る】ことが重要であり，【「制度圏」に入らなければ，人間は社会の一員として生きて】いくことができないという思いを強めていった。やがて，教師Ｖは，この【「制度圏」に入る】ということを，【人生の目標】として強く意識していくようになっていったのである。

　それからしばらくして，教師Ｖは，留学生として来日していた韓国人男性と出会い，結婚した。その後，日本で出産・育児を経験し，1979年，配偶者の仕事の都合で【韓国に行く】ことになった。教師Ｖにとっての初めての韓国生活は32歳にしてようやく始まったのである。

1.1.2　日本語教育との出会い～「帰韓」後の生活と日本語教育に関する語り

　「帰韓」した当初，教師Ｖは韓国語がほとんど話せなかった。しかし，「日本語を学びたい」と言って，教師Ｖの家に押し掛けてくる近所の主婦たちと交流を重ねていくなかで徐々に韓国語を身につけていき，次第に日本語教育にも興味をもつようになっていった。それからしばらくして，教師Ｖは，配偶者の転勤に伴い，地方からソウル近郊に引っ越したのだが，実はこの転居が一つのきっかけとなり，念願だった大学院修士課程への進学が実現した。こうして，大学院生になった教師Ｖは，日本語について研究する傍ら，学院（日本語学習塾）で時間講師として日本語の授業を担当するという忙しい毎日を送った。そして，修士号の学位を取得した後は，いくつかの大学で時間講師として授業を掛けもちしながら，日本語教育に携わるようになった。一時は，大手企業内の日本語教

育を担う中央研修院において，主任講師として人事や事業計画作成などにも携わっていたこともあったが，教師Ⅴの日本語教育の経歴のほとんどは，年単位で雇用契約を結ばなくてはならないポジションから成り，非常に不安定な労働環境のもとで日本語を教え続けてきたのである。

1.2 「日本語」・「日本語を教えること」の意味

　教師Ⅴが「帰韓」した1979年，旧宗主国のことばであった「日本語」は，一部の韓国人の興味の対象とはなりえても，一般的には，依然として【非常に冷ややかな視線】が投げかけられる言語であったという。また，「日本人」ではないが，「日本語」を「母語」とする，「韓国語」があまり話せない教師Ⅴに対して，【韓国籍なのに，帰化しなかった韓国人なのに，親も二人とも韓国人なのに，どうして私たちの社会にうまく溶け込めないのか，どうして韓国語がそんなに下手なのか】と問い詰めてくるような人もいたという。家族や親戚との付き合いのなかでも【かなり肩身の狭い思いを何度もし】，他者からの「日本人」や「在日コリアン」といった視線を撥ね除けるためにも，【自分のなかから日本的なものをなんとかして消そう】，【韓国人にならないといけない】と強く思っていたという。

　しかしながら，韓国社会で実際に生活していくなかで，自分自身にいったい何ができるのかを考えたとき，【日本的なものをなんとかして消そう】という決意とは裏腹に，教師Ⅴの頭のなかに浮かんだのは，「日本語」を使った仕事だけであったと語っている。

【語り2】
> Ⅴ：①制度圏のなかに必ず入って，必ずまともな仕事をもって，人に迷惑をかけるとか，社会的に問題視されるような行動をしないっていうことが私の人生の目標なんです。でー，そういう男性とめぐり逢って，妊娠しましたから，このおなかのなかにいる子の将来を考えたら，どんなに苦労しても，韓国に戻って，あのー，自分なりに合う仕事を見つけて，社会的にも制度圏のなかに。制度圏ってわかりますか。制度圏，一つの制度，システムのなかに

入らなければ，あのー，そうですね，人間としてまともに生きるのは無理なんじゃないかなと思ったんです。つまり，人間がまともに生きるためには，あのー，その人自身の覚悟とか努力とかも必要なんだけれども，その人のそういう覚悟や努力を認めてくれるシステムのなかにいることが一番大事なんですよ。

＊：それで，まあ，結婚を機に韓国にという・・決心をされて。

Ｖ：結婚自体もとても不安だったし，海を渡って韓国に来るということ自体がとっても大きな不安でしたし，リスクも大きかった時代ですよ。当時は。今とは全然違いましたから。で，②まず，初めに考えたことは，あー，ここでどんな職業をもつことができるかっということを考えたら，英文科出身で当時は英語も上手だったんですが，あー，韓国の人たちは早期留学して戻ってきた人たちが，あのーエリートとしてその時代にもちゃんと存在していたし，また，もし英語を教えるとしたら，韓国語が十分にできなければ，③私の母語ではない韓国語でどうやって英語を教えられるかっていう壁にぶつかりましてね，もう，日本語しかないんじゃないかって。つまり，日本語が私の人生の目標を達成するための一つの手段になるんじゃないかって。教育っていうこと自体，日本語がどういうふうに認識されているのかにしろ，恥ずかしいことじゃないじゃないですか。学校の先生とか。なんか，それは，在日朝鮮人社会を見てきた私の目には，非常にまともな世界だったわけで，それなりに努力すれば，認められる世界だったと。

(インタビュー1回目：2009/10/24)

　前述のとおり，教師Ｖは，就職差別に遭った経験から，【その人自身の意思や努力を認めてくれるシステム】である【制度圏】というものに入ることを【人生の目標】とするようになっていた（①）。そして，「帰韓」し，その目標を実現するための手段として「日本語」の教育に携わることを選択していった（②・③）。【私が当時の韓国社会でできることといったら，それしかなかった】と語っているように，日本では比較的名の知れた四年制大学の英文科を卒業し，企業での社会経験があっても，

韓国社会では教師Vが思い描くような社会参入の機会はなかなか得られなかったのである。そのような状況に立たされた教師Vによって,「日本語」は唯一自分に残された【人生の目標を達成するための一つの手段】として「発見」されたのである。

しかし,日本語教育に実際に携わっていくなかで,教師Vにとっての「日本語」は,社会に参入していくための単なる手段ではなく,韓国で自分自身を維持していくための,【より精神的なものに繋がっている】ものとして捉え直されていった。

【語り3】

V:あのー,今から考えますとね,私は日本に住んでいたときには,韓国に戻れば,母国に戻れば,自分の親の祖国に戻れば,なんかもっと人間として楽になれる,自己実現も容易くできると,そういうふうに思っていたんですね。そういうふうに若い頃考えていたんですが,韓国に来てから,日本語の先生をしながら,あー,自分は本当は,日本に住まなければならない人だったんじゃないかって,実際に日本に住みたかったしー,当時は。で,日本語っていうのは,本当に私の母語であるというのを再認識しましたね。

*:韓国に来て。

V:ええ。つまり,韓国語っていうのは,今でも外国語なんですよ。(中略)でー,今から思うと,私の母語は日本語なんだ,私は日本で生まれて,日本で育って,日本で教育を受けて,そして,日本で結婚して,日本で子どもを産んで,日本で育児をしたんだ,そのことは,どうしようもないくらい大きくて,重いもの。あー,むしろ,日本語を教えること自体,私の生命を維持するというか,そういうものに繋がっているということで,そういう時間だけが,日本語を教えている時間だけが,心底楽しいんですよね。これは,なんか結果的には正反対なことになってしまったんですけども,手段だと考えていたものが,実は,自分の根源にあるものだったということを強く感じるようになりましたね。

*:[筆者注:日本語教育を]始めた頃は,手段だと思っていらっ

しゃった。それが，でも，だんだんと経験を積んでいくなかで，社会とのいろいろな関係のなかで，これこそが自分の根源だと考え方が変わって，そして，教育に現在携わっていらっしゃる。
V：だから，この教育という仕事を手放さないために，随分いろんな方面で努力したんですよ。

(インタビュー1回目：2009/10/24)

　韓国に【帰国】さえすれば自己実現もしやすくなると考えていた教師Vは，必ずしもそのようにはならない韓国社会で，「日本語」を教える仕事に携わっていく。そして，そのなかで，「日本語」や「日本」というものは【自分のこれまでの人生を支えてきた】ものであり，否定する必要などない，ありのままの自分を示すものの一つだと認識するようになっていったと語っている。このように，教師Vにとっての「日本語」は，単なる社会参入のための手段ではなく，【私の生命を維持する】もの，【自分の根源にある】ものとして捉え直されていき，社会参入の手段以上の意味が付与されていったのである。
　しかしながら，教師Vが自分にとっての「日本語」の意味を見出していった1980〜90年代という時代は，韓国においては，依然として，日本文化の開放は本格的には行われておらず，「日本語」に対する認識も現在とは大きく異なっていた。旧宗主国のことばである「日本語」を「母語」として身につけた教師Vが，旧植民地である韓国の社会においてそのことばを日常的に使用することは，依然として，ある一定の難しさを伴っていたのである。そして，それは，韓国社会のなかに限ったことではなく，家庭のなかでも同様であった。日本に留学した経験があり，日本語で論文なども書ける高度な日本語能力をもつ配偶者がいても，家庭内で日本語を使用することは決して喜ばれるようなこととはされていなかったのである。また，幼少期を日本で過ごした教師Vの二人の子どもたちも，「日本語」を使わなくなっていき，「日本」に繋がるものとは距離を置こうとしていたようである。

【語り4】

V：(前略)周囲から，日本から来たということで，そういう歴史教育とか周りの人たちの話とかを聞いて，あの，<u>私は韓国語が下手で，韓国語の発音もちょっとおかしいから，お母さんは絶対に学校に来たらいけないって，私のことを避けようとしました。それから，一切日本語を使おうとしませんでしたね。</u>

＊：今も？

V：それが，もうなんか行ったり来たりするんですね。あのー，日本のドラマ，ラブストーリーなどをとても夜遅くまで見てたりしているのに，誰かが日本語で聞いたりすると答えてくれなかったり，自分のなかで混乱している部分があるんじゃないかって。(中略)で，<u>私が日本語の先生っていうことも，友だちに隠したりとか，そういうこともありましたね。</u>当時は。時代は随分変わってきましたけど。

(インタビュー1回目：2009/10/24)

　教師Vの子どもたちは，「日本」や「日本語」に向けられる周囲からの否定的なまなざしを敏感に感じ取り，「日本語」を話す教師Vを避けたり，「日本語」を知っていても一切使わなくなっていった。そして，母親が「日本語」の先生であることを周囲には内緒にするなど，教師Vの子どもたちは必死に「日本」や「日本語」との距離を置こうとしていた。教師Vはそのような子どもたちの反応を見て，また，親戚からの助言もあって，家庭のなかでは一切「日本語」を使わないよう努め，子どもたちの教育も「韓国語」のみで行うようにしていたという。

　30代に入ってからの初めての土地での生活という点から考えても，それなりの緊張感を伴うものだったのではないかと想像できるが，それに加えて，教師Vが直面したのは，「日本語」や「日本」といった，教師V自身がそれまで慣れ親しんできたことばや国に対するマイナス評価であった。教師Vは，自分の「母語」や自分の生活していた国が否定される場面に何度も遭遇し，精神的にもかなり消耗していたという。家庭生活においても，さまざまな軋轢(あつれき)が生じ，【考えはめぐるのに，ことば

が出ない】といった失語症のような状態に陥ってしまったことすらあったという。しかしながら，このような状況から教師Vをある意味で救ったのは，「日本語」を教える現場であった。

【語り5】
V：日本語教師をしながら，すごく生き生きとしたんですね。で，周りからも近頃は非常に生き生きとしていると言われましてね。それから，なんか自信に溢れていると。それはまず自分が生まれ育った国で使っていたことばを毎日使えるということ。本当になんていうか，喜ばしいというか，嬉しいというか。
＊：うんうん。
V：それが率直な気持ちでしたね。まず，周りを気にせずに，思う存分使えるということが。
＊：いくら使ってもいいという，そういう。
V：そのことが生かされる場所だということですよね。

(インタビュー2回目：2009/12/28)

韓国社会や家庭生活では日本語の使用は制限されていたのだが，日本語教育の現場では，逆に【周りを気にせずに，思う存分】使うことが許されていた。教師Vは日本語教育に携わることを通じて，封印しようとしていた自分自身の一部を少しずつ取り戻していったと語っている。確かに，時間講師という形で日本語教育に携わってきた教師Vは，【待遇はもちろん勤務時間も不安定】であることにかなりの不満を抱いてきたようだが，日本語教育に携わることは教師Vにとっての【生きがい】になっていったのである。

【語り6】
V：学生がいれば［筆者注：授業を］するし，いなければしないし。つまり，［筆者注：学生が］いればお金が出るけど，いなければお金にならない。経済的にも非常に困窮する。勤務時間もー。でも，それでも，でも，日本語を教えることが非常に楽しいんですね。

楽しくて，そして，それなりに，生きがいになりましたね。つまり，一日のリズムを，こうー，強制的にというか，日本語を教えているときは，いろんな悩みを忘れられる。

（インタビュー 1 回目：2009/10/24）

　日本語を教えることは，教師Vにとっては韓国でのさまざまな悩みを忘れさせてくれるようなものとなり，辛い韓国での生活を支えてきたようである。そして，それは，韓国社会で生き抜いていくための【居所】や【はけ口】のようなものでもあったと教師Vは語っている。

【語り 7】
　V：もしここ，この社会でずっと生きていくためには，日本語の先生という一つの立場を確保しなければ，自分の居所はない。それから自分にできることはそれしかない。選択の余地がない。（中略）我慢して我慢して，堪え忍んで，まあ，それがむしろ，日本語教育というところに，あのー，はけ口を見出していった面もあったんです。初めからそういうふうじゃなかったんですが，しているうちに。
　＊：そこに自分の居場所というか，自分がこう，よりどころにする場所っていうのを見出していったという。

（インタビュー 3 回目：2010/8/24）

　教師Vは，日本語教育の現場においては，【日本語を思う存分使う】ことができ，【ネイティヴのような発音をする私は重宝がられ】たと語っている。教師Vは「在日コリアン」である自分の存在意義が見出せる日本語教育という現場を，【自分自身が生き返】る場所として捉えていたのである。前述のとおり，その背景には，「日本」や「日本語」への否定的なまなざしが強く，家庭内も含め，韓国での日常生活において，「日本語」の使用が極端に制限されていたという事情がある。教師Vは2000年頃までこのようなまなざしのなかで生活してきたと語っているが，そのような状況に置かれていたからこそ，教師Vは日本語教育に対

して特別な意味を見出していったのだと思われる。

1.3 アイデンティティの変遷

1.3.1 【韓国人ではなく,「在日コリアン」でしかない】という語り

このように,教師Vは,日本語教育に携わりながら,「日本語」への意味づけが自分のなかで捉え直されていく過程を通じて,自分自身をどのように捉えるかということに関しても考えを深めていった。そして,次第に違和感を抱くようになっていったという。「帰韓」当初は,【韓国人にならないといけない】と強く思いながら韓国での生活を送っていたものの,家庭生活や親戚との付き合いのなかで,また,子育てや子どもを通じた学校関係者との関わり合いのなかで,本当は,自分は【韓国人じゃなかったんじゃないか】と思うようになっていったと語っている。

【語り8】
 V:それ［筆者注:「帰韓」する］までは,自分は,あのー,父も母も韓国人だし,韓国人としての,自負心ももっていると思っていたんですけども,現実的には韓国の歴史教育も受けたことがないし,韓国語教育も幼い頃から受けたことがなかったし,それから,韓国人の気質だとか文化だとか,もうー,いろんな考え方,価値観だとか,特に家族関係,上下関係の厳しい儒教,礼儀作法だとか,そういうのは日本の社会では学んだことがなかったですから,で,<u>韓国に来てからは,自分が韓国人ではなかったんじゃないかっていうのを,つまり内面はですけども。</u>
 ＊:<u>国籍は韓国だけれど。</u>
 V:ええ。<u>外に出たものだけは韓国。内側を見るとまったく日本人と同じだったという,</u>ある種,気がついてですね,むしろ自分自身に驚かされたというね。

(インタビュー2回目:2009/12/28)

日本で生活していた頃は,「帰韓」さえすれば,【韓国人になれる】と教師Vは単純に思い込んでいた。しかし,「帰韓」して,韓国での生活

が長くなるにつれ，次第に，自分は【日本にいるべき人間なのではないか】という考えが浮かんでくるようになったという。教師Vは，【外に出たものだけは韓国】だが【内面】は「韓国人」ではない，と自分自身を捉えるようになっていったのである。

【語り9】
　*：あのー，それでは，そのー，国籍であったりですとか，以前お話を伺ったときに，その自分の，先生の国籍と，それから自分が育ったそのー，日本での30年間っていったものとの，そのズレ，そういったズレも，また葛藤の一つであったというお話があったかと思うんですが，その辺りをもう少しお聞きしたいんですが。
　V：そうですね。あのー，結局，<u>韓国に来てから感じたことは，自分は仮面と内容が違う人間だということを</u>，だんだん感じるようになってきたんです。仮面は韓国・・・国籍で，一応韓国人なんですよね。(中略) でも，内容，自分の内容を見れば，やっぱりメイド・イン・ジャパン・・・だったんですよね。で，それを，なんか否定しよう。自分はそうじゃない，韓国人だ。もう韓国で子どもを立派に育てられるんだ。ところが，それは一つ一つ覆されていくんですよね。

（インタビュー3回目：2010/8/24）

　教師Vは韓国社会に徐々に参入していきながら，【自分は韓国人だ】と自分で自分を納得させようとしていたのだが，その試みは，さまざまなところに綻びが現れ，韓国社会で生活すればするほど，自分は【メイド・イン・ジャパン】，【韓国人にはなりきれない人】だと感じてしまったという。そして【両親の祖国が韓国というだけで，私は所詮韓国に「来た」人間なんですよ】と語っているように，教師Vにとって韓国はやはり異国であり，どんなに【韓国人になりきろう】と思っても，既存の「韓国人」というカテゴリーに自身を位置づけることなどできるはずがないということを自覚するようになっていった。さらに，教師Vは，【自分は韓国人ではなく，「在日コリアン」でしかない】ということを韓

国社会での生活において，次第に意識していくようになっていった。

1.3.2 【もはや「在日コリアン」ではない】という語り

　しかし，教師Ⅴは，現在，自分自身を「在日コリアン」として捉えているわけでもない。韓国での生活がさらに長くなってくると，【私はもはや「在日コリアン」ではない】という感覚さえ抱くようになっていったというのである。このことは，インタビューの一つのトピックにもなった「「特別永住者」資格を放棄するか否か」に関する語りのなかで展開されていった。

【語り10】

　Ⅴ：あのー今の感情なんですけども・・・，私が60歳を過ぎてこんなに，あのー，彷徨っているというか，精神的な面で，うーん，悩みが多いというのか，それはやっぱり外に出ている韓国籍というのと，自分の内部での32年の日本での生まれ育った環境とかそういうものがね・・・。

　＊：違いがあるから・・・。

　Ⅴ：ええ。うーん。それを私は韓国に戻ってからなんとかして消そうとしたんですね，日本的なものを。でも，日本語を教え始めてから，むしろそれを，改めて自分が何者であったのかということを，逆に，逆にですね，感じさせられたというか。(中略)自分でも混乱してしまうことがあります。特にこの頃は。なんかこの何日間は本当に混乱しているんです。それは［筆者注：特別］永住権の問題とかがあるからなんですけども。それは今まで維持してきたことが混乱の原因になっているというか。

（インタビュー2回目：2009/12/28）

　30年以上前に「帰韓」し，韓国社会で日常生活を送っている教師Ⅴだが，日本での在留資格である「特別永住者」資格を維持し続けてきた。そして，そのために，これまでさまざまな苦労を重ねてきたという。韓国で日常的な生活を送っている教師Ⅴが「特別永住者」資格を維持する

ためには，再入国の期限内に必ず日本に戻り，再度申請し直さなければならない。特に教師Ｖが「帰韓」した当時は，その再入国の期限は３カ月だったため，かなり頻繁に日韓を往復しなければならなかったという。そのような状況であっても，教師Ｖは「特別永住者」資格を維持しようとしてきたのである。

【語り10】に示されているのは，その「特別永住者」資格の切り替えの時期に差し掛かり，韓国に居住しながらこのまま維持していくか，この辺りで放棄するか，悩んでいるという内容である。しかし，「特別永住者」資格を今まで維持してきたことの何が教師Ｖに混乱を引き起こしているのかは必ずしもここでは明確には語られていない。筆者自身も日本語教育に関する話題から随分と離れてきてしまっていると感じていたこともあり，その混乱の意味を明確にしようとする問いかけは行わず，インタビューはそのまま他の話題へと移っていってしまった。

しかし，それから，８カ月後に行った３回目のインタビューのときに，教師Ｖは「特別永住者」資格をついに放棄したこと，そして，それに関連して，これまでの彼女のアイデンティティの変遷が語られていったのである。

【語り11】
Ｖ：で，日本に，まあ，①永住権を捨てたことの一番大きな理由は，経済的な理由と，自分のアイデンティティの問題ですよね。
＊：②アイデンティティ？
Ｖ：ええ。つまり，③私はもはや「在日コリアン」ではない。つまり，日本でずーっと，日本人と同じように国民年金にも入れる，そして，生活保護も受けられるというような権利をずーっと獲得しようとして戦ってきた在日コリアンではなくて。そういう，70年代までの在，在日コリアンの状況を避けようとして，そういう人生はもう一度繰り返したくないということで，ある意味で逃避した形・・・。④私は確かに在日２世ではあるんですが，日本にいる在日コリアンが権利獲得のために努力してきたというか，そういう活動とかプロセスに参加していないし，異なってきてし

まっているんです。まあ,逃避したといえば・・・逃避かもしれないし,もう一度生まれ変わりたいっていうのか,もう一度自分の母国にかけてみたいという感じだったんです。⑤だから,日本での権利を主張すべきではないし・・・,もう日本の在日コリアンとは違うというか。

＊:うーん。

V:私も,大変な苦労をして,大きなリスクを背負って,ここに,海を渡ってきたわけなんですよね。⑥でも,それは考えないですよね,日本に在住してる人たちは。韓国に行って,あー,祖国の懐のなかで,まあ,それなりに待遇を受けて暮らしてきたんだろうからと。(中略)つまり,80年代,90年代,2000年代のこの30年の権利獲得のための居留民団の努力とかに,［筆者注:私は］参加しなかったんだから,その権利を主張することもできない。(中略)それは日本に住んでた在日コリアンたちの,もう,たゆまない努力によって勝ち取られた権利なのに,韓国で生活していた私が,それを主張してはいけないんだと。

＊:それによって,だんだんその,放棄,特別永住権を放棄しようかという［筆者注:気持ちになったのでしょうか］？

V:そういうこともありましたし,費用の問題。(中略)⑦それに・・日本にいる普通の在日コリアンとは違って,私は母国での現実と戦っているんですよね。こちらに来ていろんな悲しい経験もしましたし。⑧ですから,在日コリアンというカテゴリーで語られてしまうことにも非常に違和感を感じるんです。

(インタビュー3回目:2010/8/24)

　教師Vはまず,「特別永住者」資格を放棄しようという考えに至った理由には大きく分けて二つあり,経済的な理由と自身のアイデンティティの問題があると述べている（①）。経済的な理由に関しては,2回目のインタビューの際に語られていたため,筆者は,理由として初めて語られた「アイデンティティ」に関して,語りを続けるように促している（②）。そして,教師Vが語ったのは,自分は【もはや「在日コリアン」

ではない】(③) といったアイデンティティの捉え方をするに至った二つの理由についてであった。

　教師Vが理由として挙げたのは，まず，自分が日本からある意味で【逃避】して韓国にやってきた人間であるということ，そして，韓国で長く生活してきたため，日本にいる「在日コリアン」たちが権利獲得のために行ってきた運動に参加してこなかったということである (④)。だからこそ，自分はもう「在日コリアン」とは違ってきてしまっていると教師Vは語っている (⑤)。そして，もう一つの理由は，日本に居住している「在日コリアン」が【幻想】を抱きがちな祖国において，自分はさまざまな問題に実際に直面し葛藤を抱えながらも，生活してきたということである (⑦)。教師Vはこれらの理由から，【日本に居住している人は】といったように，「自分」と「日本に住む在日コリアン」を分けて語り (⑥)，「在日コリアン」というカテゴリーで自分が語られることにも違和感がある，と締めくくっている (⑧)。

　しかし，筆者はこの部分に関してもう少し詳しく聞きたいと考え，以下の【語り12】に示されているように，教師Vにさらに詳しく語るよう促している (①)。

【語り12】
　*：で，日本から韓国に来てもう随分経って，在日コリアン，日本にいる在日コリアンとはもう私は異なっているんだということをおっしゃっていましたけど，①先生はご自身を，自分自身をどのように自己規定されているのか，その辺を少しお聞きしたいなと。
　V：その辺が一番苦しいところなんですが，*さんがそういうふうにお考えになるのは当然のことで，私自身も非常にこの辺に，自分自身がときどきこう，錯覚を起こしたりする部分なんですよね。ですから32年間は，日本で生まれ育って，教育を受けて，仕事をして，そこで結婚をして，出産も育児もある程度，ある段階まではしたわけで。完全に日本社会のなかでだけ生きてきたわけで，大阪のコリアンタウンで生きたわけじゃないんです，私の場

合はね。②だから，在日コリアンのなかでも，非常に多様な層が
　　あるっていうのか，多様な人たちがあるので，むしろ在日コリア
　　ンということばが生まれたことによって，混乱を引き起こした。
＊：一つにまと，固められてしまったような感じで。
Ｖ：ええ。ですから，私の場合は，大阪の鶴橋とかそういうコリア
　　ンばかりが集団で住んでるそういう環境じゃなかったし。(中略)
　　③私のような［筆者注：在日コリアンがほとんどいない地域で生まれ育っ
　　た］在日コリアンもいるし，全然正反対の，むしろコリアンタウ
　　ンでの生活が基盤になっている在日コリアンもいるし。

（インタビュー3回目：2010/8/24）

　教師Ｖは，大阪などのように「在日コリアン」が多く住んでいる場所で育った「在日コリアン」もいれば，自分のように「在日コリアン」がほとんどいない場所で生活してきた「在日コリアン」もいるなど，さまざまな生活史や考えをもつ「在日コリアン」がいることを述べている。そして，本来なら「在日コリアン」という一つのカテゴリーでは言い表せないはずだと筆者に主張している（②）。

　教師Ｖはこの語りの後，さらに，大学の同窓生である二人の「在日コリアン」について述べ，その一人は後に帰化申請をして日本国籍を取得したこと，他のもう一人は朝鮮総連の幹部の娘だったが，日本人男性と結婚したことなどを挙げた。そして，「在日コリアン」とはいっても，さまざまな「在日コリアン」がいて，「在日コリアン」の同一性などは本来想定しえないこと，また，自分は日本にいるそうした「在日コリアン」ともまったく異なる人生を歩んできていると主張したのである（③）。

　そして，教師Ｖは，「在日コリアン」というカテゴリーのなかに自分自身を位置づけようと必死になったが，結局断念したプロセスを踏まえ，さらに以下のように語りを続けている。

【語り13】
　　Ｖ：①どこかに帰属せよとか，所属しろと言われても，できない自

分があるんですね。っていうことを，隠したり，押さえつけたり，しなくてもいいんだということを，この頃思っているんです。そんなに無理に抑えつけなくてもいいんじゃないかなって。もっと自分の正直な気持ちを外に出してもいいんじゃないかなって。・・・っていうふうに思うようになったんです。

＊：じゃあ，どこかに所属したいという考えを強くもたないというそういう生き方を先生が受け入れたという・・・。

V：②いえ，帰属はしたいんです。帰属はしたいんですが，帰属できない自分というのを，受け入れるということにしたんです。(中略)③無理やり自分をカテゴリーにあてはめる必要はないし，あてはめられても同じわけないんですから困りますよね。在日コリアンっていったって，本当にいろんな人がいるわけなんですから。

(インタビュー3回目：2010/8/24)

　まず，教師Vは，【語り13】において，【どこかに帰属せよ】と言われても，【できない自分】があることを受け入れられるようになってきた過程について語っている（①）。しかし，だからといって，「どこにも帰属したくない，しなくてもいい」という気持ちをもっているわけではなく，「帰属できるのであれば，どこかに帰属したい」という思いは常に抱いてきたと語っている（②）。確かに，【「制度圏」に入る】ということばが語りのなかにしばしば登場していたことからもわかるように，「どこかに帰属すること」を教師Vが渇望してきたことは明らかである。しかし，さまざまな経験を経て，教師Vは，そうしたカテゴリーに必ずしも収まりきる必要などないのではないかとも考えるようになったと語っている（③）。

【語り14】
　V：私は今，①在日在日って言われるのはちょっと。あのー，まあ，②先生 [筆者注：筆者のこと] の場合は例外なんですが，普通の，日

本のことを全然知らない，在日韓国人2世，3世，4世について全然わかってない，そういう人たちが在日って言う場合は・・。③在日という一言によって，いろいろな状況，環境に置かれてる人たちが一緒くたにされて。④まあ，ある視点からだけ見られる。それも一つの偏見ですよね。

(インタビュー3回目：2010/8/24)

　上記の語りから垣間見えるのは，教師Vが，一般の社会生活を送る上では，経験や考え方の差異を【一緒くた】にする「在日コリアン」という単純なカテゴリーに回収されてしまうことに戸惑いを感じているということである（①・③）。このことから考えると，ある意味で，教師Vはカテゴリー自体を懐疑的に捉えるスタンスをもつようになってきていると捉えることができる。そして，「在日コリアン」というカテゴリーに回収されてしまうことへの拒絶から，無理やりカテゴリーを押し付けることは【偏見】でもあると指摘している。

　下線②のように，教師Vは，【先生の場合は例外】と語り，無理やりカテゴリーを押し付けてくる人々と筆者とは違うということを表現しようとしている。しかし，【偏見】という強いことばで異議申し立てをしようとした人々のなかに筆者が含まれていることは明らかである。この語りは，安易に「在日コリアン」というカテゴリーによって，教師Vを理解しようとしてきた筆者に，その変更を迫るものでもあった。

　しかし，そもそも，筆者はなぜ教師Vが自身を「在日コリアン」として自己規定していると考えたのであろうか。その要因の一つは，教師Vが【自分は韓国人ではなかった】とさまざまな形で語り，それを聞いた筆者が安易に「それならば，「在日コリアン」として自己規定しているのだろう」と考えてしまったことにある。しかし，それだけではなく，日本語教育の現場では「在日コリアン」であることを意識的に表明しているような語りを教師Vが展開していたことにも起因する。普段の社会生活に関する語りでは，「在日コリアン」などのカテゴリーから逃れたがっているように見えるのに，日本語教育の現場に関する語りでは積極的にそのカテゴリーを表明しているように見えてしまうのはなぜなのか。

このようなカテゴリーに対するスタンスの違いが生じてくるのはいったいなぜなのか。そこで，以下では，こうした疑問を解消すべく，教師Ｖの日本語教育に関する語りを詳細に考察していくこととする。

1.4 「在日コリアン」というカテゴリーと日本語教育における位置取り
1.4.1 「ネイティヴ」とは見なされない「ネイティヴ」の葛藤

現在，教師Ｖは，普段の社会生活のなかでは，「在日コリアン」というカテゴリーによって捉えられてしまうことに否定的な考えをもっており，「韓国人」や「在日コリアン」などの既存のカテゴリーそのものに対して，懐疑的な立場をとっている。しかしながら，そうした語りとは対照的に，日本語教育の現場に関する語りのなかには，「在日コリアン」というカテゴリーを所与のものとして捉え，それを積極的に「利用」しようとする教師Ｖの姿がある。

【語り15】
Ｖ：授業を始めるときに，まずー，自分が在日であることを話しますね。何歳まで日本に住んでて，日本語のネイティヴですとか。履修登録のときのシラバスにも書いておいたり・・。やはり日本に長く住んでー，私の場合は，実際に受験戦争も経験したし，会社勤めや出産，育児だって日本でしたんですよ・・。ですから，韓国で日本語を外国語として勉強した先生方とは違って，尊敬も謙譲語も完璧に使えたわけです。

(インタビュー4回目：2011/3/19)

このように，教師Ｖは，日本語教育の現場では，自分が「在日コリアン」であり，「日本語のネイティヴ」であることを意識的に強く表明している。上記の語りからも垣間見えるように，それは，韓国で外国語として「日本語」を学んだ「韓国人教師」との差異化を図るためのようである。なぜ，教師Ｖは，このように，あえて日本語教育の現場で「在日コリアン」というカテゴリーを明示化する必要があるのだろうか。

教師Ｖはしばしば語りのなかで，【外に出たものだけは韓国。内側を

見るとまったく日本人と同じ】などのことばを用いて，自分の国籍は韓国で，本名の韓国名を用いているが，「母語」は「日本語」であるということに言及している。【外に出たものだけは韓国】であるからこそ，自分が「日本語のネイティヴ」であることを意識的に示さないと，【外見だけでなく中身も韓国】の「韓国人教師」のなかに容易に埋もれてしまい，「日本語のネイティヴ」というカテゴリーからは排除されてしまうことを教師Vは危惧しているようである。そのような教師Vの考えは，以下の【語り16】，【語り17】にも示されている。

【語り16】
　　V：昔，私が履歴書を出していた頃は，<u>名前がですね，私の場合は，Vですから，もう，学生たちが見たら韓国人ですよねー？</u>//うーん・・//で，日本人の先生に習ってみたいとか憧れがあるじゃないですか。

　　　　　　　　　　　　　　　　　　（インタビュー2回目：2009/12/28）

【語り17】
　　V：<u>日本語の原語民先生</u>［筆者注：ネイティヴ教師］<u>のインタビューを学生たちがして，学校側に対してネイティヴを増やしてほしいって記事にしたことがあったんですが・・，私はインタビューすら受けなかったんですから。</u>

　　　　　　　　　　　　　　　　　　（インタビュー4回目：2011/3/19）

　前述のとおり，教師Vは本名である韓国名を名のって教壇に立っている。そのため，【語り16】，【語り17】に示されているように，「日本語のネイティヴ」教師ではあっても，「日本語のネイティヴ」教師として認識してもらえない，といった現実に直面することがあるのだという。それは，「日本語」を「母語」として身につけた「日本語のネイティヴ」教師だが，国籍や血統という観点からすると「非日本人」であるため，学習者たちが思い描く「日本語のネイティヴ教師＝日本人教師」像からは逸脱してしまっているからである。上記の語りからは，そうした「日

本語のネイティヴ」というカテゴリーから排除されてしまうことに対して，教師Vがかなり敏感に反応してきたことを窺い知ることができる。

しかし，こうしたことは，学生との間だけではなく，採用する側の大学との間でも起こるようである。

【語り18】
　V：日本人教授がいるということが，非常にその大学の売りというか，になったんです。というのは，日語日文学科に日本人の名前が一人もないということは，hhhちょっとやはり・・・ですね，日本人講師がいるっていうことがとても重要なことなんです。

（インタビュー3回目：2010/8/24）

教師Vは，大学側が「日本語のネイティヴ」教師を雇おうとした際に「日本人の名前」を重視していたのではないかと語っている。「日本人の名前」をもつということはその人が「日本人」の教員であることの証明になっており，それは，「日本語」を専門的に教育している「日語日文学科」には重要なこととされてきたと教師Vは主張している。

実際，日本国籍をもった，日本名を用いている「在日コリアン」の知人が大学にスムーズに就職できた例を，以下の【語り19】で展開している。経験もまったくなく，修士号の学位もない人が日本語教師としてすんなり採用されてしまったことに対するやりきれなさが語られている。

【語り19】
　V：(前略) 知り合いの先生は，お父様が在日韓国人だったんですけれども，お母さんが日本人だったので，お母さんの戸籍に入って日本人の名前を使っていた，その方もすぐにいい学校に入れた[筆者注：就職できた]。まあ，資格としては，むしろ当時は修士の学位がなくても入れる場合が。
　＊：日本人の名前があれば・・？
　V：ええ。そういう方もいました。私と一緒に勉強した人のなかにもそういう人がいてですね，修士号がなくても専任教授になりま

したね。
　　＊：本当に名前とか国籍・・そういうところが重視されたという？
　　Ｖ：　　　　　　　　　　　　［もちろん他の面でも適性だとかありましたけど，いろんな面が作用したと思いますけどね。だから，私は非常に悔しい思いをしたという気持ちが残りましたね。これは個人的な感情ですから，あまり誰にも言いたくないことだったんですけれども。
（インタビュー3回目：2010/8/24）

　教師Ｖは日本語を教える職場を確保し続けるためにも，大学院にも進学して修士号の学位を取得し，さまざまな教育現場で経験を積むなど，常にキャリアアップを図ってきた。しかし，その一方で，学位も経験もないが【より日本人に見える日本人の名前を使っている日本国籍の在日コリアン】が教師Ｖよりも優遇され，専任に採用されていったりもしたという。「そうした採用には，その本人の適性が関係していたのかもしれない」と他の可能性にも教師Ｖは言及していたが，これらの語りは，「日本語」を「ネイティヴ」教師として教えるのであれば，「より日本人らしく見える何か」が要求されてしまう実情を示唆しているといえる。
　では，日本国籍や日本名をもたない「日本語のネイティヴ」だからこそ直面しうる難しさや葛藤とはいったい何なのか，そして，それをどのように教師Ｖは受け止めてきたのか。以下では，この部分をさらに掘り下げるためのインタビューが展開されていく。

【語り20】
　　＊：あのー，［筆者注：日本国籍や日本名をもたない］ネイティヴであるがゆえに，ネイティヴであるがゆえの葛藤というのはありますか。
　　Ｖ：ネイティヴが，ネイティヴであるがゆえに葛藤するっていうことは，採用の面でですね。私が韓国に来た80年代っていうのは，私のような先生は非常に貴重で，あの，あちこちで引っ張りだこになりうる可能性があったんですよね。もちろん，日本での社会

経験もあったし，尊敬語，謙譲語も使いこなせたし。ところが，①韓国で生まれて，韓国で日本語がっ，日本人学校に通って，それで日本の国籍をもっているために，まあ，ある大学で専任講師として雇われた日本人の先生も，いらっしゃったんです。教育経験もないのに。ですから，そういう場合は，日本で生まれ育って，日本での社会生活を経験して，まあ，韓国で形式，曲がりなりにも修士号を取って，一応日本語を教えようっていう気概にhhh，まあ，そういう情熱に燃えてたし，気概もあった私のような立場では，非常に大きな傷を受けましたね。つまり，形式っていうか，日本国籍をもっているために，その先生は韓国で生まれ育って，まあ，日本人学校に通ったにしても，ときどき里帰りしただけで［筆者注：専任になれた］。

＊：［筆者注：その知人の先生は］日本国籍がゆえに守られていた，という部分があって，そこに，こう，何というか，葛藤というか，採用の面でも難しさがあったと。

Ｖ：ええ。それから，もう，②ネイティヴといっても，韓国でずーっと30年も生活している先生方も正教授になれた時代だったのに，韓国籍だから，そして，Ｖという名前だから，学生たちにもそれは，韓国人でちょっと日本に行って勉強してきたと思われるということで，もう，初めから除外されました。

（インタビュー3回目：2010/8/24）

【語り20】において，教師Ｖは，韓国生まれで日本での生活経験や日本語の教育経験がまったくないが，日本国籍と日本名はもっている「日本人教師」の事例を挙げている（①）。この「日本人教師」も，【語り19】に出てきた「在日コリアン」教師同様，日本国籍に守られ，採用面では優遇されてきたのではないか，そして，逆に自分は韓国籍であることが理由で初めから【除外】されてきた（②）と語っている。同じ「日本語のネイティヴ」であるにもかかわらず，日本国籍や日本名をもつというだけで，自分よりもよい待遇を受けてきた人々がいたことに対して，日本語を教えるためにさまざまな努力を重ねてきた教師Ｖは悔しさを感

じるとともに深く傷ついてきたのである。
　では，日本国籍や日本名をもつ「日本語のネイティヴ」が，それらをもたない「日本語のネイティヴ」より評価されてしまうというのは，いったいなぜなのだろうか。

1.4.2　韓国社会における「単一民族主義」と大学評価
　こうした教師Ⅴの語りの背景には，近年ますます重要視されるようになってきた大学評価というものがある。その評価項目には，在学生数や専任教員数，教育・研究の成果などが掲げられているのだが（金性希 2010），大学の国際化という観点からすると，留学生数や所属している「外国人教員」の比率が重要な位置を占めているという（조선일보［朝鮮日報］2011.5.25発行）。国際化が進んでいる大学として評価を得るためには，国籍という観点から見て，「外国人教員」だとわかる教員の数を増やす必要があるのである。このような観点が，教員の採用に影響するのであれば，韓国籍をもつ教師Ⅴがいくら日本語教育の経験を積んだり，修士号の学位を取得したりしていても，「日本語のネイティヴ」枠では，日本国籍をもつ「日本語のネイティヴ」には太刀打ちできない状況が生まれてしまう。
　韓国籍の「在日コリアン」教師は韓国滞在にビザは不要であり，国籍という観点からすると「韓国人教員」と同じような条件で採用されうる。だが，言語的側面を考慮に入れると「日本語のネイティヴ」であるため，「日本人教員」と同じカテゴリーに入れられることになる。こうした条件は，当然，よい方向に評価されることもある[3]が，大学評価が重視された場合，日本国籍をもつ教師が求められることになり，多くの「在日コリアン」教師は採用の対象外とされてしまう可能性すらある。
　このように，本名を名のる韓国籍の「日本語のネイティヴ」である教師Ⅴが，日本国籍をもたないことから「日本語のネイティヴ」であっても「日本語のネイティヴ」という採用枠の対象外とされてしまう背景には，今もなお根強く残っている韓国社会における「純血主義」と「単一民族主義」があるのではないかと思われる。大学の国際化の度合いを外国籍者の人数で測ることができるという考え方には，「外国籍者＝外国

語＝外国文化」という等式に該当する人を「国際化に繋がる人」だと捉える発想があり，その対局では，「韓国籍＝韓国語＝韓国文化」という前提が共有されていることを意味するからである。韓国籍だが韓国語以外を「母語」としたり，異文化を内面化したりしているような人や，逆に，外国籍だが韓国語や韓国文化を内面化しているような人など，「雑多」な属性をもつ人々の存在は想定されていないのであろう。

　鄭大均 (1993) によると，こうした韓国社会における根強い「純血主義」や「単一民族主義」は，1961年から79年の18年間，政権の座にいた朴正煕の政策と非常に深い関係があるという。朴正煕は学校やマス・メディアを通じて，「韓民族の純粋性」や「固有性」の神話を築き上げ，反日や反米以外の方法での国民統合の方向性を模索した。韓国社会における外国籍の人々は1990年代頃から増え始め，2007年には100万人を突破して，全人口の約2％を占めるまでになった (법무부［法務部］2007) が，この朴政権の時期に原型が形成された「純血主義」や「単一民族主義」は，現在に至っても依然として存続しているという[4]。

　こういった「純血主義」・「単一民族主義」を重んじる韓国社会では，当然のことながら，それらに起因する国語ナショナリズムも根強く (徐京植 2010b)，「母国語」と「母語」が異なることや「韓国人」でありながら「韓国語ができない」ことへの理解は得られにくい。このような「日本語＝日本人」，「韓国語＝韓国人」という等式が前提とされている空間では，その等式に矛盾した属性をもつ「在日コリアン」教師は非常に難しい立場に立たされてしまう。「母語」が「日本語」で「日本語のネイティヴ」であるが，韓国名を名のり，韓国籍をもつという教師Vの属性は特殊なものと見なされ，「日本語のネイティヴ」教師ではないとされてしまうことすらある。かといって，いくら流暢に韓国語を操るとはいえ，「韓国人教師」のカテゴリーには位置づけられない。このようなダブルバインドな属性により，教師Vが「理解されにくい存在」として脇に追いやられてしまうことは容易に想像がつくのではないだろうか。「日本語＝日本人」といった日本語教育が抱えている思想的な問題があることも確かだが，それと同時に，韓国社会におけるこうした「純血主義」，「単一民族神話」の風潮も「在日コリアン」教師を「日本語のネイ

ティヴ」というカテゴリーから排除してしまう状況を生み出す要因の一つになっているといえるだろう。

1.4.3 自らの「ネイティヴ性」への着目

このような状況のなかで，日本語教育の仕事を確保し続けるために教師Ｖが唯一頼れたのは，結局，日本語教育歴でもなく，また，韓国籍という国籍でもなく，自分自身が「日本語のネイティヴであるということ」，つまり，「ネイティヴ性」だった。それを示し続けることで，教師Ｖは，韓国籍をもち，韓国名を名のりつつも，「日本語のネイティヴ」というカテゴリーになんとか踏みとどまろうとしてきたのである。

以下の【語り21】では，そうした「ネイティヴ性」に着目せざるをえない教師Ｖの思いが語られている。

【語り21】
　　Ｖ：私の場合は，日本で生まれ育ったネ，ネイティヴですが，日本国籍をもたないネイティヴでしたから，あー，韓国に来て仕事をする場合は，あー，ネイティヴのように正しくきちんと話せるということだけ・・・が，結局，自分の看板になる。それは韓国で勉強した先生方とはちょっと，差をつけられる・・・面だったわけです。//ええ//ですから，私は，それに，えー，まあ，注目せざるをえない立場だったわけですよね。自分の，まあ，仕事を守るために，ひいては，自分の生活を守るために。そして，それらは学生にも実際に役立っているし・・・。そういう現実があったので。//んー//これからの韓国社会にはネイティヴだけを目標としない教育も必要ではあるけれど・・・。まあ，中国，中国からの留学生も大勢来ているし，その留学生たちが実際には日本語学科で勉強してることもあるわけなんです。で，その日本語学科で勉強してる学生たちが，これから卒業した後に日本に行く場合もあるしね。ですから，多文化，多様性を認める社会に移りつつある現代のこの社会状況のなかでは，語学教育も，そういう部分を受け入れていかなければならない時期に，今，来てるとは思

いますけど。

（インタビュー3回目：2010/8/24）

　教師Vは，いわゆる「正しい日本語」を話すが，「日本国籍をもたない」，「日本人の名前をもたない」ということにより，ただ普通に教育現場にいるだけでは，「日本語のネイティヴ」としての正当な評価を周囲から受けることはできなかった。それでもなお，教師Vが唯一頼りにできたのは，自分が「日本語のネイティヴ」であるというその一点だけだったのである。そのため，教師Vは，日本での長い居住歴のある「在日コリアン」で，「日本語のネイティヴ」であることを積極的に周囲に表明し，【より日本人に近い韓国人】として自己を再規定しようとしていた。言語学的観点からすれば「日本語のネイティヴ」として認識される教師Vだが，その属性の特殊性から，「日本語のネイティヴ」であることを戦略的に表明しなければ，日本語教育の現場における正当なポジションを維持することが難しかったのである。

　その一方で，教師Vは，「日本人」ではない自分の「母語」が「日本語」であったり，「日本語」を話す多くの「日系人」などの存在を考えたりすると，「日本語の話者」として「日本人」を想定する必要も，「正しい日本語」を求める必要もない，【もっと多様な日本語を認知していくといった方向】を目指すことが当然必要であると頭では理解しているとも語っている。しかしながら，「日本語のネイティヴ」であることだけが自分を守ってくれるという現状においては，教室のなかでそういった実践を積極的に目指すことはできないのだという。

　そして，「日本語のネイティヴ」であるのに「日本語＝日本人」という図式には入れない，つまり，「日本語のネイティヴ」なのに「日本人」ではないために「日本語のネイティヴ」として見なされない教師Vの葛藤の語りは，以下のように続いていく。

【語り22】
　V：①むしろノンネイティヴならうまく収まっているし，日本語さえうまくなればそれはそれとして認められますよねー？　でも,

②ネイティヴなのに日本人じゃないって努力のしようがないというか・・・。思い切って③国籍を変えてしまうかとか・・。// うーん//・・でも・・，④ネイティヴであることを変えることはできないんですから。

(インタビュー 3 回目：2010/8/24)

　もし，自分が「日本語のノンネイティヴ」であるなら，努力して日本語さえ上手になれば，「ノンネイティヴ＝非日本人」という図式のなかのより高い位置に移動することができ，【ノンネイティヴのなかの優れた教師】として認めてもらうことも可能なはずだと教師Ｖは主張する（①）。しかし，「日本人」ではない「日本語のネイティヴ」の教師Ｖは，《「母語」とする言語》とそこから想定されうる《国籍／血統》との間にズレがあるため，周囲から正当に評価されないという不満と正しく認知されないという不安を抱かざるをえない状況に立たされているのである。また，最後の【ネイティヴであることを変えることはできない】という語り（④）は，自分自身の「母語」を交換することはできないという主張だと解釈できるが，それなら，【国籍を変えてしまう】という選択肢が教師Ｖの頭には浮かんでくる（③）。このことは，【外に出た】韓国的な要素を日本に変えることによって，「母語＝日本語＝日本人」という図式にさえ入ってしまえば，つまり，《言語》と《国籍／血統》の一体化を自分が兼ね備えていれば，より正当な評価が得られ，認められるはずだという考えが教師Ｖのなかにあることを示している。【ネイティヴなのに日本人じゃないって努力のしようがない】という語り（②）には，《「母語」とする言語》と《国籍／血統》の一体化を前提とする「単一性志向」が根強い韓国の日本語教育という空間における教師Ｖの生きにくさが表出されているといえる。

　このように，教師Ｖは，日本語教育の現場における不条理な生きにくさを抱えつつも，現場で生き抜くための戦略として，「在日コリアン」というカテゴリーを明示化させている。そして，それによって，「日本語のネイティヴ」という位置を獲得しようとしてきたことがわかる。教師Ｖは，周囲からの，「韓国名・韓国籍」＝「日本語のノンネイティヴ」

教師という等式やまなざしをかわすべく，普段は懐疑的な立場をとっている「在日コリアン」というカテゴリーをあえて戦略的に示すことで，「日本語のネイティヴ」という位置に自身を位置づけてきたのだと考えられる。

第2節
【事例2】国民と言語の枠組みの脱構築を目指す教師L

2.1 教師Lの略歴
2.1.1 自分のルーツを探す～学生時代に関する語り

　教師Lは1963年に関西地方で生まれた「在日コリアン」3世[5]の男性である。小中高と日本の公立学校に通い，両親も家庭内で日本語を使っていたため，韓国語には直接触れることのあまりない環境で育った。しかし，タンスの奥にしまってあるチマチョゴリを見つけたとき，両親の外国人登録証に書かれているハングルを見て，【「あ，これがお父さん，お母さんの育った国で使ってた文字なの。変な文字だなあ」，そういう感覚】をもったとき，また，食卓にキムチがあって，【こういう辛いものを食べる国なんだなあ】という思いを抱いたときなど，教師Lの生活の片隅にはいつも韓国に通じる何かがあったと語っている。また，同居していた祖母が【日本語と韓国語がちゃんぽんという状態】だったこともあり，【普段触れているものと違う，そういう音の世界というのがその背後に広がって】いることには気づいていたという。このように，教師Lは，【私の家にだけあって，友だちの家にはない，韓国的なアイテム】を見つけては，韓国という国を感じながら成長してきた。

　そんな教師Lが両親の出身地である韓国の済州島を初めて訪れたのは，高校生の頃である。親戚や島の人々に会うのは初めてなのに，【どこどこの息子だ】と【見覚えもない人たちがみんな歓迎してくれ】たことに非常に驚いたと語っている。【こんなとこに繋がってたんだ，自分のルーツは。自分の姿に，お父さんやお母さんの面影をみんな見るんだっていうことで，すごく感動し】，教師Lはこの経験を機に，韓国語の勉

強を本格的に始めたという。

2.1.2 日本／韓国から離れて〜アメリカでの滞在経験に関する語り

　その後，教師Lは日本の大学の理工系の学部に進み，日本の企業に就職したが，20代後半で会社をやめ，単身アメリカに渡った。もともとことばを学ぶことに強い関心をもっていた教師Lは，アメリカで日本語を教えながら，自分も英語を学ぶことができるという1年間のプログラムがとても魅力的に思え，渡米する決心をしたのだという。このプログラムの期間中，教師Lはニューヨーク州に居住し，高校生や子どもたちに「あいうえお」の初歩から日本語を教えるという有意義な経験を積むことができたと語っている。しかしながら，当時は，日本語を教えること自体には，あまり強い情熱をもっておらず，自身の異文化体験や言語学習のほうを重視していたようである。しかし，このときの異文化体験や自身の英語学習のプロセスは，教師Lのアイデンティティや後に本業となる日本語教育に対する考え方に大きな影響を与えていく。

2.1.3 【充足感】が得られる日本語教育の現場〜韓国での日本語教育に関する語り

　アメリカ滞在を終え，日本に帰国した教師Lは，1999年，今度は【祖国】である韓国に渡った。日本に居住している教師Lの父親が病気を患ったため，韓国にある財産を整理する必要があったからだという。また，それに加え，当時の教師Lには，【日本社会において自分の満足できる，自己実現というか，充実感を得られる職がなかった】ため，【新しい環境に飛び込んでみたい】という思いもあったと語っている。教師Lは，このような理由から，1〜2年の予定で韓国に【来た】のである。しかし，父親の財産整理の手続きにはそれなりに時間がかかることがわかり，空いた時間を有意義に使おうと考え，大学の英文学科に進学することにしたという。このときの大学進学の理由としてまず初めに挙げられたのは，上記のような漠然とした理由であった。だが，「韓国の大学を出ておくことは日本に帰ってからも人生に有利に働くのではないか」，「不況の日本でよりよい職を得るための一つのステップにもなる

のではないか」とも語っていたことから，入学当時は，日本に戻ることを念頭に置いたキャリアアップという理由から進学を決めていたことがわかる。

　このような経緯から，韓国の大学に入学することになった教師Lは既に30歳をとっくに超えており，当然，学費や生活費は自分で稼がなくてはならなかった。ストレートで大学に入学してきた「普通の大学生」とは大きく異なる大学生活を送っていたという。「普通の大学1年生たち」と一緒に机を並べ，講義を受けてはいたが，授業が終わるとすぐに学院（日本語学習塾）に移動し，日本語を教えるという忙しい毎日だったのである。

　しかし，このような忙しい生活のなかで，教師Lは次第に日本では味わったことのないような充実感を得るようになっていったという。【給料面だけで見れば】，【職種にこだわらなければ】日本でも仕事はあるが，【韓国では，経済的な面では不十分でも，自分のかなりしたいことと関連した仕事をして，しかも，認めてもらえる】といったことをこのとき感じたという。教師Lは，次第に，日本語を教える仕事に重要な意味を見出していったのである。そして，日本語教育という現場を自分の可能性を発揮しうる環境であると認識するようになっていったという。

　その後，韓国の大学を卒業した教師Lは，日本語を専門的に研究するために，そのまま大学院の修士課程に進学した。【多様な言語と比較しながら，大きな視野で日本語というものを捉えてみたい】という思いが次第に強くなっていったからだと，そのときの進学動機を語っている。この頃から，「日本語のネイティヴ」であるということから，大学での講義の依頼なども来るようになり，学院だけではなく，大学でも時間講師として講義を担当するようになったという。そして，日本語を教えること自体から，【充足感】のようなものを得るようになっていった。教師Lは，その後，さらに博士課程へと進み，数年前，博士号の学位も取得した。現在は大学や学院，企業など，いくつかの教育機関で日本語の授業を担当している。

　教師Lが1999年に韓国に【来て】から，既に12〜13年になる（インタビュー当時）。「帰韓」当初は，ここまで長く住むことになるとはまっ

く考えていなかったようだが，韓国人女性と結婚し，子どもも生まれたため，現時点では，当分は韓国に居住する予定でいるという。しかし，だからといって，【別に，ここに永住しなきゃいけないとか，そういう感情はな】く，【興味がある分野を究めつつ，新しいことをやっていきたい】と語っている。また，もし日本でいい仕事が見つかったら，【子どもに日本語を身につけさせる機会にもなる】から日本に居住することも考えているようである。場所に縛られるのではなく，【状況によってベストの選択をして生きていこう】というのが自分のスタイルだと教師Lは語っている。

2.2 【どちらにも完全には属さなくていい】という語り

　以上の略歴を踏まえると，教師Lの人生における大きな転換点は2回あったということがわかる。アメリカに渡ったこと，そして，韓国に【来た】ことである。ここでは，まず，その後の教師Lの人生やアイデンティティ，教育観などに大きな影響を与えてきたと思われるアメリカでの経験を詳細に見ていくこととする。

【語り1】
　　＊：アメリカでの経験が，今の教育の考え方であったり，ご自身のアイデンティティの捉え方であったり，アメリカでの経験がとても大きかったということを前回お話しいただいたんですけれども，具体的にもう少しその辺のことをお聞きしたいなと思っていまして。
　　L：今の日本社会とー，当時，ですから私が大学に行って会社に勤めていた80年代ですから，随分様変わりしたと思うんですけど。今はどうなんでしょうね。当時の社会的風潮からいっても，やはり・・，①日本社会というのは，どこかに帰属して，限りなく同質性を求めるような，そういう暗黙の拘束力みたいなのを感じましたよ。特に在日は感じるんですね。在日だけじゃなくて，若いときというのはそういうのをとても，反発するというか，そういうところがあるじゃないですか。//ええ// (中略) それがアメリ

カに行ったときは，結構そういうのから解放されたというか。②自分は自分らしく生きられるし，そういう人をまたサポートするような，そういう文化的な土壌があるというのが，在日だった私には，結構気楽だったんですね。自分らしく生きるのが，結局，自分にとってベストなんだ。そしてまた，同時に，自分の可能性を一番試せる。また，同時に，自分のプライドというかそういうものを回復させる術なんだという感じで受け取っていたかもしれないですね。

(インタビュー2回目：2011/3/18)

　教師Lは1980年代に大学に通い，日本の企業でも働いていた経験があるのだが，【当時の社会的風潮からいっても】，【どこかに帰属して，限りなく同質性を求めるような，そういう暗黙の拘束力】が日本社会にはあったと語っている（①）。自分が「在日コリアン」だからそのように感じたのか，単に若かったからそのように感じたのかは定かではないようだが，そういったものに対する【強い反発】があったのは事実のようである。しかし，アメリカに滞在中は，【そういうのから解放され】，【自分らしく生きるのが，結局，自分にとってベスト】だということに気づき，それによって，教師Lは【自分のプライド】を【回復させる】ことができたという（②）。

　アメリカでの滞在中，教師Lがもっとも興味を抱いていたのは，日本語を教えることではなく，自分自身の異文化体験や言語学習のほうだったことは既に本節2.1.2で述べたが，教師Lの渡米の目的のなかには，日本社会で感じた【同質性を求める】【暗黙の拘束力】からの自分自身の【解放】といったものも含まれていたということが以上の語りから読み取れる。このように，教師Lの人生において，アメリカでの経験は重要な位置を占めているようである。そこで，筆者はさらに具体的なエピソードの提示を求めた。

【語り2】
　＊：そこ［筆者注：国家や国籍に縛られず，自分らしく生きればいいという

考え方]に行き着く具体的なアメリカでのエピソードみたいなものってありますか。こういう人との出会いがあったり，出来事など。

L：(前略)アメリカ，ニューヨークに住んでいたんですけれども，そうすると，自分の育った背景などを言うと，日本人の方は同情的に，それは大変だろうなって言うんですけど，<u>アメリカの友だちは，ラッキーだって言うんですね</u>。「ああ，じゃあ韓国語も日本語もできるし，いろんな文化も知っていて，ラッキーだな，恵まれているんだな」って。これだけ視点が違うわけ。そうすると，みんなからラッキーって言われると，結構，<u>その人たちの目を見て</u>［筆者注：その人たちの視点から自分自身を捉えてみて］，自分は恵まれているんじゃないかなって，発想が変わってきて。日本社会にいると，現実はそうでなくても，周りから，「なんかハンディキャップをもっているよな，ディスアドバンテージだよな」って，そういう条件を自分がもっているように見られると，自分もその人たちの目を通して自分を見つめてしまったりしますから。そういう面で，アメリカに行ったというのは，自分にとって貴重な体験だったと思います。

（インタビュー 2 回目：2011/3/18）

　教師Lは，日本での 20 数年間の生活のなかで，「在日コリアン」の自分自身をどのように捉えたらよいのかとずっと考え続けていた。そして，大人になるにつれ，教師Lのなかでは，【日本人でもない，韓国人でもない】，【自分は自分】，といった考え方が少しずつ芽生え始めていた。しかし，その一方で，「在日コリアン」であることに【ある種の息苦しさ】を感じさせる日本社会においては，そのような【自分は自分】といった新たな考え方で自分自身を納得させることはできず，彷徨っているような感覚を当時はもっていたという。

　しかし，そのようなときに，アメリカ・ニューヨーク州に滞在することになり，言語的にも文化的にもさまざまなバックグラウンドをもつ多様な人々に囲まれて生活し，関わりをもっていくなかで，「在日コリア

ン」である自分をどのように捉えるのか,そのスタンスが教師Lのなかでようやく定まっていったのだという。「韓国に民族的なルーツがあり,日本で生活しているということ」に対して,周囲の人々から【ラッキー】だと言われたことによって,初めて,教師Lは自身の考え方を本当の意味で転換させることができたのである。教師Lは,【日本人でもない,韓国人でもない】ということを【アドバンテージなのだ】と捉えられるようになり,そのような自分自身の捉え方や生き方に確信をもてるようになっていったのだという。

【語り3】
　L：その以前からの・・,やはり若かったですから,自分は日本人でもない,韓国人でもない,自分らしさ,自分探しみたいなのがあって,それが動機になってアメリカに行ったのかもしれませんけど,アメリカに行って,イエス,自分の生き方が正しいんだなというのを確信をもったんじゃないかなと,今から思えば。
　＊：あー,[筆者注：アメリカでの生活で]確認された。そうかなと思っていたものを。
　L：今から振り返るとそういう感じで。現在進行形のときは,よくわからなかったですね。

(インタビュー2回目：2011/3/18)

このように,教師Lは,漠然と思い描いていた【自分は自分らしく生きればいい】という生き方に自身でもようやくGOサインを出すことができたのではないかとそのときのことを振り返っている。当時はそこまで深く考えていたわけではなかったようだが,アメリカでの滞在経験は,韓国にも日本にも【どちらにも完全には属さなくていい】という考え方への転換をもたらしたことが読み取れる。

【語り4】
　L：[筆者注：どこに帰属するのかをはっきり決めることを]あえてしないのか,しないのが楽なのか,そのー,自分のなかにその拒否感み

たいなのがあるのか，そこはもっと自問しないといけないんですけど，んー，今は，どちらにも属さないということのほうが私にとっては気楽だし，えー，そうであり，あり続けたいという，そうですね。（中略）だからといってその，日本社会，韓国社会に嫌悪感をもってるとか，自分は孤独感に苛まされているとか，そういうのはないですよ。（中略）例えば，あー，日本でそのー，韓国の歴史謝罪問題が出て，それに憤りを感じてデモしたり，そういう人たちを冷めた目で見てしまうというか。ええ。自分がなんか，ある集団，国家に属することと，その国家のなかで自分のアイデンティティを確立してて，そこでそのー，自分の自尊心が傷ついたとか，そう言い合ってるのを，おー，見てると特にね。ええ，属したくないと思います。で，たぶん増えていくと思いますよ。あのー，百何年前ね，日本では，自分は薩摩だ長州だって，外国人のようにいがみ合った。今，その感覚ないですよね？　日本人ですよね。たぶん，同じだと思います。

（インタビュー1回目：2010/8/27）

　教師Lは，現在「日本人」とされている人々のなかにも，時代によっては，その内部で対立し，戦っていたことを【語り4】において挙げている。そして，それをもとに，国家や国民の枠組みは時代の流れとともに変化するものであり，実に恣意的なものだ，といった語りを展開させている。アメリカ滞在以前は，「在日コリアン」という出自から，自分は「韓国人」なのか，「日本人」なのか，といったアイデンティティの葛藤が教師Lのなかで起きていたようだが，現在では，国家や国民の枠組みによって自身のアイデンティティを確立するという考え方にはある一定の距離を置いているようである。

2.3 【韓国籍の韓国系の日本人】と名のる意味と日本語教育における位置取り

　それでは，現在このようなアイデンティティに対する考え方をもつ教師Lは，日本語教育においてはどのような位置取りを行っているのだろ

うか。そこで，以下では教師Lの日本語教育に関する語りを見ていくこととする。

　教師Lは初めて授業をする際，毎回，黒板にカタカナで「キム」と自分の姓を，また，ひらがなで「みのる」と自分の名を書き，自己紹介を始めるという[6]。この名前は，「本名の姓［김／キム］」＋「本名の名［실］にあたる漢字［実］を日本語読みしたもの［みのる］をハングル表記した名［미노르／実・みのる］」から成るのだが，教師Lはそのように名のりながら，自分は【韓国系の日本人】であると学生たちに説明するのだという。

【語り5】
　L：<u>最初の講義でも［筆者注：自己］紹介するとき，ホワイトボード，黒板に書くんですね。そして，「キム」の部分はカタカナで，「みのる」なんですって，ひらがなですね。学生たちはある程度，みんな日本語を勉強してきますから，自分のアイデンティティを紹介するために，名前から書いて，質問を誘導して，「カタカナはオリジナリティが外国で，ひらがなは日本ですよ。どういうことかわかりますか」って。韓国系の日本人。在日と言わずに。「国籍は韓国なんですけど」，そういう具合に紹介しています。というか，自分もおそらく，そういう具合に紹介するということは，周りの人にそのように認知されたいという気持ちもあるんじゃないかと思いますね。</u>
　＊：それは日本語教育を始めたときから，もうずっと，「キムみのる」というお名前でなさっているんですか。
　L：そうです。

（インタビュー2回目：2011/3/18）

　筆者が初めて教師Lに会ったときに差し出された名刺には，そういえば，ハングルで「김 미노르（キムみのる）」と書かれていた。教師Lにしてみれば，このように名のることは，【周りの人にそのように認知されたい】という気持ちと，【韓国系の日本人】という自己のアイデンティ

ティを日本語教育において表明したいという考えの表れなのだという。

【語り6】
　＊：あのー，韓国にいらっしゃってから，ずっと「김미노르［キムみのる］」さんというお名前で，ずっと教えていらっしゃる。戸籍とかは，そうなりますとまた・・・。
　Ｌ：戸籍は本名で出ます。在日ですから。
　＊：そうですよね。なので，職場だけではということですか。それとも一般的な，職場以外のその・・・。
　Ｌ：ほとんど，職場でもなんですが。書類上ですね，あのー，法的な効力のある，それはやっぱ，本名で書かないと駄目ですね。はい。
　＊：その他の，まあ，いろんな人間関係ですとか，そういったところでは？
　Ｌ：みんな「김미노르［キムみのる］」です。
　＊：「김미노르［キムみのる］」というお名前で。
　Ｌ：逆に日本に行けば，日本の役所には，それは「金実」で書かないと，そちらは通じません。韓国では「김실［キムシル］」と書かないと駄目。ええ。どうなんでしょうね。もう，他のネイティヴ先生・・・で在日の方。①日本人の方は関係ないですけど，②日本名を使う，あえて日本名を使うというのは，さっき言ったように，そのー，③ネイティヴ先生としての商品価値もあるし，また，そのように周りの人に自分はそのー，④在日として見られたいという気持ちがあって，そうする，してるのかどうか。直接伺ったことないんですけど。私個人としては，そういうのでもう。

(インタビュー1回目：2010/8/27)

教師Ｌには，5通りの名のり方があるという。まず，韓国における法的な資料などに用いている本名の「김실［キムシル］」という名前，日本で中学校まで使用していた「金井実［かないみのる］」という名前，会社員時代に使用していた「金実［きんみのる］」という名前である。また，

これらとは別に，高校，大学時代に使用していた「金実［キムみのる］」，そして，現在韓国で日常的に使用しているハングル表記の「김미노르［キムみのる］」という名前である。両親から「みのる」と呼ばれて育ってきた教師Lは，本名の실／実［シル］よりも，その漢字を日本語読みした実［みのる］という名前に愛着を感じており，【「シル」と呼ばれても，自分が呼ばれているという感覚はない】と語っている。だからこそ，「김실［キムシル］」という本名は，韓国国内の社会生活においても，書類の手続き以外では用いられておらず，「김미노르［キムみのる］」が日常的にも用いられているのだろう。

だが，日本語教育の現場において「김미노르［キムみのる］」と名のっているのは，それが単に自分の慣れ親しんだ名前だったからではない。このことを端的に表しているのが，語りのなかに出てくる，【ネイティヴ先生としての商品価値】③ということばである。「日本の名前」をもともともっている【日本人の方には関係ない】①が，「在日コリアン」である自分には通称名を使うか否か②は，【ネイティヴ先生としての商品価値】が認められるかどうかという評価にも関わってくる③と語られているのである。教師Lが，このように，あえて日本人風の通称名を用いることによって成し遂げようとしているのは，「【ネイティヴ先生】であるのに，そうではないと誤解されてしまうこと」を回避し，「【ネイティヴ先生としての商品価値】を証明すること」なのである。

【語り7】
L：やっぱ，それ［筆者注：本名の韓国名を名のる場合と日本名を名のる場合とで］は大きな違い，あると思いますよ。ええ。その日本名を使わないと，ネイティヴ先生っていう感じがしないってことだと思いますね。ええ。
＊：その，それは，①何を気にされてやはりそれを実践されるんですか。
L：あー，②私の場合は，やはりその，ネイティヴとして見られたい。例えば，本名を使うと，韓国人先生だ，というのもあるし，

どうなんでしょう。これは個人的な見解なんですが，私はあのー，韓国人ではない，でも日本人でもない。どこにも属さない。えー，それに対して，別に後ろめたさもない。そういう感じがありますね。ま，幼い頃はどっちかに属したいという気持ちはありましたけど，だんだん，こう，大人になるにつれて，こう，自我の確立と同時に，そうですね，ま，これでいいという。(中略) ③私の場合は，100％韓国人として見られることを望んでないです。逆に，じゃあ日本人になりたいかといえば，それも望んでない。不安定で，あるいは何か疎外感を感じないか。まあ，もし，そのー，社会に自分の居場所がなかったり，職場がなかったりすると，そういう思いはするんだと思うんですけど，今んとこなんとか食ってますから。ま，これのほうが身軽だし，自由だし。そういう感じはありますけどね。

(インタビュー1回目：2010/8/27)

　上記の語りで，筆者は，確認の意味も込めて，「何を気にして，あえて「キムみのる」と名のっているのか」と再度尋ねている (①)。それに対して，教師Lは，【ネイティヴとして見られたい】という気持ちからだと答え，さらに，【本名を使う】と【韓国人先生】として見られてしまいかねないことを指摘している (②)。「김미노르 [キムみのる]」という名前を選択することは，韓国で生まれ育った【韓国人先生】のなかに，自身を埋没させないための一つの方法なのだと読み取ることもできる。

　また，教師Lは「完全な韓国人になること」も「日本人になること」も望んでいるわけではなく (③)，【語り6】でも示されていたように，【在日として見られたい】という思い (④) があるため，そのような名前を使用しているのだと思われる。

　それでは，このような名のりの実践は，いったい誰に向けて行われているものなのであろうか。

【語り8】

＊：日本語ネイティヴなんだという，そこを，まあ何というか，
　　　　　　　　　　　　　　　［
L：　　　　　　　　　　そうですね，学習者に発信したいということと。
＊：ああ，学習者に向けてー。あのー，雇う方へは？
　　　　　　　　　　　　　　　　　　　　　　［
L：　　　　　　　　　　　　　　　　　　　　雇う方もそれを望まれますよ。
＊：大学に向けての発信という形で，名前を使うということなんですかね？
L：そうですね。はい。それと，そういう名前を発信することによって，そのー，<u>自分，私自身ですね，ピュアな韓国人だという視点，視線で見ないですよね。それも望んでますね。</u>それはあります。
＊：そう見られることへの，まあ，何というか。
L：かえって，<u>自分らしく見られたいというか，自分，私が私を思うように人から見られたいという。</u>それが名前のアイデンティティに出てるんだと思いますね。

（インタビュー1回目：2010/8/27）

「日本語のネイティヴ」であることを示す相手として，教師Lが想定しているのは，学習者と教育機関である。そして，それは先ほど【語り6】に示された【ネイティヴ先生としての商品価値】を意識してのことだと思われる。さらに，特定の相手を想定しているわけではないが，【私が思うように人から見られたい】という思いもあってこのような名前を用いているという。「日本語のネイティヴ」ではあるが「日本人」ではなく，韓国籍ではあるが「韓国人」でもない。韓国で生まれ育った【ピュアな韓国人】と自分は異なることを示したい，【在日】として見られたいという思いがそこには込められているのである。このように，「김미노르［キムみのる］」という名前の使用は，【完全にどこかに所属さ

せられる】ことに違和感をもつ教師Lのアイデンティティのあり方と密接に関係があり，国家への完全な帰属を求められることへの，ある種の抵抗とも読み取ることができる。

【語り9】

＊：先生の前回のお話を聞いていて，①先生のアイデンティティの捉え方として「キムみのる」というお名前を使っているというのが一つと，もう一つは，②日本語教育のなかで，自分がネイティヴである在日コリアンという，そういったものを日本語教育のなかで示すための一つの手段とされているのかなと思ってきたんですけれども。そういう私の解釈で合っていますか。

L：ありますあります。それに，また，③教育機関などでも，会話の授業を担当していることが多いですから，ネイティヴということを前面に出してほしいということで，ネイティヴということがわかるような，そういう名前で出したほうが，私にもいいし，周りの人たちにもいいんじゃないかということですね。

(インタビュー2回目：2011/3/18)

筆者は，これまでに語られてきた「김미노르［キムみのる］」という名のりの実践の意味を整理しようと考え，自分の解釈を述べた後で，教師Lに「私の解釈は合っているか」と質問を投げかけていった。

まず，自身のアイデンティティを名前に示したいという気持ちがあり（①），また，それに加え，韓国の日本語教育という現場において，「在日コリアン」の「日本語のネイティヴ」教師であることを表明したいという思いもある（②）からなのではないかと筆者は確認しようとした。すると，教師Lは，筆者の解釈に対して同意し，それに補足する形で，【ネイティヴということを前面に出してほしい】という教育機関側からの要望に応えているという側面もあると語った。ネイティヴであることがわかる名前で出したほうが，自分にも周囲の人々にも都合がいいといった事情がその背景にはあるのだという（③）。

これまでの語りも含め総合的に考えると，韓国の日本語教育の現場に

おいて,「キムシル」や「かないみのる」ではなく,「キムみのる」と名のることには,自身を【韓国人先生】や【日本人先生】から「差異化」させることができるというメリットと,「日本語のネイティヴ」であることをわざわざ説明しなくても暗黙の了解が得られるというメリットがあるのである。そして,教育機関にとっては,「日本語のネイティヴ」を雇っている機関として学生からの評価が得られるといったメリットがあることを指している。

　それでは,こうしたメリットを支える前提になっているものは何なのだろうか。

　前提としてあるのは,「日本人の名前」=正真正銘の「日本語のネイティヴ」である,という図式である。そして,「日本人こそが日本語のネイティヴ話者」であるといった考え方がそれを支えている。教師Lが「日本語のネイティヴ」であることは明らかであるとして,それをより評価される方向へ位置づけるためには,そこにさらに,「日本人っぽさ」の演出が必要となってくるということなのであろう。この論理で考えると,「キム」の部分も日本的なものにしたほうが,より「日本人っぽさ」を名前から表出させることができるはずだが,教師Lはそのようにはしていない。それは,教師Lが韓国にも日本にも【どちらにも完全には属したくない】というアイデンティティをもつからである。そうした自身のアイデンティティの表明と,【ネイティヴ先生としての商品価値】の表明との接合点が,「キムみのる」という名前の示し方なのではないかと考えられる。

2.4 「日本語」・「日本語を教えること」の意味

　それでは,自らを【韓国系の日本人】と規定し,「本名である韓国の姓」+「本名の漢字を日本語読みしたものをハングル表記した名」によって,【普通の韓国人】との「差異化」を図りつつ「日本語のネイティヴであること」を示そうとする教師Lは,どのような考えをもち,日本語教育に携わってきたのであろうか。自身が「日本語のネイティヴ」であることを名前によって意図的に表明しようとする教師Lの語りだけを見ていくと,もしかしたら,教師Lは「ネイティヴ」を絶対視し,

その「ネイティヴ」が話す「正しい日本語」の教育に邁進する教師なのかもしれないといった推測も可能である。果たして，教師Lは日本語教育にどのような意味づけを行っているのであろうか。

　ここでは，まず，教師Lが「日本語」をどのようなものとして捉えているのかを見ていきたい。

【語り10】
　＊：先生は普段どういった日本語の授業を担当されているんですか。
　L：やっぱり会話が多いですね。同じ日本語でも，担当する科目によって，やっぱり講義の仕方って変わってくるんだと思うんですけど，会話の授業の場合だと，いくら本を読んでみても上手になりませんよね。だから，「とにかく話しなさい。韓国語を交ぜても，発音を気にしないでいいから，話しなさい。ことばは通じたら全部正しいんです。文法が，文法的に間違ってても，い，言わんとすることが通じたら，それは，その表現は，い，意思疎通できたということで正しい表現です。一言でも話しなさい。韓国語を交ぜて話しなさい。日本人見たら話しなさい。日本に行ってきなさい。別に，テストの点のために，就職のために勉強しないでください」と［筆者注：言っています］。韓国は今，就職難で，すごい，成績の問い合わせとか，すごい多いんですよhh。
　＊：そうですね。
　L：ご経験ありますね。あのー，そういうことやめてくれって。「気にしないで，楽しんでください。間違えちゃいけないとかじゃなくて。成績のために勉強しないでください」って頼んでますけど。

（インタビュー1回目：2010/8/27）

　教師Lは，大学卒業後の進路を考えて，よい成績を取るためだけに日本語の勉強をしようとする学生たちに，成績を心配するあまり，「間違えてはいけない」とこわがったりするのではなく，「とにかく話してみよう」と語りかけているという。そのように学生たちに促す背景には，

【ことばは通じたら全部正し】い，【文法的に間違って】いたとしても【言わんとすることが通じたら】，【その表現は意思疎通できたということで正しい表現】だと捉える，教師Lなりのことばに対する考え方がある。そして，日本語に対する教師Lの考えは以下のように続いていく。

【語り11】
　L：えーっとね，あのー，子どもたち，あなたたちは，日本語話すというと，日本に行って日本人とコミュニケーションするんだって［筆者注：思いますよね？　と学生に聞くんです］。例えば観光旅行に行ったり，あるいは韓国を訪れてきた日本人に対して日本語で説明したり，そういう，将来日本語を使える機会がそういう場所だと思ってるかもしれない。あるいは日本企業の会議室のなかで，日本人のクライアント［筆者注：と話すシーンを思い浮かべるかもしれない。でも，］そうじゃないですよね。パリへ行ってもニューヨークに行っても，日本語を話す機会はたくさんあるし。日本人と日本語で話すんじゃなくて，アメリカ人と日本語を話すかもしれないし，フランス人と日本語を話すかもしれない。そういう機会が必ずありますよ。ですから，あのー，狭い意味で，日本人とだけ話すって目的じゃなくて，えー，いろんなとこで，あの，日本語を話す，話せる機会があるって話してます。
　　　　　　　　　　　　　　　　（インタビュー1回目：2010/8/27）

　教師Lは日本人と話すことだけを目的に日本語を学ぶという考え方は捨てるべきだと学習者に語りかけている。日本語を使うことによって繋がりをもつことができるのは「日本人」だけではないということを強調するようにしているのだという。教師Lはこのように語りかけることで，学習者が「日本語の話者」として「日本人」だけを想定してしまうことに警鐘を鳴らしているのである。この語りからは，「日本語＝日本人」といった図式を授業のなかで相対化しようとしている教師Lの姿を垣間見ることができる。
　そこで，筆者は，「日本人の話す日本語」が到達点とされたり，「日本

語の話者」として「日本人」だけが想定されたりしがちな日本語教育に対して、「日本語のネイティヴ」ではあるが、国籍は韓国である「在日コリアン」の教師Lはどのように考えているのか、また、そういった想定がなされている空間において、どのように教育に臨んでいるのかを、尋ねていった。それにより、教師Lの日本語教育に対するスタンスがさらに具体的に語られていった。

【語り12】
　　L：まあ、①「あなたらしい日本語を話してください」、ですね。いろいろ文法とかもちろんやりますけど、②日本語やってるからって、あのー、「日本人にならなくて結構です」って言います。あなたが、あなたの日本語を私が聞いて、あ、日本人かなと思うような日本語を話しても、あるいはあなたが日本人、100％日本人だと私が思い込んでも、それはそれだけで、私に何の感動も与えません。③むしろ、ときどき発音が違ってもいい、ときどき表現が変わってもいい。「日本人にならなくていい」って言いますね。(中略)究極的には日本人になる必要ないと思いますよね？//うーん。ええ。//そのー、「日本人になりなさい」とか、「完璧な日本語を話しなさい」とか・・・は、あのー、学生たちに言わないし、望んでもいないです。「あなたらしい日本語で結構です」って。で、あなたらしい日本語で、あなたらしい日本語のほうが、あなたが注目されますと。日本人と同じ日本語を話しても、日本人の一人ですよと。かえってそっち、あなたらしい日本語が、希少価値があって、社会から求められているんですと。
　　　　　　　　　　　　　(インタビュー1回目：2010/8/27)

　筆者による「日本語を教える際に日本人の日本語を目標とするのか否か」という問いに対する回答として初めに語られたのは、【あなたらしい日本語】といったキーワードであった（①）。そして、日本語を勉強しているからといって、「日本人」のように話す必要は必ずしもなく、「日本人の話すような日本語」を完全にコピーできたからといって、そ

こにはあまり意味がない（②）と教師Lは語っている。日本語を話しているからといって【究極的には日本人になる必要】はないのだから，【完璧な日本語】を求めるようなことも教師Lはしないのだという（③）。そして，教師Lはここで英語を例にして，今述べたことの根拠を語り始めた。

【語り13】
　　L：今，英語もね，いろんな英語があって，かえって，国際会議で，いろんな英語が話されてるんですけど，アメリカ人のように英語を話したからといって，その人が注目されることないですよ。ちゃんとした，論理的に文脈のある話し方をできるとか，話している内容とか，そういうのが評価される対象であって，必ずしも，ハリウッド映画に出てくる，あるいはニュースキャスターのような英語を話すからといって評価されるわけじゃないですよね。
　　　　　　　　　　　　　　　　　（インタビュー１回目：2010/8/27）

　教師Lが英語の例を出して説明しようとしているのは，「一つの言語」とされているものの内部にある雑多性や多様性の存在と，それをより重視していくべきだといった教師L自身のことばに対する考え方である。【語り12】に示したように，教師Lは，学習者に，日本語を話すからといって必ずしも【日本人にならなくて】もよく，【むしろ，ときどき発音が違ってもいい，ときどき表現が変わってもいい】と話すというが，こうした考え方は，アメリカ滞在時の経験と密接に結びついていると思われる。そこには，【さまざまなバックグラウンド】をもつ人々が「ネイティヴ」であろうとなかろうと，英語という言語を媒介にして【対等に語り合う】空間があり，言語の形式が正しいか否か，「アメリカ人のように」話せるか否かではなく，話される内容がより重視されるという場があったのである。事実，教師Lはアメリカでのこのような空間のなかで，2.2で取り上げたように，「自分は韓国人なのか，日本人なのか」といった，国家の枠組みを基準にして捉えていた自身の本質主義的なアイデンティティ観を変化させていき，ことばの捉え方も大きく変化させ

ていった。

　また，以下では，教師Lのこのような考えは自身の韓国語使用の場面においても培われてきたと語られている。

【語り14】
　L：①<u>あなたらしさというのは，きっと文法書に書いてあるような日本語じゃなくて，結構韓国人っぽくってもいいんですよ。</u>とても新鮮な響きがあって，新しい日本語のように聞こえたりして，いいんですよ。②<u>日本人のように日本語を話そうなんて思わないでください。</u>決してそれは，魅力のある日本語でもないし，おそらくできないでしょう。私が韓国語を韓国人のように話せない，でも韓国人の話せない，韓国人の思いつかない，そういう韓国語をときどき話して，人から褒めてもらったりしますから，あなたらしい日本語を追求して結構ですと。

　　　　　　　　　　　　　　　（インタビュー2回目：2011/3/18）

　教師Lのいう「あなたらしさ」とは，【文法書に書いてあるような日本語】ではなく，その学習者が日々使用していることばに影響を受けた【韓国人っぽい日本語】のことを意味しているのだという。教師Lは，これまでのインタビューのなかでたびたび，「韓国人」，「日本人」といった既存のカテゴリーではなく，「【あなたはあなただ】と見られたい」と語っていたが，そのような考えは，日本語教育の現場で学習者の発話のなかにも「あなたらしさ」といったものを求めていこうとする教師Lの姿勢にも映し出されている。そして，それは，教師L自身，【ピュアな韓国人】のように韓国語を話すことはできないが，【韓国人の話せない，韓国人の思いつかない，そういう韓国語】を自分はつくり出してきたという経験とそのことに対する自負にもとづいているようである。このような自身の英語や韓国語の使用場面で培われてきた言語観から，教師Lは日本語の雑多性や多様性を積極的に示し，【日本人が話す日本語】を求めるといった発想への再考を学生に求めているのである。

　このように，【完全にどこかに所属させられる】ことに違和感を抱き，

「日本語」が「日本人」によってのみ話されている言語ではないこと，言語の境界も，国民の境界ももっと混沌としているものであること，その関係も1対1で結びつくようなものではないといったことを学習者に提示する実践を試みている教師Lは，それらを象徴的に示すためものとして，自身の名前やこれまでの言語経験の語りを「利用」していた。
　しかし，このような，「本名の姓」＋「本名を日本語読みしたものをハングル表記した名」を用い，自分の【国籍は韓国】だが，【韓国系日本人】だと名のることは，「【ネイティヴ先生】であるのに，そうではないと誤解されてしまうこと」を回避し，いわゆる「正しい日本語」を話すことができる「【ネイティヴ先生としての商品価値】を証明すること」も視野に入れたものであった。こうして，日本にも韓国にもどちらにも完全には帰属していないことが明示化できる通称名を韓国で用いることで，教師Lは，「韓国人教師」や「日本人教師」との差異化を図り，他の教師とは異なる自身の位置を日本語教育において確立しようとしてきたのである。

第3節
【事例3】「日本語」を「言語資本」として意識する教師E

3.1　教師Eの略歴
3.1.1　「在日コリアン」であることを徹底的に隠す～学生時代に関する語り

　教師Eは「在日コリアン」2世の両親をもつ，1971年生まれの「在日コリアン」3世の女性である。京都と名古屋を行ったり来たりしながら成長したというバックグラウンドをもつ。そんな教師Eは，小学校6年生になるまで，自分が「在日コリアン」であることをまったく知らされずに育った。
　教師Eは，中学に入学するにあたって市役所に戸籍を取りに行った際，初めて自分が「在日コリアン」であるということを知ったという。教師Eは，自分の戸籍を目にしたとき，【「あれ？」みたいな，「韓国ってど

この国？」みたいな感じ】だったと語った。【戸籍のことを母に聞いたら初めて「あなたは実は国籍は韓国なのよ」】と言われて非常に驚いたと当時のことを振り返っている。中学に入学するまで，自分自身が「在日コリアン」であることを知らなかった教師Eは，それが自分の本名ではないことなどまったく知らず，ずっと通称名を使って生活していた。しかし，「在日コリアン」であることを知った後も，通称名のみを使用し，極力，韓国に関連のあるものには近づかないように過ごしてきたようである。「在日コリアン」であることがばれたら，いじめの対象になるかもしれないと心配した教師Eの母親は，生活の隅々にまで気を配り，家のなかにはキムチなど，韓国を連想させるようなものを一切置かなかったという。そして，教師E自身も，気遣う母親の姿を見て，自分自身も他の誰かに気づかれてしまうことがないよう，【とにかく目立たず，とにかく静かに】学生時代を送ったという。

このように，自分が「在日コリアン」であることを他の誰にも知られてはいけないこととして教師Eが考えるようになったのは，小学校のときに「在日コリアン」の友人がいじめに遭っていたからである。そのとき，教師Eは，いじめに加担するようなことはしなかったそうだが，かといって，積極的に助けようとしたわけでもなく，【「ふーん」っていう，「ああ，そういう人たちもいるんだ」】と傍観してしまっていたのだという。

しかし，中学入学時に，自分も【「そういう人たち」っていうふうに見られる側の人間だった】ことに強い衝撃を受け，【自分がそっち側】であることがばれることだけは絶対に避けたいと教師Eは強く思ったようである。「在日コリアン」であるというだけでいじめに遭っていた友人の姿を見ていた経験があるからこそ，教師Eは【そっち側】にはならないよう，細心の注意を払って日本での生活を送ってきたのだと語った。このような経験から，教師Eは，大学卒業まで一貫して通称名を用いていたのだと思われる。大学時代には，韓国籍ということもあって，大学側から「在日コリアン」や韓国人のサークルを紹介されたこともあったようだが，彼らとは交流の機会を一切もたないようにしてきたと語っている。

【語り1】
　E：わざと在日の人たちを避けてきたのかっていうところを，嫌ですけど一つ一つめくっていくと，あるなと。そういう在日韓国人たちと一緒にいると自分も被害を被ってしまうんじゃないかっていう，そういうのが。あんまり認めたくないんですけど，たぶんあると思います。それは自分の嫌な部分ですね。

（インタビュー1回目：2011/8/26）

　教師Eは，このように，韓国に繋がりうるものとは極力距離を置くようなスタンスで日常生活を送っていたのである。そんな教師Eは，大学3年生のときに初めて韓国語の勉強を始めた。「在日コリアン」2世の母親でさえも，近年の韓国ブームでようやく韓国語を勉強し始めたくらい，家庭のなかでの韓国語使用はゼロであり，韓国語に対して，何か強い愛着をもって教師Eは育ったわけではなかった。実際，韓国語を勉強し始めたのも，大学の時間割の空きコマを埋めるために韓国語のクラスを履修したことがきっかけだったと述べている。しかし，【自分の国ってどんな国だったのかなっていうのをやっぱり知りたかった】という秘められた思いもあり，韓国語学習を始めたのかもしれないと当時を振り返っている。結局，傍から見れば，「日本人」の学生が「外国語」として韓国語を学んでいるような感じで，教師Eは大学の韓国語教室に足を運んでいたという。

3.1.2　本名を名のっての初めての生活〜会社員時代に関する語り

　そんな教師Eにとっての一つ目の大きな転機は，日本に拠点を置いている韓国関連の会社への就職だったのではないかと思われる。教師Eはその会社への就職を境に，それまで20数年間使ってきた通称名ではなく，本名を名のることにしたという。日本国内の職場ではあったが，毎日韓国語を使うようになったのである。一貫して通称名を名のって生活し，韓国に繋がりそうなものとは一切関わりをもたないように過ごしてきた20代前半までの人生とは大きく異なり，一転して，本名である韓国名を名のり，韓国語漬けの毎日を送るようになったのである。

3.1.3 「帰韓」後の生活に関する語り

　教師Eはその職場に7年近く勤めた後，大学院で日韓の歴史を研究するため，2003年に韓国に引っ越してきた。旅行や仕事で何度か韓国に滞在したことはあったが，居住するのはこのときが初めてだったという。
　日本語を教え始めたのは，それからすぐのことで，通っていた語学堂[7]で知り合った留学生からの紹介がきっかけだったという。初めて日本語を教えたのは，規模も比較的大きなA学院で，そこでは主に会話のクラスを担当していた。しかし，A学院の勤務体系がだんだん合わなくなり，約1年半後に，B学院に移ったという。現在も勤めているB学院は，日本の大学受験のためのEJU（日本留学試験）対策の学院で，そこでは，既に【最古参になるぐらいの一番古い教師になって】いるという。現在では，授業の他に，学院の中心的な仕事も担うようになり，この他，プライベートでも日本語を教えたりしている。また，「在日コリアン」の日本語教師が集う会の事務担当なども務めており，大学院の博士課程に籍を置いて日韓の歴史研究を行ってはいるが，教師Eの生活のなかでは日本語教育関連のことがかなりの比重を占めているようである。

3.2　二つの名前の完全な使い分け

　教師Eとインタビューのために初めて会った際，2枚の名刺が差し出された。そのうちの1枚は，大学院の博士課程の学生であることを示す，本名の韓国名が書かれている名刺であった。そして，もう1枚は，学院に所属している日本語教師であることを示す通称名が書かれている名刺であった。教師Eは，プライベートな人間関係や研究の分野では本名である韓国名を名のっているが，日本語教育に関連のある機関などでは日本で使っていた通称名を名のっている。教師Eは異なる二つの名前を完全に使い分けて生活しているのである。

【語り2】
　　＊：それで，先生は大学院のほうでは，박미향［パクミヒャン］を
　　　［筆者注：名のっているんですか］・・・？
　　E：そうですね。もう完全にパスポート名ですから，［筆者注：授業

の]申請するときもパスポート名と通名［筆者注：通称名］，おかし
　　いですよね，変わってたら。なので，まあそのまま。
　＊：［筆者注：通称名を使うのは］日本語教育のときだけっていうこと
　　ですか。
　Ｅ：はい。なので，まあ，本当にそうですね。学院行って個人指
　　導っていうときは日本名を使って，大学院のときは完全に韓国名。
（インタビュー1回目：2011/8/26）

　前述のとおり，教師Ｅは韓国で日本語を教える仕事をしながら，大学院に通っているが，大学院では，박미향・朴美香［パクミヒャン］という本名を，そして，日本語の学院やプライベートで日本語を教える際には，南美香という通称名を使用している[8]。このように，教師Ｅは，異なる二つの名前を，場所によって完全に使い分けているというのである。
　それでは，教師Ｅは，韓国において，どのようにして二つの名前を使い分けるようになったのだろうか。まずはその経緯を辿っていく。

【語り3】
　Ｅ：(1)一番初めにＡ学院に行ったときに，とりあえず日本名使って
　　くれと。私たちのクラスは中級会話のクラスで，ネイティヴクラ
　　スっていうのを売りにしている，そういうクラスだったんですよ。
　　（中略）学院の事務だけをされている担当の先生がいらして，その
　　先生から(2)日本人として振る舞ってくれというふうに言われまし
　　て，(3)「ああ，やっぱりそうなんだ」，「でも確かにネイティヴク
　　ラスだってことを売りしているからそれは仕方がないだろう」と
　　いうことで，何の抵抗もなく，「ああそうですか」みたいな感じ
　　で，「構いませんよ」っていう感じで，ずっと通名で来てしまっ
　　て。
（インタビュー1回目：2011/8/26）

　教師Ｅは韓国に来て，一つ目のＡ学院で日本語を教えることになった際，【とりあえず日本名を使ってくれ】(1)，【日本人として振る舞って

くれ】②と教育機関側から頼まれ，それ以降，日本語教育の現場では一貫して，通称名を使用しているという。日本での就職以降，本名のみを名のるようにしてきた教師Eだったが，韓国で日本語教育に携わるようになったことで，再び，通称名によって人間関係を築いていくことになったのである。

　それでは，このような事態に教師Eはどのように反応したのであろうか。

　日本では，韓国籍をもつ「在日コリアン」であることを隠すといった差別回避のために，教師Eは通称名を名のっていたが，韓国ではそのような状況に置かれているわけではなく，当初は必ずしも通称名を使う必要性は感じていなかったという。したがって，再び通称名を名のらなければならないという事態になり，教師Eは多少，驚いたと語っている。

　しかし，【語り3】の下線③に示したように，【ネイティヴクラスっていうのを売りにしている】のだから，【通名を使うこと】，【日本人として振る舞】うことは【仕方がない】ことだと最終的には納得している。そして，このように通称名使用が求められてしまうことに対して，【ああ，やっぱりそうなんだ】といった感想を漏らしている。教師Eは通称名使用が求められてしまうことをある程度予期していたものと思われる。

【語り4】
　　E：それでまだA学院でやっている頃にB学院にも行ったんで，その同じ教師だということがわかるようにしておかなきゃいけなかったんで，初めからこちらも日本の通名でいっちゃったんですね。//はい//決して，うちのそのB学院の院長はそんなに日本名でやってくれっていうふうに言う人ではないですし，これまでに何人か，在日の先生も数名います。そういう先生には全然通名でもOKだし，EJU［筆者注：日本留学試験］を教えてくれる先生なら構いませんっていうことで，そういう強制一切なかったんですけど，私のほうは，<u>もうそのまま日本名でいっそのこといってしまって。</u>

（インタビュー1回目：2011/8/26）

教師Eは通称名使用が強要されていない現在の職場でも，通称名を使って教育に携わっているという。A学院とは異なり，現在勤務しているB学院では，通称名を使わなければならないなどの【強制は一切なかった】にもかかわらず，教師Eは自ら通称名を使うことを選択したという。その理由として，教師Eは，自分の日本語教育におけるキャリアが一貫して通称名で築かれてきてしまったことを挙げ，便宜上，そのまま通称名を引き継いでいくことが自分には「有利」だと判断したと述べている。そして，日本語の個人指導の場面でも同様に，「A学院で教えていた日本語教師の南美香」といった経歴が重視されていることから，通称名を使うようになり，いつの間にか，日本語教育に関連のあるすべての現場で，通称名を使うということが当たり前のことになってしまったと語っている。

【語り5】
E：その後，3カ月後に入った日本人の生粋の先生と二人でずっともう二人三脚でっていう。ええ。
＊：へえ。すごい。
E：感じでやってきているんで，そのK先生っていう，K先生も日本名なので，もう二人で日本名で二人三脚でっていう感じで。決して強制はされてません。なんだけど，日本名使っちゃってます。それに対して，なんか屈折した気持ちがあるかっていうと，私のほうは残念ながら全然ないんです。もうあっけらかんという感じで。「もう行きますよ」みたいな感じで。

(インタビュー1回目：2011/8/26)

自分のすぐ後に赴任してきた「日本人」の日本語教師と6年近く二人三脚で学院を引っ張ってきた教師Eは，その「日本人」の教師と同じように「日本の名前」で「日本語」を教えてきた。そして，そのことに対して，何ら【屈折した気持ち】はないと語っている。【屈折した気持ち】が語られることを筆者が望んでいると教師Eは考えていたのか，【残念ながら】といったことばを補いながら，通称名を使って「日本語」を教

えることへの気持ちを語っているが,【あっけらかんという感じ】で,特別な思い入れなどないことを教師Eは強調している。

3.3 【「有利」な名前】を選択するという語り

このように教師Eの語りを捉えていくと,確かに,B学院での職歴が長くなってきたため,今更,本名である韓国名を名のって日本語を教える気になれないことは理解できなくもない。しかし,A学院からB学院へ移った直後であったならば,通称名から本名への切り替えは可能だったはずである。なぜ,教師Eは通称名で日本語を教えることを選択したのであろうか。キャリアを考え,便宜上,通称名を選択しただけのことだったのであろうか。筆者は,再度教師Eにその真意を確認すべく,教師Eの語りのなかで使われていたことばを用いながら,名前の使い分けが【便利とか楽】だから行っているのかと尋ねた。

【語り6】

　　＊：つまりー,そっち［筆者注：通称名を使うこと］のほうがなんか便利とか楽とかいう,そういうことで？
　　E：そうなんです。もう何だろう。こういうこと言ってはいけないのかもしれないんですけど,本当にいちいち説明するのが面倒くさい。あのー,「なんで韓国人の名前なんですか」とかあるじゃないですか。それにいちいち説明していくのが,面倒くさいので使い分けちゃってる。それが,日本人の先生からいえば,「便利でいいね」とか「やっぱりずるいよね」っていうふうに言われてしまうことになるんですけど。
　　＊：ふーん。そんなこともあるんですか。

（インタビュー1回目：2011/8/26）

教師Eは,授業において,韓国人の名前を用いることによって,「日本語のネイティヴ」教師であるのに【なんで韓国人の名前なんですか】と問われることを非常に面倒だと感じているという。このように,【なんで韓国人の名前なんですか】と学習者が問う背景にあるのは,「日本

語のネイティヴは日本人だけだ」とする発想である。本名で教えている限り，教師Eに対する出自についての説明要求は続いていくが，通称名は，そういった説明要求を回避するための【道具】となるのである。そして，【語り6】はそのまま以下のように続いていく。

【語り7】
 E：やっぱりありますよね。まあ，大半は「便利でいいよね」みたいな感じで，日本人で長くここでずっと教えておられる人たちももちろんいるんですよ。そういった人たちのなかでは，やっぱり外国人としてやるときは大変なときあるじゃないですか。そういうときには，私たちは面倒なときは韓国人になり，それでもう本当に日本人になり，自由自在に見えるらしいんですよ。だから，「楽でいいわね」みたいな，そういう言われ方をしますね。
 ＊：便利というのは，いろいろ日本と韓国の間の問題がとかそういうときですか。
 E：そうですね。そういうときには，なんかこう「ここは危なそうだ」とか「右翼っぽい人多そうだ」と思うと，韓国人の名前でそのまま韓国人の顔していたりとか。日本の人だってそういうちょっと凝り固まっている人いるんで，そういう人たちには「日本人です」みたいな顔して。聞かれるまで答えないっていう。これは一種のずるさだろうと思うんですけど。それをいろいろ，あるものを最大限に使って何が悪いという，一種ふてぶてしいhhh。
            （インタビュー1回目：2011/8/26）

教師Eは，巧みに二つの名前を使い分け，時と場合によって，「韓国人」になったり，「日本人」になったりしているという。こういった「なりすまし」は，教師Eが旧植民地である韓国と旧宗主国である日本とを行き来する際に身につけた処世術でもある。それに対して，日本人の日本語教師からは，時たま【便利でいい】，【ずるい】と言われることもあるのだと教師Eは語っている。このように，名前を選択するという行為は，他人からすれば，「一種のずるさ」のように見えてしまうかも

しれないが，教師Eにとっては，ごく自然のことなのである。自分自身に生まれたときから与えられてきたものを【最大限使って】いるだけのことであり，「そのどこが悪いのか」と逆に疑問を投げかけたくもなるようである。以上のような語りを概観すると，自分に「有利」な名前をその都度使い分けている，といった見方が教師Eの名のりに対する考えには一番近いのではないかと思われる。

　それでは，日本語教育の現場において，教育機関側から通称名を使用してほしいといった要望がなかったら，教師Eはどちらの名前を使ったのであろうか。

【語り8】
　　E：確かに韓国語の名前で来ると，ここはネイティヴのクラスじゃないの？　っていうふうに思う人が絶対いると思うんですよね。だからこそ，たぶん，A学院でも，一番初めに面倒だから日本名使ってくれ，あるなら使ってくれっていう感じだったんだと思うんですね。今考えると，①何にも無意識だったんですけれど，もし言われてなかったら自分はどっち使ったんだろうってhhhh。
　　＊：どっち使いましたか。
　　E：いやー，どっち使ったんでしょうね。うーん，難しい問題です。正直，もう主体性なく言われるまま「ああ，いいですよ」っていう感じで，②もう「そういうもんだ」っていうふうに初めにすり込まれているんで・・・。

（インタビュー1回目：2011/8/26）

　教師Eは，「日本語のネイティヴクラスだから，通称名を使ってほしい」という教育機関側の要望には納得を示し，続けて，「通称名使用か本名使用か」を自分で自由に決めることができる状態だったら自分はどちらを選んだかわからないと語っている（①）。この語りからは，教師Eに選択権が委ねられていたとしても，本名ではなく通称名を選んだかもしれないことが示されている。このような教師Eの名前の使い分けに関する語りを詳細に見ていくと，その使い分けが単に教育機関側からの

強い強制力によってのみ行われているものではないことが読み取れる。「日本語のネイティヴ」なのに,「韓国名」であると不審がられ,自身の生い立ちの説明をしなくてはならなくなるなどの状況を,通称名を用いることによって切り抜けてきたこと(例えば,【語り6】など)からもわかるように,それはむしろ,自分の都合や利益を最大限に考えて行ってきた選択のようである。

しかし,【語り8】の最後に出てきた【「そういうもんだ」っていうふうに初めからすり込まれている】(②) という語りに注目してみると,教師Eの通称名使用を単純に個人の選択として理解することはできなくなる。

教師Eは,初めて日本語を教えた教育機関において,"「日本語のネイティヴ」であるなら,通称名を使用するのはごく当たり前のことである"といった,ある種の【すり込み】が行われたことにより,戸惑いや抵抗もなく,一貫して日本語教育においても通称名を使用してきたと語った。だが,「日本語のネイティヴ=日本人」といった図式が存在していなかったら,どうなっていただろうか。「単一民族国家」観に支えられた「日本語を母語としているのは日本人だけだ」といった前提が存在していなくても,教師Eは日本語教育の現場で通称名を使用することを選択しただろうか。社会人になってからは一貫して本名を名のり,韓国の大学院でも本名を名のっている教師Eが,あえて,韓国で,そして,日本語教育の現場で,通称名を使用する積極的な意味は,「日本語=日本人」という図式が共有されていなかったとしたら,見出しにくい。このように,教師Eの通称名使用を支えていると思われる前提について掘り下げて考え,教師Eの語りを読み返してみると,教師Eの名前の選択を,語りに表れた表面的なことばから理解するだけでは不十分なのではないかと感じられるのである。

3.4 【…てしまって】に隠された意味〜通称名使用への【後ろめたさ】

それでは,ここで教師Eが通称名について語っている箇所をもう一度検討してみよう。教師Eの語りの形式には,実はある非常に大きな特徴がある。

このことに気づいたのは，教師Eのインタビューデータの文字起こしを終え，第4節で取り上げる教師Dのインタビューデータとともに読み込んでいた日のことであった。教師Eのデータのなかでは，教師Dのものとは対照的に，通称名使用に対して【抵抗がない】といった気持ちが繰り返し表現されていたのである。二人の通称名使用に関する語りはなぜこうも異なるのか，と筆者は考えていた。そして，その時，気づいたのである。教師Eの語りのなかには，「～てしまって」「～ちゃって」というくだりが非常に多いということにである。しかも，それは自身の通称名使用に関する語りのなかだけに頻出しているのである。

　　E：何の抵抗もなく，「ああそうですか」みたいな感じで，「構いませんよ」っていう感じで，ずっと通名で来てしまって。

(【語り3】より)

　　E：初めからこちらも日本の通名でいっちゃったんですね。

(【語り4】より)

　　E：そういう強制一切なかったんですけど，私のほうは，もうそのまま日本名でいっそのこといってしまって。

(【語り4】より)

　　E：決して強制はされてません。なんだけど，日本名使っちゃってます。

(【語り5】より)

　　E：それにいちいち説明していくのが，面倒くさいので使い分けちゃってる。

(【語り6】より)

　【通名で来てしまって】，【日本名使っちゃってます】といった語りは，教師E自身のなかに，「通称名ではなく本名を使うべきかもしれない」

といった迷いのようなものがあることを間接的に示していると筆者はこのとき考えた。しかし，この語りからだけでは，それを断定することはできない。そこで，2回目のインタビューでは，そのことを中心に教師Eに直接尋ねてみることにした。

【語り9】
＊：前回お話を聞いたときに，えーっと，私は都合がいいときに，日本名を使ったり，韓国名を使ったり，ちょっとここは場所的に韓国名より日本名のほうが楽そうだとか，逆のパターンのときもあって，そのときどきによって有利な，都合のいい・・・。
E：　　　　　　　　　　　　　　　　　　　　　　[楽な。
＊：楽な，はい。というふうに名前を使い分けるというお話があったと思うんですけども，その一方で，①先生のお話をずっと読んでいると，「日本名を使ってしまって」，「使っちゃって」っていう，なんていうんでしょうか，「ちゃって」「しまって」ということばで語られている部分がすごく多くて。
E：②へー。そうなんだ。ああ。〈表情が変わる。顔が真っ赤になる。(フィールドノーツより)〉
＊：し，③資料をもう一度読み直したときに・・，「しまって」というものがとても多かったもので・・，なんかそこには意味合いがあるのではないかという気がしまして。
E：④基本無意識なんです。
＊：無意識なんですね。
E：⑤でも，そこには後ろめたさがある・・・・・。はー・・，そうですかー。そんな使ってますか。わーー。・・・基本，なんだろ，私はどんな場面でも，あのー，「本名で行きます」という人がうらやましいんですよ。なんでそんなことできるんだろうと。うーん。でも自分はやっぱりできない・・んですよね。そういうことに対する無意識の後ろめたさ。
＊：うーん。

《言語》と《国籍／血統》のズレと教師たちの戦略が意味すること

E：いやー，そうですか，とかいって．

＊：すみません．

E：いやいや，本当にそうなんだなって．あのー，ことばって結構すごいですね．いやー自分もインタビューとかやるんですけど，なんか，本当に無意識がそこここに入ってしまうんですね．

(インタビュー2回目：2011/10/8)

　通称名使用に関して語る際に「～てしまった」という表現が多用されていることを筆者が指摘する（①）と，教師Eは，【へーー．そうなんだ】とやや驚いた様子を見せながらも，その表情は硬く，顔も見る見るうちに赤くなっていった（②）。筆者は，「果たして，こういった質問を教師Eにしてもいいのだろうか」と思いながら，恐る恐る，「～しまった」という表現を多用していることに何か隠された意味があるのかと質問を投げかけた（③）。すると，教師Eから返されたのは，「基本無意識である」（④）ということばであり，当然ながら，教師Eが「～てしまった」という表現を意識して使っているわけではないことがまずは確認された。

　しかし，その後，教師Eは，1回目のインタビューでは語ることのなかった，通称名と本名という名前の使い分けに対する，ある思いを語り始めていった。教師Eは，本名である韓国名をある場面では名のれない自分自身に対して，実は，ある種の【後ろめたさがある】のだという。だからこそ，インタビューの通称名使用に関する語りでは，「～てしまった」という表現を多用していたのだと振り返った。

　前述のとおり，教師Eは人生の大部分を通称名によって過ごしてきている。特に小学校6年生までは，自分の国籍について考えることもなく，両親から与えられた通称名をたった一つの本名だと思い，当然のように使ってきた。そんな教師Eにとって，通称名は【最初から与えられている】ものであり，疑問を抱くような対象にはなりようがないという。だからこそ，通称名を使用することに【何の抵抗もな】いと教師Eは繰り返し主張したのだと思われる。

　その一方で，心の奥底では，本名を名のれない自分への【後ろめた

さ】を抱えているという。どんな場面においても，本名を名のることを自ら選択できる人が【うらやましい】と語り，【なんでそんなことができる】のかとさえ思ってしまうと述べている（⑤）。現在は，韓国社会で生活していて，実際，大学院では本名を名のっているのだから，周囲からの視線を気にして通称名を使っていた日本での状況とは異なっている。日本語教育においても，自分次第で，本名を名のることはできたからである。実際，そういう教師がいるということは教師Eの口からも語られている。

　しかし，教師Eがあえてそうしないのは，「日本語のネイティヴ」であるのに「日本人」ではないことへの説明が求められるという煩わしさ（語り6）や，職場や学生からの評価（語り8）などがあるからである。教師Eは，結局，通称名を使うことによってもたらされるメリットとデメリットを天秤にかけ，通称名を選択して「しまって」いるのである。インタビューのなかで多用された，この「～てしまって」ということばには，こうしたメリットを考え，本名使用ではなく，結局，通称名使用に押し戻されてしまうことへの教師Eの【後ろめたさ】が表出されていると読み取ることができる。通称名を「利用」して，「日本人」の「日本語のネイティヴ」になりきることで，語学市場で優位な立場に立とうとする合理的な考えが見える一方で，通称名を「利用」してしまう自分自身への「後ろめたさ」も秘めているといった教師Eの複雑な心情が語りに示されているといえるだろう。

3.5 「言語資本」としての「日本語」と日本語教育における位置取り

　それでは，通称名使用を選択してしまうことに【後ろめたさ】を感じながら，約8年間，日本語教育に携わってきた教師Eは，「日本語」を教えることにどのような意味を見出してきたのであろうか。

【語り10】
　＊：あのー，日本語を教えることを先生はどのようにお考えなんでしょうか。えーっと，大学院はまた別の専攻を，えー，歴史をされてますけど，日本語を教えることも先生にとっては重要な生活

の一部っておっしゃっていたので。

E：まあ，韓国に来てから成り行きで日本語を教えることになってしまって，韓国に来たのは大学院に入るために来たんで，日本語を教えようと思って渡韓してきたわけじゃないんですね。ですから本当に，あれよあれよっていう間に巻き込まれて教えていたので，お恥ずかしい話なんですけど，<u>私にとっては日本語っていうのは生活するためのただの手段っていう形で，高い志っていうのは実はまったくなかったんです。hhh本当に生活するための手段でしかなくって，自分は日本語がネイティヴなんだから，それを使って生活費を稼ぐっていう感じでしかなかった。</u>

(インタビュー 2 回目：2011/10/8)

教師Eが「帰韓」したのは，そもそも「日本語教育に携わるため」ではなく，韓国の大学院で歴史を研究するためだった。【「なぜ自分たちは差別される側だったのか，差別されなければならなかったのか」】ということへの強い関心があり，【自分のルーツを歴史的に理解】していきたいという思いから，日本での会社勤めをやめ，歴史を研究する道を教師Eは選んだのである。したがって，教師Eにとって「日本語」を教えるということは，研究生活を続けていくための生活の【手段】であり，ただ単に偶然就くことになった仕事にすぎなかったのである。

だが，日本語を教え始めて 8 年の歳月が過ぎた。当初は日本語を教えることを【稼ぐための手段】と考え仕事に励んでいた教師Eだが，近年は，「在日コリアン」教師が集う研究会（以下，「F会」とする）にも活動の場を広げ，徐々に日本語を教えることに対する意味についても考えを深めていっているという。

【語り11】

E：日本語教育での自分たち［筆者注：在日コリアン］の存在意義というか，存在している状況，そういうことについて意識するようになって，まだ本当に意識して，もう 8 年近く教えている割には，まだ 2 年にも経っていないぐらいなんですね。だから，まだ本当

に考え始めて，よちよち歩きの‥本当に何ができるんだろうかって。（中略）忙しいなかでじゃあ，できるとすれば，せいぜい今のところはF会の使いっ走り，これを一生懸命させていただいて考えながら，ここから組織のなかで何かするときに尽力できればいいなと。

(インタビュー2回目：2011/10/8)

　もともとは「日本語」を【生活するための手段】としてしか捉えていなかった教師Eだが，現在では，日本語教育における「在日コリアン」の【存在意義】について，そして，「在日コリアン」が「日本語」を教える意味とは何かについても考えるようになったという。また，F会の活動に携わっていくなかで，教師Eは，「在日コリアン」教師のパイオニア的存在である「在日コリアン」2世の日本語教育経験を聞く機会にも恵まれ，【自分も何かを考えなくてはならない】と思うようになったという。明確な答えはまだ摑めていないと語っているが，F会での事務的な仕事を担当しながら，ゆっくり考えていくつもりなのだという。
　このように，日本語を教える意味については明確には語られなかったものの，F会の活動に参加する意味については，教師Eはかなり明確なビジョンをもち，【尽力できればいい】と語っている。

【語り12】
　E：基本的には，本当は理想的にはこう言いたいんですよね。私は日本人でもあり韓国人でもあるって実は言いたい自分っていうのがあるんですが，でも実際は，私は日本人にもなれないし，韓国人にもなれない。これが偽らざる気持ちですね。やっぱり，私たちは韓国人にはなれないですよ。ええ。もう生まれもっている背景っていうのは，そう消すことはできなくて，結局，①夢をもって韓国人にもしかしたらなれるんじゃないかっていう希望をもって来た若い人たちが，②韓国にすごく失望して，本当に失意をもって帰ってしまう。そしてもう二度と韓国なんかっていうふうに言う人もいるんです。そういった人たちを見るにつけ「本当に

そうだよな」と。彼らの気持ちっていうのは本当によくわかる。自分もそうなんですね。ただ自分は，運がよくて，受け入れてくれる人がいて職場の学院長にもすごく感謝しているけど，仕事もくれる人がいて生活もできるし運がよかったんで本当に居続けることができるんだけれど，③ちょっと運が悪かった子たちっていうのは，定職っていうか定期的な就職口もなくて収入もなくて，結局お金が切れて「結局自分は，韓国人にもなれなかったんだ」って言ってやっぱり帰るじゃないですか。それは本当に残念なことなんで，④だからこそＦ会っていうのも実はそこが出発点だと思うんですよ。そうやってどうしても日本人になれないって言って夢をもって韓国人になれるんじゃないかっていうふうに来る人たち。その人たちを，その人たちは絶対に韓国人になれないんですよ。でもその人たちがなんとか韓国にいられるように，私たち在日で組織をちゃんとつくって，そして彼らを助けてあげられるような情報網をつくりたいというのがあるんです。

(インタビュー2回目：2011/10/8)

　教師Ｅは，教師Ｅ自身がそうであったように，韓国で生活することで「韓国人になれるのではないか」と希望をもって渡ってくる「在日コリアン」が多数いることを語りのなかで取り上げている（①）。しかし，その一方で，韓国社会に完全には適応できず，仕事も見つからず，お金もなくなり，失望して帰っていく人々も少なくないと指摘している（②・③）。Ｆ会は，そうした状況に陥りかねない人々に「日本語」を教える仕事を斡旋したり，さまざまな情報を提供したりして，韓国社会で生きていくことをサポートしているという（④）。教師Ｅはこうした活動に自らの使命感のようなものを感じて深く関わるようになってきたのだが，慣れない土地に「帰韓」した「在日コリアン」が最終的には「日本語」を頼りに韓国社会での生活を安定させていくさまざまなケースを見聞きしていくなかで，次第に，生まれながらにして身につけた「日本語」というものは，自分たち「在日コリアン」にとって十分「利用」しうる「武器になる」という認識を強めていったという。

個人のもつ文化的な「資産」のことを「文化資本」と呼んだBourdieuは，特に，言語能力に関して「家庭環境に由来する言語的有利さ」を意味する「言語資本」ということばを用いているが，この「言語資本」は，「言語の価格形成のさまざまなメカニズムに及ぼしうる権力であり，価格形成の法則を自分の利潤に合わせて作動させたり，特定の剰余価値を引き出したりする権力」(Bourdieu 1980 = 1991：158-159) になると述べている。日本で生まれ育った「在日コリアン」にとって，「母語」として身につけた，流暢に使いこなせる「日本人のような日本語」は，「帰韓」した韓国社会において重要な「言語資本」と見なすことができる。そして，それは，例えば日本語教育という「言語市場」においては，彼らを「有利」な立場に導く権力としても機能するものなのである。
　このように，教師Eは，自分だけではなく，多くの「帰韓」した「在日コリアン」が「日本語」を用いて韓国社会に参入していく姿を見ていくなかで，生まれながらにして身につけた「日本語」を「言語資本」とし，最大限に利用するということを明確に意識するようになってきた。したがって，このように教師Eが考えるようになっているのであれば，その資本がもっとも評価されるようにしようとするのは当然のことのように思われる。自身の「日本語」がもっとも評価される形態を手に入れるためにも，対外的な表象の部分において「日本人」を装うことが，「言語資本」の観点から見て「合理的」だったのである。したがって，教師Eは，日本語教育という空間に自分自身をより「有利」に位置づけるために，あくまでも，肯定的に通称名を「利用」しているといえる。
　確かに，通称名の使用に対しては，【後ろめたさ】も抱いており，「日本語」を「言語資本」として捉えているからといって，通称名を【道具】として自由自在に使いこなせるようなものとして完全に割り切って考えているわけでもないようである。しかし，教師Eはそのような複雑な思いを抱く通称名を戦略的に「利用」することを通じて，「「日本語のネイティヴ」なのに「非日本人」であるのはなぜか」などの経歴に関する説明要求や投げかけられるまなざしから逃れ，「十全」な「日本人」を装うことに成功してきた。それにより，教師Eは「日本人」＝「日本

語のネイティヴ」教師の位置を取ろうとしてきたのである。

第4節
【事例4】「日本語話者」の多様性を「したたか」に示す教師D

4.1 教師Dの略歴

4.1.1 3年間の通称名使用～学生時代に関する語り

　教師Dは1970年に神戸で生まれた「在日コリアン」3世の女性である。2世の父親と日本人の母親から生まれ，【正月の午前中は韓国の法事，チェサをして，午後になったら日本のお節料理を食べ】るような家庭で育った。小学校のときは朝鮮学校に通っていたが，6年生のときに学校でいじめに遭い，登校拒否になってしまったことがきっかけで中学校からは日本の公立学校に通った。進学や就職などのことまで考えていた両親からは，人生の選択肢の幅を広げるためにも，民族学校から日本の学校への転校を前々から勧められていたということもあり，教師Dはこのとき，迷わず，日本の学校に通うことを選択したという。

　日本の公立学校に通うことになった教師Dは，中学校の3年間，「石川紗希」という通称名を使った[9]。そのときのことに関して，教師Dは，それでも他の学生たちは「在日コリアン」であることを【なんかかぎつけてましたね】と語っている。この語りからも，教師Dが「在日コリアン」という出自を完全に隠して日本の学校に通っていたことが読み取れる。【家にチマチョゴリを着た祖母がいるわけでもないし，母親が日本人だったからキムチが食卓に出てくるわけでもなく，確固たる証拠もなかった】はずなのに，【なんか在日やっていうふうに思われてたみたいで】，【やっぱりこういうのは隠されへんのやと子ども心に，みんなばれてしまうんや】と，自身の出自が周囲に明らかになってしまうかもしれないことに対する当時の恐怖心が語られた。

　その後，教師Dは，日本の公立学校に進学したのだが，そこからは，自らの出自を隠すようなことはやめ，本名を名のることにしたという。中学校のときに感じたあの恐怖心から解放されたいと強く思ったからで

ある。教師Dが通った高校は比較的長い歴史をもつ学校で，それまでにも「在日コリアン」の学生がいなかったわけではないが，教師Dはその高校では初めて本名を名のって通った学生となった。その後，大学に進学し，就職した後，日本に10年ほど居住していた韓国人男性と知り合って結婚し，1996年，26歳のときに韓国に【来た】。高校のときに一度韓国を旅行したことはあったが，韓国に居住したのはこのときが初めてだったという。

4.1.2 【ジレンマをどうにかしたい】〜韓国における日本語教育に関する語り

　日本語を教える仕事は，引っ越してきた次の月から始めたという。【いやー，もう生活苦ですよ。hhh差し迫ってましたから】と教師Dは語っていたが，もともと英語講師として日本で働いていた経験があり，【人に教えることが好き】であったため，日本語教育は教師Dにとって【取っ掛かりやすい仕事】だったようである。初めての教育現場は，ソウル郊外にある小さな学院（日本語学習塾）で，当時は韓国語があまり上手ではなかったため，上級日本語の会話クラスを担当することが多かったという。しかし，半年もすると，教師Dは学院で教えることに限界を感じるようになり，【大学で教えたいなと思ったし，企業にも行きたい】という思いを抱くようになった。そのとき勤めていた小さな学院では，【同じテキストで教育し，［筆者注：毎月］一日になったら生徒だけ入れ替わ】るシステムが採用されていたという。新しいテキストを自由に使えるわけでもなく，決められたとおりに，毎月同じことを繰り返さなければならない学院の仕事に，教師Dは興味を失っていった。【テキストだけがだんだん手垢がついて真っ黒になって】いくのを見てうんざりしたという。

　その後，教師Dは，【日本語を教えながらいつもジレンマがあって，他の［筆者注：現場で］仕事がしたい】とさらに強く思うようになり，そのためには，もう少し学歴をつけておく必要があるのではないかと考え，まずは修士課程に進学することにしたという。だが，このとき，教師Dが自分の専攻として選んだのは，日本語教育ではなく，韓国学であった。

【最終的にはこっちで勉強して，日本の大学で教えたいなと思っていたんで・・・。日本語を勉強したら日本に帰って使えない】と思ったからだそうである。さらに続けて教師Dは以下のように語った。

【語り1】
　　D：大学院入るときにすごい言われたんですよ。［筆者注：知人は］やっぱり先見の明があるから日本語教えられる人増えているし，これから仕事がだんだんなくなってくるから，自分らの時代はよかったけど，これから先はなくなってくるし，在日はやっぱり肩身が狭くなるでって。ネイティヴ日本人，名前も日本人で，そういう人を好む時代になってくるから，在日で日本語を教えるのはそんなに楽ではないっていう，そういう時代はもう終わりつつあるっていうのを教えてくれたんですよ。
　　　　　　　　　　　　　　　　　（インタビュー1回目：2011/8/23）

　教師Dよりも15年ほど早く「帰韓」した知人の「在日コリアン」教師に大学院進学のことを相談したら，「日本人のネイティヴ」日本語教師も韓国国内で増えてきているため，「ネイティヴ」教師であっても「在日コリアン」は【肩身が狭くなる】のではないかというアドバイスが返ってきたのである。それにより，教師Dは日本語教育を専攻するのをやめ，韓国学，そのなかでも歴史を専門にすることにしたという。
　修士課程を終えた後，教師Dは，他の「在日コリアン」教師の紹介で【念願の大学の時間講師】の職をすぐに得ることができた。ソウルから少し離れた都市にあるA大学で，契約期間の2年間，熱心に日本語教育に携わった。しかし，【2年が終わった時点で，「また博士修了はしとかなあかんな」と思っ】たという。それは，講師控室での【お互いに博士号をもっているか，もってないかっていうようなその雰囲気】を感じていたからであり，【「うわぁ，これは長いことできないな」というのを直感的に悟っ】たと語っている。
　A大学での任期が切れ，再びソウルに戻ってB大学で時間講師をすることになった教師Dは，仕事と両立しながら，今度は博士課程に進学す

ることを決めた。それ以降は，博士論文の準備をしつつ，学院や大学だけでなく，企業や公的な機関での日本語教育にも携わっている。これまで教師Dが関わってきた教育機関は約10箇所，キャリアは15～16年（インタビュー当時）にもなる。時間講師という立場ではあるが，【韓国にある日本語教育機関のほぼ全種類を制覇した】のではないかと語っている。

4.2 使い分けなくてはならない名前

インタビュー冒頭で，【ネイティヴ日本人，名前も日本人で，そういう人を好む時代になってくるから，在日で日本語を教えるのはそんなに楽ではな】くなるという語りがあったが，これまで取り上げてきた教師同様，教師Dの場合も，日本語教育においてどのような名前を用いて教育に携わるかということがインタビューのなかでの一つの重要なテーマとなった。

【語り2】
*：日本語のネイティヴスピーカーとして日本人っていうのをすごく求める時代であったりするので，自分の名前をどうするかっていうのをすごく悩んだという在日の先生方がいらっしゃったんですけども・・・。
D：名前の問題ね。
*：はい。先生はどう・・・。
　　　　　　　　[
D：　　　　　ありましたよ。
*：ありましたか。
D：ええ。大学では通名使ってくれって言われました。日本人のふりしって言われました。はっきり。
*：はっきり？
D：ええ。最初，抵抗ありましたけども，もうそういうことだから「いや，韓国人の名前を使うんだ」っていうような，そういう意固地になる，そんな理由もなかったですし・・・。

（インタビュー1回目：2011/8/23）

日本人の母親をもつ教師Dは，家庭のなかでは，下の名前は通称名で呼ばれてきた。それは，現在でも同じで，実家に帰れば，家庭のなかでは「紗希」と呼ばれる。しかし，「石川紗希」というフルネームで通称名が使われたのは，実質的には中学時代の3年間だけである。それ以降は通称名を使う機会はほとんどなかった。それにもかかわらず，教師Dは，勤務することになった大学で，通称名を使うようにと命じられ，シラバスの教員名の欄にも通称名を出さなければならなかった。それに対して，非常に強い不満があったといい，【何なん，なんでこっちに来て・・・って】とやや声を荒げて語った。

【語り3】
　＊：そうしますと，<u>先生が通名を使っていた期間っていうのはすごい短いですよね。</u>
　D：そうですね。<u>日本では。</u>
　＊：<u>ですよね。むしろこちらでそれを・・・</u>。
　D：<u>そう。hhhhhだから抵抗ありましたよ。何なん，なんでこっちに来て・・・って。</u>

（インタビュー1回目：2011/8/23）

　教師Dは，結婚を機にさまざまな公的書類から通称名を消してしまった。実際，日本で通称名を名のることもなくなっていたし，もはや自分には必要のないものだろうと考えていたからである。だが，そのことにより厄介な問題にも巻き込まれたという。

【語り4】
　D：困ったのがね，書類が必要やと，給料出したりとかするのに，その通名「石川紗希」なんですけども，［筆者注：今は］「石川」でできた身分証明とかないんですよ。抹消してしまって。<u>外国人登録も通名と本名，併記なんですけども，主人と結婚して通名が出てくんのとかも邪魔くさくなってきて，通名も使うことないから消してしまったんですね。それは困りましたわ。ないんですよ。書</u>

第3章

類が。だから,「あら,困ったな」と思って。なんか必要になったら。[筆者注:韓国では]ビザはいりませんけどね,ええ。パスポートとかそんなん見せたらいいから。ハゴン[筆者注:学院]ってそういうのいるじゃないですか。ハゴンでやっぱりそういう人間が働いてるということで,身分証明あるかって言われたから通名のものはないとかって言って・・・。

*:[筆者注:それに対して]どう・・・[筆者注:対応されたんですか]。

D:たぶん,ハゴンのほうでどうにかしたんでしょう。でも一応入国管理局とかに言われたときは,私在日やからビザ引っ掛かるわけやないですからね。ええ。でも,自分らが悪いんじゃないですかね。仕方ないですよねhhh。[筆者注:だから,私は]出さなかったこと覚えてますよ。困った顔してました。今度日本に行ったときに外人登録また通名復活させなあかんわと思いますよ。今度帰ったらまたやろうかなと思ってますけど。そんなん通名入れたり抜いたりできるんやったら面白いから1回やってみたろかなと思って。hhhもう使うことないから消してしまったんですけど。でももう一度振り返ってみる機会かなとも思います。私のなかで,その名前っていうのを抹消する必要ないなと。その名前使ってた期間もありますから,証拠としてこれは残しとかなあかんなとか最近思い出して。ええ。

(インタビュー1回目:2011/8/23)

　韓国籍をもつ「在日コリアン」の教師Dは,韓国に居住する際,当然のことではあるが,ビザなどは必要ない。何か証明書を提示するとしたら,パスポートということになる。しかし,そのパスポートに記載されているのは本名であり,韓国の日本語教育の現場で使用させられている通称名は併記されていない。もはや,教師Dの通称名が記載されている書類など,どこにも存在しないのである。それにもかかわらず,教育機関側はもともと馴染みのない,既に抹消した通称名を使わせて仕事させていたため,被雇用者だと証明することができず,手続きで問題が起きたのである。だが,それは,教育機関側が悪いのだから,仕方ないと教

師Dは非難し，さらに，【そんなん通名入れたり抜いたりできるんやったら面白いから1回やってみたろかなと思って】と語り，通称名登録に対する皮肉を込めた批判を展開している。しかし，その一方で，次に日本に戻ったら，再び，通称名を併記するような手続きを取ろうかと考えているとも述べ，通称名も，そして，通称名を日本で使用していた期間も，自分の一部なのだといった捉え直しも見せている。

　教師Dの1回目のインタビューの後，他の「在日コリアン」教師からも日本語教育の現場での通称名使用の話を聞いたが，なかには，第3節で取り上げた教師Eのように，日本ではほとんど通称名のみで生活してきたという理由から，本名である韓国名と通称名との完全な使い分けをすることにそこまで抵抗はない，と語る研究協力者もいた。そこで，筆者は，通称名使用に【抵抗がある】と強く主張する，教師Dの発話の意図を十分に理解する必要があると考え，2回目のインタビューにおいては，以下のようにインタビューを進めていった。

【語り5】
　＊：先生が，その－，①本名を使うというのは，通名を日本で使ってたから，[筆者注：韓国でも]通名を使うって[筆者注：いう]先生とは違って，通名を使ってた期間が[筆者注：D先生の場合は]本当に短かったから[筆者注：抵抗があるのでしょうか]？
　D：②そーうですねー。
　＊：そして，③もともと自分の名前ではない名前を使うということに対しても，その・・。
　D：④あー，もー抵抗はありましたよ。⑤通名を使うことによって，在日であることが否定されているじゃないですか。通名使こうたら，まるっきりの日本人になるように，ねー，言われてるわけですからー。日本人にならないといけないの？　それはすごく抵抗がありましたねー。でも本名使ってたら，在日っていうことも，何も言わなくてもわかるじゃないですかー。そこはすごく大きな違いでしたけどねー，ええ。ただ名前だけの問題じゃなしに，その，日本人にならされてるんですよ。日本人のふりせいって言っ

て。日本人として授業して，日本人として受け答えするって言われてますから一，抵抗ありますよ。通名使っても，日本で生まれて育ってるんで一，私のなかには日本のものがあるし，ことばでも韓国語より日本語のほうが断然うまいんですよ。ええ。プラスアルファとして，在日やから，日本で生活してきてますし，⑥だからある意味では，日本人講師よりも，すごいいい，ポジティブな面もってるのに，それを反対に隠せと言って。ええ。だから，押し殺して，まるっきり日本人のふりをしろと言ってるわけですから，おかしい。ええ。偏見じゃないかと思いましたけどね。

(インタビュー2回目：2011/10/7)

　教師Dの【抵抗】感の意味が明確には読み取れていなかった筆者は，「日本では通称名をほとんど使っていなかったのに韓国で使わなければならないことに起因しているのか」と問いかけている（①）。しかし，それに対してなされた返答は，【そーですねー】といった生返事であった（②）。そこで，筆者は，今度は，「自分の名前ではない名前を名のらされることに起因しているのか」と問いかけている（③）。すると，それに対して教師Dは，【抵抗はありましたよ】と返答している（④）が，筆者の理解がなかなか深まっていかないことを見越してか，その後，通称名を使用させられていることに対して抱いている【抵抗】感の意味を具体的に語り始めた（⑤）。教師Dの解釈では，日本式の名前，つまり，通称名を名のらされるということは「在日コリアン」という出自を隠し，【まるっきりの日本人】として，「日本語のネイティヴ」を演じなければならないことを意味しており，教師Dはそれに対して【抵抗】を感じていたのである。それは，本名か通称名かといった名前の使用の問題に留まらず，【日本人にならされている】ということに対しての強い【抵抗】感だったのである。そして，「在日コリアン」には「日本人」とは異なるポジティブな面があるにもかかわらず，日本語教育の現場において【隠せ】，【日本人のふりをしろ】と言われることに対して，それは【偏見】だ，と強い反発を見せている（⑥）。

　しかし，教師Dの通称名使用に対する【抵抗】感は次第に弱まって

いった。なぜなら，教育機関側からの要望どおりに，通称名を使って【日本人のネイティヴ教師】として授業をしつつも，「在日コリアン」かと学生に聞かれたら，素直に自分の名前を表明すればいい，といったことに教師Dが気づいたからである。

【語り6】
　　D：聞くんですよ。最近の子は。先生，日本人ですか，在日ですか，聞くから，うそついたら駄目じゃないですか。ええ。うそつくのは嫌ですから，そこで在日やと言えばいいから，「じゃあ，韓国の名前もありますか」って［筆者注：学生が］言ったら，韓国の名前言えばいいしね。最初はそういうことをやれるとも思ってなかったし，やっぱ反感もっていましたね。「なんや，日本では通名使わなあかんし，こっちに来ても通名使って」とか思って。でもある日に「言うたらええやん」って気づいてね。聞かれもしないんですけど，もう意図的に，在日の話とかにもっていって，先生は・・っていうふうに言わせるんですよhhhh。それで在日やというふうに・・・。それの味を占めて，それから日本の名前を使って。それで，［筆者注：教育機関側に］どっちでもいいですよって言われたら，もちろん韓国の名前使います。ええ。

（インタビュー1回目：2011/8/23）

教師Dは，シラバスには通称名を書き，【日本人として】日本語の授業を担当してきたが，学生に「在日コリアン」かどうか聞かれたら本名を名のればいいと気づいたのである。それによって，最初の頃のような通称名使用に対する強い【抵抗】感は徐々に抱かなくなっていったと語っている。しかし，教育機関側に本名と通称名のどちらの名前を使ってもよいと言われたら本名を名のると語っていることからもわかるように，日本語教育の現場において，通称名を名のり，機会があれば本名も名のるというやり方に，教師Dが100％納得しているわけではないことも読み取れる。

【語り7】
　＊：その教育機関側と，ここでちょっとそれはっていうような［筆者注：韓国で通称名を使用することはどうなのかといった］話し合いであったり，そのなんて言うか，そういうやりとりでもやっぱりやりにくいんですかね。なんで通名じゃなきゃいけないだとか。
　D：そこまで頑張る気力もないしね。たぶんなんか変な顔されるでしょ。キョトンとして。それで向こうもそこまで意地張って本名使いたいんやったら，じゃあ使いなさいって言うかもしれませんけど，どんな理由で切られるか知りませんからね。常に契約っていう問題がからんでいましたし。最初は通名を使えって言われたときにすごい衝撃で「えー？」とか思ったんですけど，教えてるうちに，「あ，これも乗り越えなあかん壁かな」というのを感じて。
　　　　　　　　　　　　　　　　　（インタビュー1回目：2011/8/23）

　契約を更新していく形で日本語の教育に携わっている立場では，通称名を使うように言われているのに，「絶対に本名で教えたい」とは言い出しにくく，言ったとしても相手には，自分のこだわりは通じないかもしれないと教師Dは語っている。また，教師Dは，【やっぱり言う人の背景ですよね】と通称名使用を求めてくる人々のことを取り上げ，通称名を使っていたほうが【ネイティヴの日本語教師として生徒が納得】するといった発想がその人たちによって漠然と共有されていることを指摘している。そして，その語りは以下のように続けられていく。

【語り8】
　D：私が思ってる以上に向こうは深く考えてない。「ええやん，名前ぐらい」みたいな。ええ。でも，在日にとって名前っていうのはそんなんじゃないですから。すごいヒストリーがありますから。その辺のことがわかってない人は平気で［筆者注：通称名を使ってほしいと］言うし，それでわかってないっていうふうにその人を攻撃しても仕方がないじゃないですか。知らんのに。
　　　　　　　　　　　　　　　　　（インタビュー1回目：2011/8/23）

《言語》と《国籍／血統》のズレと教師たちの戦略が意味すること

「在日コリアン」にとっての名前の意味が「わかっていない人」は，「日本語のネイティヴ」教師であることを示すためにも，何気なく通称名使用を求めてくるという。しかし，かといって，その提案に反発し，そういった「わかっていない人」を攻撃しても仕方がないと教師Dは語った。教育機関との契約によって職を得ているという立場にあるため，とりあえず通称名を名のっておいたほうが賢い選択だと考え，教師Dは通称名を使用することを受け入れていったのだと思われる。したがって，教師Dにとって，通称名使用とは，教育機関側との利害の摺り合わせでしかないといえる。

【語り9】
　＊：最近もそういうの［筆者注：通称名を使うように言われることは］あるんですか。教え始めた頃だけ？
　　　　　　　　　　　　［
　D：　　　　　　　　　ありますよ。
　＊：今もですか。
　D：今もあります，あります。ええ。だから今はもう私が日本語の仕事，そんなに手広げてないですけども，［筆者注：在日の］<u>友だち同士で会うたら，自分とこはどう？　在日集まったらもうそんな話になりますから。通名で教えてんの？　本名で教えてんの？</u>って言って。

（インタビュー1回目：2011/8/23）

　最近でも「在日コリアン」教師が集まったら，【どっちの名前で教えてんの？】と，日本語を本名で教えているのか，通称名で教えているのかということが話題の一つになると教師Dは語っている。
　つい最近も，「在日コリアン」教師の友人から，通称名使用に関する相談をもちかけられたという。「【在日や，っていうよりも日本人になってしまったほう】がいいのではないか」，「【その通名を使って日本人のふりし［て］って言われる】くらいなら，【腹立つから日本国籍に変えようかな】」とその友人は言い，それを止めたばかりだと教師Dは語っ

た。通称名を名のって日本語教育に携わるということに不満を抱えている教師が他にもいることが，上記の語りからも窺い知ることができる。

4.3 【カミングアウト】という【仕返し】と日本語教育における位置取り

　それでは，通称名を使用させられることに対する教師Dの【抵抗】感や不満はどのように解消されていくのであろうか。教師Dは，授業のなかで学生たちに「在日コリアン」かどうか聞かれたら本当のことを伝えているが，基本的には，【日本人になりすまして】日本語教育に携わってきた。しかし，そうしていくなかで，以下の【語り10】に示されているように，次第に，「日本人」と名のるか，「在日コリアン」と名のるかによって，学習者の反応が異なるということに教師Dは気づいていった（①）。そして，あえて，自分から「在日コリアン」であることを告げるようにもなったという。

【語り10】
　　D：なんかその着目っていうんですかね。全然，そのー，①日本人としてこっちで日本語教えてるっていうのとまた違う。生徒の反応とかも違うと思うんです。それは私が実際に，日本人のふりしているときの生徒の反応とね，在日やってカミングアウトっていうか変ですけど，生徒の反応が違うから。これは何なんだと。
　　＊：どんな感じで違うんですかね。
　　D：だから，安心してるんですよ。ああ，よかったみたいなね。それならなんでも聞けるわみたいに。
　　＊：やっぱり選ぶ話題とか何かこうー，いろんなものがあるんですかね。
　　D：あるんでしょうね。それはでも全員がそうではないと思いますけども，その安堵するのを見て，この子ら聞きたいことがようさんあるんだと。ええ。在日にも聞けるんやっていうのをそのときに悟って，②じゃあ，授業しょっぱなから言わなくても，大体真んなかぐらいから在日やっていうのを言うてあげたらいいなと思って。ほんなら「前半日本人」で「後半在日」ってhhhh，そ

ういう作戦に出たこともありましたけどね。ええ。ええ。「実は」っていうので真んなかぐらいにね。ちょっと雰囲気盛り上がってきた頃ねhhhh。ほなみんなが「あー」みたいな感じで[筆者注：驚いて]。ええ。③それはだからちょっと，半分仕返しみたいなところで，学校側から通名使って日本人のふりせいって言われたから。うそまでつくようには強要されなかったですけども，そういうふうにしてくださいって言われたことですが，学校は利益もありますし，学生呼んで運営していかないといけないっていうのもありますから仕方がないですけども，そういうのを変えていかなあかんなあと思って。

(インタビュー1回目：2011/8/23)

　学生に聞かれたら，「在日コリアン」であることを伝え，本名を名のるようにしていた教師Dだが，特に学生から「在日コリアン」か「日本人」かと聞かれなくても，学期の途中で「在日コリアン」であることを【カミングアウト】して，学生を驚かせるような「前半日本人」，「後半在日」という【作戦】に出るようになっていったと語った（②）。【ネイティヴに日本人の先生，在日の先生っていうの［が］いたら，バランスがいい】と考えている教師Dにとって，この【作戦】は【そやのに，在日じゃなくて日本人ネイティヴやっていうのを出】させようとした機関側へのある種の【仕返し】のような意味合いを含んでいるのだという（③）。こうした教師Dの【仕返し】は，「日本人」の話す「日本語」を当然のように特権的な位置に置こうとした教育機関側への抗議とその図式のなかに教師Dを無理やり押し込めようとした教育機関側への抵抗の意味をもつ。また，これは，「日本語話者」＝「日本人」という図式を当然のことのように受け取ってきた学習者に対して，実際にはいつもそうした図式が成立しているわけではないという現実を突きつけ，図式の再考を促すという意味をもつ実践だと考えられる。教師Dは自身の属性をある意味「利用」した【カミングアウト】によって，「日本語話者」の多様性を驚きとともに学生たちに「発見」させ，それを受け入れさせようとしているのである。

ところで，教師Dはこのような経験を通じて，「在日コリアン」教師と名のった後に，学生の態度が変わることについても触れている。教師Dの【カミングアウト】を境に，日本語についてだけではなく，さまざまなことを学生と話せるようになるというのである。そして，そうした【安心して聞いてくる】という態度には何らかの問題が隠されており，それは【韓国と日本の間にある歴史問題】に繋がっているのではないかと教師Dは考えるようになっていったという。

　しかし，1回目のインタビューからはその具体的な意味を読み取ることができなかったため，2回目のインタビューでは，さらに【安心して聞ける】ということから，具体的に教師Dが何を主張しようとしていたのか，その意図を確認した。

【語り11】
　　＊：<u>あーよかったっていう安心して聞けることって具体的にどういうこと・・・</u>。前回，なんとなくお話にあったと思うんですけど，具体的にはどういうことなのか，私にはちょっとわからなくてー。
　　D：あー<u>差別の問題</u>です。いじめられたことはあるか，とか。あのー，韓国の教科書とか見たら，そういうことほとんど載ってないですし，聞いたら在日っていう存在がいるのは知ってるんですけど，どうやって生き抜いてきたかとか，差別はあるって知ってるんやけど，その中身は知らないから，どんな差別があるんですかって，いじめられてるんですかって。それは日本人に聞いてもわからないじゃないですかー。ええ。//うんうん//だから在日がどうやって生きてきて，<u>差別は本当にあるのかとか，在日に対する疑問を聞かれるときもありますしー</u>，あとは，その，えー，日本人が韓国人にもってるイメージですか，それは日本人に直接聞けない，聞けないような。今でいうたら，領土問題とか。そういう微妙なことですよね。そんなんは，本当のところはどう思ってんの，とか。教科書のこととかも，本当のところはどうなんですかって。
　　＊：やっぱり，じゃあ，えーっと，前半と後半で［筆者注：通称名か

ら本名に名前を] 変えるときに，教室の雰囲気がかなり変わるっていう？　前回は，「ああー」って感じに [筆者注：学生は驚くと先生はおっしゃっていましたけど]。

D：ああ，在日っていうたらですか。

＊：はい。

D：そうですね。なんでも聞けるっていうみたいにー。<u>それは私の勝手な判断かもしれませんけど，かなり違うんちゃいますか。</u>

（インタビュー 2 回目：2011/10/7）

　日本語を学ぶ学生のなかには，領土問題や「在日コリアン」の歴史，差別の問題なども含め，日韓の歴史問題に敏感な学生も多いと教師Dは語る。自分が【日本人のふり】をして教えているときは，話題にもならないようなことが，「在日コリアン」だと【カミングアウト】することで，話し合いに繋がることもあり，このことが意味していることは大きいのではないかと教師Dは語る。このような学生たちの反応は，日本語を学びながらも，日韓の間に横たわる歴史問題に【複雑な思い】を抱えているからこそだと教師Dは考えている。そこで，【複雑な思い】を抱えていると思われる学生に対して，教師Dは，あるときには【日本人になりすまし】，また，あるときには【韓国籍】であることを強調し【在日コリアン】だと【カミングアウト】するなど，自身の属性を巧みに「利用」することで，そうした問題を学生との話し合いの俎上にのせようとしてきたのである。こうしたことは，周囲から付与される表象や向けられるまなざしを受け取りつつ，それをうまく「利用」する形で，自分が教育現場でできること，すべきことは何かと考えた末の行動だったのではないかと理解できる。

4.4　【純粋な韓国人】でもなく，「日本人」でもなく，【行ったり来たり】する自分

　このように，「在日コリアン」という出自に徹底的に向き合い，「利用」していく形で教師Dが日本語教育に携わっていることは，教師Dによる自身の捉え方とも密接に関わっていると思われる。

【語り12】
　D：私は，ネイティヴ韓国人にはなれないと思いますね。やっぱり在日ですよね，ええ。日本で生まれ育ってますから日本の習慣が身についてるけど，自分の置かれた環境にすごい影響されたのはあるんやろうと。考え方としては在日の考え方もってるんじゃないかなと思いますね。（中略）すごい悩んだ時期もあったんですけども，最近はもう都合のいいように在日になったりとか，日本から来たから日本人になったりとか都合のいいように動いてますから。

　　　　　　　　　　　　　　　（インタビュー1回目：2011/8/23）

　教師Dは，【ネイティヴ韓国人にはなれない】，つまり，韓国で生まれ育った韓国人として自己を規定することはできないと語る。自身のアイデンティティに悩んだ時期もあったが，【都合のいいように在日になったり，日本から来た日本人になったり】して，他者に自己を示せることは，「在日コリアン」であることの利点だと今では捉えているという。通称名使用などを強要されることには強い不満を漏らしてきた教師Dだが，「在日コリアン」であることのプラス面を【積極的に利用】していくというのが，現在の考え方のようである。
　そして，このような空間的，そして，心理的にも「移動」ができるのは，「特別永住者」資格を維持してきたからだと教師Dは語っている。

【語り13】
　＊：その辺はやはりその永住権をもっておくっていうのは，やはり。
　D：手段としてもありますよ。行ったり来たりするのに便利。それだけじゃないですよ。やっぱり根本的にはなんか抵抗感があるんですよね。ネイティヴ韓国人にはなれない。日本に帰化することもできるじゃないですか。私なんて両方の選択権あるんですけども，今日本に帰化しないと困るような，そういう生活をしてるわけやないし。だから，日本人と結婚するとかね。日本の国籍がなかったら公務員になられへんとか，自分がやろうとしてることの

障害になるんだったら考えますけども，そういうような道を避けてきてますし，別にそうしなくてもいいように生きてますから。かえって都合よく生きてるっていうんですかね。

(インタビュー1回目：2011/8/23)

「特別永住者」資格をもっているということは，【手段として】両国を行き来するのにまず便利だと教師Dは述べている。しかし，それだけではなく，それを保持しつづけるということは，【ネイティヴ韓国人】というカテゴリーに入らずにそこからは距離を保っておくこと，また，【日本に帰化すること】という選択肢を残しておくことを意味するのだという。

【語り14】

D：<u>私はそんな</u>［筆者注：「特別永住者」資格を放棄して韓国に完全帰国した人のように］<u>祖国に根付いてって，そこまでできないですよね。自分のなかにある日本的な要素も捨てれないんですよ。ええ。日本人じゃなくて在日として生きてきたそのヒストリー的なものを捨てれない。</u>うん。やっぱり自分の根っこはそこにありますし，といってその韓国人，完全な韓国人になられへんし，だから昔迷った中間的な存在，どっちにも属さなくていい存在。大学のときに自分は何人なんやろうって悩んだことがありましたけど，<u>もう今は楽しいですよ。もう両方行ったり来たりでいいわみたいな。</u>

(インタビュー1回目：2011/8/23)

韓国籍ではあるが，韓国に完全に自分を帰属させるようなことは自分にはできないし，【在日として生きてきたそのヒストリー的なものを捨てれない】と語っているように，日本で生まれ育ってきた，「在日コリアン」としての自分自身の歴史も重要だと教師Dは考えている。このように，日韓の間を空間的にも心理的にも行き来する「在日コリアン」という立場が今の教師Dには一番しっくりくるようである。そんな教師Dは，現在準備している博士論文を書き終えたら，日本語教育を完全にや

めることなく，日本で韓国について教えるような仕事にも就いてみたいと語っている。

4.5 「日本語」・「日本語を教えること」の意味

　それでは，最後に，教師Dにとって日本語を教えることとはどのような意味をもつものなのかを見ていこう。日本語を教え始めたときは，ただ単に【取っ掛かりやす】かったからだと語っていたが，その意味は，キャリアを積んできたこの15, 6年の間に変容してきたようである。

【語り15】
　D：そうですね。まあ，<u>日本語を教えることに意義を感じるよりも，そうそう，在日として教えて，いわゆるメッセンジャーですか。文化的な媒介？</u>　生徒が日本人の先生には聞かれへんことを，［筆者注：在日コリアンの先生だから］「ああ，よかった」って聞いてくる。これがちょっとあかんなと思って。なんかがあるんやろなと。それで私自身，曲がりなりにも韓国の歴史を専攻してるので。それはやっぱり解決してないような問題がありますよね。<u>その偏見とか</u>。そういう歪みを少しでも元に戻せたらと思って。その子らほんまに純粋で何にも知らない子なのに，偏見の目で日本人を見て悪いイメージをもってたりとか，また在日に対しても偏見があるんですよね。<u>そういうのをこの日本語講師っていう立場借りて</u>［筆者注：変えていきたい］。

（インタビュー1回目：2011/8/23）

　日本語を教えるクラスなのだから，日本語を教えなければいけないのは当然だと教師Dは考えている。しかし，大学院で日本語を専攻しているわけではない教師Dは，「在日コリアン」である自分が日本語を教える意味を，【［筆者注：日本語教育］専攻者のように専攻に対する責任とか，日本語を伝えること】には見出していないという。日本語を教えることそのものに意味を見出しているのではなく，【メッセンジャー】や【文化的な媒介】ということばにも表されているように，日韓の間にあるさ

まざまな問題に影響されている【学習者たちの偏見や考え方の歪み】に再考を求めることに自分が日本語の教育を行うことの意味を見出しているのである。そこには,「日本語の話者」としての【在日の存在】を示すこと,そして,【日本の歴史には在日の歴史も含まれる】ことを示し,【在日への視線も変わればいい】という願いも込められているという。「在日コリアン」であることを学期の途中で【カミングアウト】するという【作戦】は,そうした現実を示そうとする実践の一つだと考えられる。このように,教師Dにとって日本語を教える意味は,日韓の間にある溝,偏見や歪みに何らかの形で自分なりに働きかけていくことにあるのである。

【語り16】
　　D：日本ではその韓国のことを日本人の子らに教えて,韓国では日本語教えるっていうふうに。行ったり来たりしてたら,それも結構面白いんじゃないかな。最終的にはその子ら繋げたりとかしたらこれは面白いんじゃないかなとかね。そういうことも考えてますけど。
　　＊：ああ。ここにじゃあさっきの先生のメッセンジャーっていうキーワードが。
　　D：そうですね。繋げてあげて。そしたら教科書とかに書いてあることに惑わされずに,実際にぶち当たってね,「あ,こんなんなんか」って感じてくれたら,それがいいんちゃうかなっていうのは最近思うようになってきてますね。
　　＊：歴史教育とかを先生が興味もたれたのもやはりその辺と繋がりがあって？
　　D：そうですね。だって,いつも両親なんかそういうのでけんかしてたし,毎日じゃないですけども,そういう歴史とかになったら母親のほうは「戦争は終わってるのよ」って言って,父親のほうは「いや,終わってない」とかっていうような。「そんな差別して」みたいな。両方でそう言うてましたから。永遠の課題ちゃいますか,これ。

（インタビュー1回目：2011/8/23）

　教師Dは，【日本に完全に帰るのかっていったらそれも嫌】で，【理想的には両方に住みたい】と語っており，日韓の間を自由に行き来しながら生活していくことを望んでいる。そして，仕事においても両国を【行ったり来たりしながら】最終的には両国の人々を繋ぐようなことがしたいと語っている。【今の感覚では縛られるのは駄目】で，韓国にも日本にも完全に縛られることなく，その間を空間的にも，そして，物事を見る視点においても，両者を常に「移動」し，最終的には，日韓を繋げていくというのが教師Dの今後の目標だという。日本語教育はその教師Dのプランを実現するための一つの手段として位置づけられているということになる。

　このように，教師Dは，日本語教育を，単なる日本語を教えるだけの営みとしてではなく，日韓を結ぶ一つの方法として捉えたり，多様な人々によって日本語が共有されている現実を示したりするためのものとして考えている。こうした教育実践の方向性を探るため，教師Dは，雇用先から一方的に使用することを言い渡された通称名を「したたか」に「利用」してきた。通称名を日本語教育の現場で使用することによって，教師Dは「日本人教師＝日本語のネイティヴ教師」だと学習者に思わせておいて，ある日突然，「日本語のネイティヴ」だが「韓国籍」であること，「在日コリアン」であることを【カミングアウト】するといった【作戦】に出ていたのである。このような戦略により，教師Dは，「日本語のネイティヴ」という位置をとりつつも，【完全な韓国人でもなく，日本人でもない】という独特な位置に自身を留まらせようとしてきたのである。

第5節
「日本語のネイティヴ」内部のヒエラルキーと「日本人性」が付与された「日本語」の存在

　本章では，本名を用いて日本語教育に携わっている「在日コリアン」

2世の教師V，通称名で日本語教育に携わっている「在日コリアン」3世の教師L，E，Dのライフストーリーを詳細に考察してきた。以下では，まず，教師たちのライフストーリーの概要をまとめていく。特に，「日本語」を「母語」とする「非日本人」の「在日コリアン」教師が，「日本語＝日本人」という図式が依然として根強い日本語教育において，他者から付与される表象やまなざしのなかで，どのような位置を確立させてきたのかを中心に概観していく。次に，それを踏まえた上で，彼らの位置取りに関する語りのなかで一つの重要な軸として語られた「名前の選択」について掘り下げて論じていく。そして最後に，本章のまとめとして，教師たちが獲得しようとしている位置やその獲得のために必要とされる戦略がどのような意味をもつのか，また，そのことから照射されうる日本語教育の文脈について論じていく。

5.1 教師たちのライフストーリーのまとめ
5.1.1 教師V

まず第1節で取り上げた教師Vは，結婚した韓国人男性の仕事の関係で1979年に韓国に渡った「在日コリアン」2世の女性である。彼女は，日本語に対して【非常に冷やかな視線】が投げかけられていた時代から韓国社会で生活しており，家庭においても，日本語教育においても，さまざまな困難や葛藤を抱いてきた。教師Vは，「帰韓」当初，日本語を教えることを，韓国社会に参入していくための，自分に残された唯一の【手段】として考えていた。しかし，韓国社会における日本や日本語に対する否定的なまなざしが非常に強かったことや，家庭生活のなかでも日本語使用が制限されていたことから，彼女は，「日本語のネイティヴであること」が【重宝】がられる日本語教育の現場を，自分自身の生命を維持するためのものとして捉え直していった。そして，次第に，「日本語」や「日本語」を教えることに重要な意味を見出していったのである。

そして，こうした意味づけの変化と並行して語られたのは，教師Vによる自身の捉え方の変化であった。教師Vは，韓国に渡った初期の頃，【韓国人にならないといけない】，【やはり韓国人にはなれない】といっ

た思いを抱いていたのだが，そうした思いは徐々に変化していき，次第に【「在日コリアン」でしかない】，そして，【もはや「在日コリアン」ではない】といった思いを抱くようになっていった。さらに，現在では，そうした既存のカテゴリー自体を懐疑的に捉えるスタンスをとるようになっている。しかしながら，教師Ｖが韓国社会での日常生活を語る際に出てくる，こうしたカテゴリーに対する考え方とは対照的に，日本語教育の現場においては，「在日コリアン」というカテゴリーを前面に押し出し，あえて周囲に強調していることがわかるような語りを繰り返していた。教師Ｖは，場によって，カテゴリーに対する考え方や態度を変えていたのである。

　それでは，教師Ｖが，日本語教育の現場において「在日コリアン」というカテゴリーを強調することで成し遂げようとしていたことは何だったのだろうか。それは，「在日コリアン」というカテゴリーを明示化することで，自分自身を「日本語のネイティヴ」教師として位置づけるということであった。いわゆる「正しい日本語」を話す，日本語を「母語」として身につけた「在日コリアン」の教師Ｖではあるが，教育現場でも日常的な社会生活でも使用している名前は本名の韓国名で，国籍も韓国であるため，血統や国籍という観点から「非日本人」と見なされてしまい，「日本語のネイティヴ」として十分な評価が得られにくいという状況に置かれていたのである。「在日コリアン」というカテゴリーに帰属させられることは差別のようなものだと反発を表明する一方，日本語教育の空間においてはそのカテゴリーへの帰属をむしろ強調するという，教師Ｖの一見矛盾した語りの背景には，「日本語のネイティヴ」であっても，「日本国籍や日本名をもたないこと」により，「正統な日本語のネイティヴ」としては見なされないという現実があったといえる。そうした現実に打ち勝つために，教師Ｖは「在日コリアン」というカテゴリーをあえて見せ，単なる「韓国人ではない」ということ，自分は「日本語のネイティヴ」であるということを示し，日本語教育における自分自身の位置を何とか確立させようとしてきたのである。

5.1.2　教師L

　続いて第2節で取り上げた教師Lは，1999年に韓国に渡った「在日コリアン」3世の男性である。彼は，一時期生活していたアメリカでの言語経験に大きく揺さぶられ，国家の枠組みに縛られて自分自身を捉えることに対して違和感を抱くようになり，現在では，「韓国にも日本にもどちらにも完全には属したくない」という考えを強くもっている。彼はこうした【自分は自分】といったアイデンティティの表明のためにも，自身の属性や名前を戦略的に「利用」するという立場をとっている。具体的にいうと，彼は，「本名の姓」+「本名を日本語読みしたものをハングル表記した名」という，一目で「在日コリアン」だとわかる名前（「キムみのる」をハングル表記した名前）を，韓国での社会生活においても，日本語教育の現場においても使用している。また，彼は自らを【国籍は韓国】だが，【韓国系日本人】だと名のっている。

　しかし，このように，教師Lが「日本人風」の名前を用いて自己を他者に表明している背景には，「【ネイティヴ先生】であるのに，そうではないと誤解されてしまうこと」を回避し，「【ネイティヴ先生としての商品価値】を証明したい」という思惑がある。それは，「本名を使用すると【ピュアな韓国人】教師と見られてしまうこと」，そして，「日本で使用していた完全な日本名（例えば，「金井実（かないみのる）」）にしてしまうと日本人教師と見なされてしまう」ことへの抵抗であり，差異の表明でもあった。

　また，こうした名前の使用は，「日本語」が「日本人」によってのみ話されている言語ではないこと，言語の境界も，国民の境界ももっと混沌としていること，その関係も1対1で結びつくようなものではないといったことを学習者に提示しようとする教師Lの教育理念の根幹とも深く関わっていた。学習者が漠然と頭に思い描いてしまっている統一体としての国民や言語といったものに問題提起をしていくという意味合いも含んでいたのである。

5.1.3　教師E

　第3節で取り上げた教師Eは，2003年に大学院進学を目的に韓国に

渡った「在日コリアン」3世の女性である。彼女は，大学を卒業するまでの20数年間，一貫して通称名のみを使用し，周囲には，自身が「在日コリアン」であることを徹底的に隠して生活してきたという経験をもつ。教師Eは，韓国系の会社に就職したのをきっかけに，日本において本名を名のって生活を送るようになったのだが，その後，日本での仕事をやめ，韓国で日本語教育に携わるようになったのを機に，再び通称名を用いるようになったという。それは，教育機関側からの強い要請があったからなのだが，それだけではなく，「日本語のネイティヴなのになぜ韓国名か」といった出自への詮索やその説明要求を回避したいという思いもあったからである。また，「日本語のネイティヴ」ならば通称名のほうがよりよい評価が得られるということを考え，「日本語＝日本人」という図式のなかに自身を「有利」に位置づけるためのものとして肯定的に通称名使用を捉えていたからである。「日本語」を自身の「言語資本」として捉え，その「日本語」がもっとも評価されやすい形で自己を見せることを彼女は意識してきたのである。

確かに，「言語資本」としての「日本語」を意識するあまり，韓国の日本語教育の現場で通称名使用を選択してしまう自分に対して，教師Eはある種の【後ろめたさ】も感じていたが，結局，通称名使用によりもたらされるメリットを得るほうへと押し流されていた。

このように，教師Eは，「十全」な「日本人」を装うことを可能にし，自身を「日本語のネイティヴ」としてより価値づけるものとして，日本語教育の現場における通称名を捉え，それを使用することにより，日本語教育において「日本人」＝「日本語のネイティヴ」教師の位置を獲得しようとしてきたのである。

5.1.4 教師D

最後に取り上げたのは，1996年に韓国人男性との結婚がきっかけで韓国に渡った「在日コリアン」3世の女性である。彼女は，第3節の教師E同様，日本語教育の現場では通称名を使っている教師である。しかしながら，両者が名前の使用に対して抱いている思いや，それを通じた日本語教育における位置取りには大きな違いが見られた。

教師Dは，教師E同様，教育機関側からの命令で通称名を用いて日本語教育に携わっている。しかし，教師Eとは異なり，教師Dは，日本でも通称名を使用するような生活を送ったことがあまりなく，既に日本の公的な文書からも通称名を削除してしまっているため，なぜ「帰韓」して通称名を再び使用しなければならないのか，と強い反発を示していた。また，「本名を名のって教えるか」，「通称名を名のって教えるか」といった，単なる名前の問題に留まらず，通称名使用によって「日本人のふりをさせられていること」が問題であると強く主張していた。「在日コリアン」も「日本語のネイティヴ」話者であるはずなのに，「「在日コリアン」であることを押し殺すようにさせている」ことは大きな問題を孕んでいると教師Dは指摘したのである。

そこで教師Dは，授業開始時はシラバスにも通称名を載せ，「日本人」になりすまして教壇に立ち，ごく普通の「日本人の日本語ネイティヴ教師」だと完全に学習者に思わせておいて，ある日突然，実は「日本語のネイティヴ」だが，国籍は韓国で，本名も別にあるということを【カミングアウト】するといった「攪乱作戦」に出ている。教師Dは「日本人」ではない「日本語のネイティヴ」の存在を，自身の属性を「したたか」に「利用」する形で示すことで，「日本語＝日本人」という図式の再考を学習者に迫ろうとしているのである。そして，このことは，「日本語のネイティヴなら日本人」といった図式のなかに，教師Dを強制的に取り込もうとした教育機関側への抵抗と【仕返し】をも意味していた。教師Dは自身の出自を戦略的に「利用」することを通じて，「日本人＝日本語話者」という図式に異議申し立てを行うとともに，他の教師とは異なる自身の位置を日本語教育において獲得しようとしてきたのである。

5.2　名前の選択・使用と日本語教育における位置取り

以上，在韓「在日コリアン」の日本語教師4名のライフストーリーを概観してきた。成人するまで日本で生活し，その後，さまざまな理由から韓国に居住することになった4名のライフストーリーは，「日本語を教えている」という点を除いては実に多様であった。そして，そのような多様なライフストーリーを，〈「母語」は「日本語」だが「非日本人」

である「在日コリアン」教師が,「日本語＝日本人」という思想が根強い日本語教育のなかで周囲の人々からどのように位置づけられるのか,また,それを受けつつ,自己をどのように捉え,位置づけるのか〉という観点に立って読み解いてきた。その過程を通じて明らかになったのは,「日本語のネイティヴ」教師としての位置取りが,日本語を教える際に本名を用いるか,通称名を用いるか,といった名前の選択と使用の問題と密接に関わっているということであった。

そこで,以下では,「名前」のもつ性質やその選択にまつわる議論を概観した上で,名前の選択および使用と日本語教育における位置取りについて論じていく。

5.2.1　ある集団への帰属を示す名前のもつ性質

田中克彦(1996)によると,「名前」は,他のものとの「ちがいをいやがうえにもきわ立たせ,それを固定させる道具」(p.10)であり,「一つしかないものとして孤立させて指し示す」(p.11)機能をもっているという。しかしながら,その一方で,こうした固有性は個(人)のレベルに留まることができない,という性質ももっている。田中は,ここで,「キムさん」,「アインシュタインさん」といった名前を例に挙げ,このような個人の名前は,その特定の誰かを示すだけではなく,その人が「朝鮮人」であることや「ユダヤ人」であることを示してしまうと指摘している。要するに,個人の名前であっても,その名前には既に「その名を作っている民族という集団への帰属」(pp.11-12)が示されているのである。このように,名前は,「自分は自分であって他の誰でもない」ことを示す一方で,どこかへの所属も同時に示してしまうといった意味で,「アイデンティティの二重性」があるという。

こうした「名前」のもつ性質を巧みに利用し,「在日コリアン」は,通称名を「生きるための方便」として学校や職場などの生活場面で使用してきた。それにより,日本人からの差別的なまなざしから逃れようとしてきた。このことについては,既に第1章第3節3.1.3で触れているが,従来の研究では,通称名使用は「韓国にルーツがあること」を隠し,差別を回避するためのものとして捉えられ,その使用の是非が議論されて

きたのである。

5.2.2 「情報管理／操作」としての名前の選択

　しかし，その一方で，こうした「通称名使用」＝「差別回避」という図式に異議申し立てをする研究も行われている（福岡・金 1997，朴 1999 など）。例えば，福岡・金（1997）は，通称名使用への意識を「在日コリアン」へのアンケート調査から明らかにしようと試みているが，特に「在日コリアン」の若い世代の人々にとっては，通称名使用は「もはや「差別回避」のため」ではないという。むしろ，「なじんだ名前で生きることが，自然な生き方」であるといった感覚が通称名使用を支えているのだと指摘している。

　このような通称名使用に関する研究の流れを概観した倉石（2007）は，さらに，従来の研究において散見される「通称名＝民族隠し＝差別逃れ」というステレオタイプ的な単純な見方を問題化した。そして，「通名使用も本名使用もともに，自己に関する情報マネジメント活動の一環であり，自己呈示の一形態」（2007：368）として捉え直す必要性があると主張したのである。

　この倉石の議論のもとになっているのが，アイデンティティを，社会的に構築されるもので，社会的に操作できるもの・演じられるものとして捉えた社会学者Goffman（1963 ＝ [1970]2009）の「パッシング」の概念である。「パッシング」とは，もともとは「白人のような外見の黒人が白人になりすますこと」を指すことばで，アメリカ文化の人種をめぐる言説のなかに古くから登場していたという（杉山 2010）。Goffmanはそれを黒人／白人といった人種に限定せず，「素性を隠しての越境」（1963 ＝ [1970]2009：127）という意味で新たに用いた。「スティグマ」と呼ばれる「適合的と思われるカテゴリー所属の人びとと異なっていることを示す属性，それも望ましくない種類の属性」をもっている人が行っている，「暴露されれば信頼を失うことになる自己についての情報の管理／操作」（p.81）を「パッシング」ということばで表現したのである。

　倉石（2007）は，このような「パッシング」の概念を援用し，本名を名のるか，通称名を名のるかといった選択自体が，そもそも「自分の見

え方をある意図の制御下におくこと」,「自分を知らせること」(p.368) という側面をもつものとして捉え直す必要があると主張した。つまり, 倉石は,「在日コリアン」による名前の選択行為そのものが「自分をいかに知らせるか」といった「情報管理／操作」の一つになっているという見方を提示したのである。

　以上の議論を踏まえると,「在日コリアン」教師による日本語教育の現場における名前の選択も, 教師たちによる「自己についての情報の管理／操作」の一環として考えることができる。したがって, ここで議論すべきことは,「本名を使って教えることができているから望ましい」,「通称名で教えなくてはならないのは同化主義的だ」,「通称名ではなく本名で教えられるようにならなければならない」といった価値判断を下すことではない。そうではなく, 教師たちが本名や通称名を使って日本語を教えることによって, 自己を他者にどのように見せようとしているのか／見せなくてはならないのかということである。そして, それによって, 日本語教育においてどのような位置取りができているのか, また, そうした位置取りがいったい何を意味し, どのような文脈を逆照射しているのかということである。

5.3 「日本人性」が付与された「日本語」の存在

5.3.1 「在日コリアン」というカテゴリーの明示化と通称名使用という戦略

　ここで, もう一度, 本章で扱った4名の教師たちの名前の使用と位置取りに着目してみよう。

　まず, 本名を名のって日本語教育に携わっている教師Ｖは,「日本語」を「母語」として身につけた「日本語のネイティヴ」ではあるが, 本名を名のっているために,「正統な日本語のネイティヴ」として評価されない状況に置かれるという困難と葛藤を抱えていた。そこで教師Ｖが行っていたのは, 自身を「正統な日本語のネイティヴ」として位置づけ直すために,「在日コリアン」というカテゴリーを前面に打ち出し,「日本語のネイティヴ」であることを周囲に表明するということであった。韓国における普段の社会生活では, 既存のカテゴリーによって自分が語

られてしまうことを拒む傾向にある教師Vだが，日本語教育という空間においては，むしろ，日本での長い居住歴や日本文化を身につけていることを公言し，「在日コリアン」というカテゴリーを戦略的に「利用」することで，「日本人」により近いこと，「日本語のネイティヴ」であることを表明し，日本語教育における自身のポジションを確立させようとしていた。

　一方，日本語教育の現場で通称名を名のっている教師L，E，Dは，通称名を使用していること自体に対しては【後ろめたさ】や【反発】，【抵抗感】を抱いている場合もあるようだが，前述の教師Vが抱えているような，《言語》と《国籍／血統》のズレにより，「日本語のネイティヴ」として見なされないといった困難や葛藤からは解放されていた。3名の教師が通称名を使う意図やその文脈は異なっているものの，通称名を戦略的に使うことで，「日本語のネイティヴ」という位置を獲得している点は共通していたといえよう。

　それでは，4名の教師たちに共通していることは何だろうか。それは，「日本語のネイティヴ」として彼らが日本語教育の現場に立とうとするとき，何かしら「日本人っぽさ」の「演出」が必要とされること，また，そうした「演出」によって，自身のポジションを守らざるをえない状況に置かれているということである。そのような「演出」の【道具】として，「在日コリアン」というカテゴリーや通称名を戦略的に用い，教師たちは，日本語教育におけるポジションを安定的に確保しようとしてきたのである。

5.3.2 「日本語のネイティヴ」内部のヒエラルキー

　それでは，教師たちのこうした戦略は，いったい何を意味しているのであろうか。また，そうした戦略が機能する文脈とはいかなるものなのであろうか。

　日本語教育という現場において，本名を名のっている教師Vが，「日本人」により近い存在として見なされる「在日コリアン」というカテゴリーを意識的に表明していたことや，3名の教師たちが通称名をあえて使用していた，または，使用させられていたことは，その背景に，「日

本語のネイティヴ」であるならば「日本人」であることを示したほうがより「有利」であるといった現実があることを意味していると考えることはできないだろうか。

　繰り返しになるが，教師Ｖの場合は，日本語教育の現場に入った時代的な影響もあって一貫して本名を名のってきているが，「日本語のネイティヴ」から排除されてしまうことを懸念し，常に「在日コリアン」のカテゴリーをちらつかせることで，「韓国籍」だが「日本人により近い」という位置を確保しようとしていた。

　一方，教師Ｅや教師Ｄの場合は，韓国での普段の社会生活においては本名を使用しているが，日本語教育の現場においては教育機関側からの要請で通称名を使用していた。教師Ｅは，「日本語のネイティヴ」であることを明示するためといったポジティブな意味づけをすることで通称名使用を受け入れていたし，教師Ｄは，通称名を使用することにかなり強い反発を抱いてはいたが，結局，【どんな理由で切られるか知りませんから】といった職を失ってしまうことへの不安もあり，通称名使用に従っていた。

　また，「韓国名の姓＋韓国名を日本語読みしたものをハングル表記した名」を名のっている教師Ｌの場合は，「韓国にも日本にも完全には属したくない」というアイデンティティを名前にも表明させているのだが，それに加え，【ネイティヴ先生としての商品価値】を示すために，名前のなかに「日本人っぽさ」を示すこともかなり意識されていることが窺えた。

　このように，日本語教育という現場において，「日本人っぽさ」を「演出」するために教師たちが行っている「在日コリアン」というカテゴリーの明示化や通称名使用という戦略は，「日本人の話す日本語こそが正統である」という前提がそこで共有されていなければ意味を成さない。彼らがそうすることによって，「日本語のネイティヴ」教師として価値づけられてきたという個々の経験は，その背後に，「日本語のネイティヴ」という概念のなかに「日本人」をより正統な話者として肯定する思想が横たわっていることを意味する。彼らは，「正統な日本語のネイティヴ」の存在が漠然と信奉されている教育現場の現実に向き合わざ

るをえず，それゆえ，「日本語のネイティヴ」ならば通称名を用いたほうがよい，本名を用いるならば「在日コリアン」のカテゴリーを見せ，少しでも「日本人に近い」ことを示したほうがよい，といった判断を「当事者」である彼らが自発的に行ったり，周囲がそれを促したりしてきたのだと考えられる。

　だが，このような現実に対して，彼らは単純に「服従」しているわけではないことも語りから明らかとなった。例えば，教師Eは，自分の「母語」である「日本語」を「言語資本」として捉え，通称名を使用することで，自分をより「有利」な立場に位置づけようとする思惑を明確にもっていた。また，教師Dや教師Lは，「日本語」を「母語」としているのは「日本人」だけではないといった問題を批判的に他者に提示したり，国民や言語と呼ばれるものは，実はもっと混沌としているものなのだ，といった自身の立場を表明するために，通称名を「利用」していた。教師L，E，Dが語っていた通称名使用は，確かに，教育機関側からの要求に応えるためという側面をもつが，教師たちは通称名使用を自分の文脈に置き換え，ある意味「利用」する形で受け入れていたことも事実である。

　しかし，だからといって，彼らの語りから照らし出されてくる「日本人の話す日本語こそが正統である」という前提を見過ごしてもよいということにはならないだろう。

　従来の研究では，「正しさ」という基準によって「日本語」を評価する思想，そして，そこからこぼれ落ちた「正しくない日本語」を排除する思想が問題化されてきた。しかし，教師たちの語りから明らかとなったのは，「正しさ」という観点以外に，その「日本語」を話す話者の所属にも，「日本語」を評価する基準が置かれているということであった。このことは，いわゆる「正しい日本語」を話すとされる「日本語のネイティヴ」内部にもヒエラルキーが存在していることを示しているといえる。これまで議論されてきた，「正しい日本語／正しくない日本語」という序列のある二項対立的な関係性以外に，「正しい日本語」と呼ばれるものの内部にも，「日本人の日本語」がより価値づけられてしまうという現実，「日本語のネイティヴ」ならば「日本人」がより評価されう

るという現実があるということが明らかになったのである。このことは，日本語教育において，「日本人性[10]」が付与された「日本語」というものが信奉されているということを物語っているといえる。

注

1) 民族学校は「各種学校」であるため，卒業してもそのまま日本の大学入学試験が受けられるわけではなく，大学入学資格検定（大検）に合格しなければ大学受験ができなかった。現在でも朝鮮高校卒については，大学の個別審査が必要である（国際高麗学会日本支部『在日コリアン辞典』編集委員会 2010：259）。教師Vの両親は民族学校に進学させても，将来，大学受験の際に苦労することになると考え，公立学校への進学を勧めたとのことである。
2) 「日本国籍」が必要とされることを示している。国家公務員法や地方自治体法において，「外国籍者は公務員にはなれない」といった記述はないものの，国家公務員職や地方公務員職から外国籍者を排除しているケースが依然として散見される（国際高麗学会日本支部『在日コリアン辞典』編集委員会 2010：148）。
3) 例えば，ビザの手続きをせずに，「日本語のネイティヴ」を雇えることなどが挙げられる。
4) 2006年に，アメリカの黒人と韓国人との間に生まれた「アメラジアン」のフットボール選手が来韓した際，「韓国人フットボール選手」として彼の功績が韓国社会で大々的に報道された。こうした報道に対して，韓国在住のある「アメラジアン」は，外国籍で外国育ち，韓国語も話せない運動選手を「韓国人」としておきながら，韓国在住で韓国語もできる自分たちに「アフリカへ帰れ」と言うのはなぜか，といった問題提起を行った。これがきっかけとなって，韓国社会における「ダブル」の人々が置かれている状況に注意が向けられるようになった（문화일보［文化日報］2006.4.3 発行）。その後，韓国社会における「純血主義」，「単一民族主義」への批判は加速し始め，教科書や教育課程の内容に修正を加える必要性が主張されるまでに発展した（서울신문［ソウル新聞］2006.4.6 発行）。しかし，裏を返せば，この一件が起こるまでは，「単一民族主義」を前提とした内容が教科書や教育課程の内容に掲載されていたことになる。櫻井（2011）が指摘しているように，韓国社会における「純血主義」や「単一民族主義」は徐々に解消されているようだが，人々の意識が変化していくのにはまだ時間を要するであろうし，依然として，そうした思想は根強いようである。
5) 教師Lは，父方の祖父が日本に居住していたことから，自分自身を「在日コリアン」3世だと捉えているという。しかし，父親は幼少期に日本と韓国を行き来していたので，いわゆる「在日コリアン」2世とは少し異なり，また，母親も済州島生まれであるため，どの地点をとるかによって，自分は「在日コリアン」2世にも3

世にもなりうるのではないかと語っている。また,「在日コリアン」2世,3世どちらにもなりうる年齢なので,呼び方は筆者に任せると教師Lは言っていた。しかし,教師Lが自身を「在日コリアン」3世と捉えていることから,本書でもそのように記述することにした。

6) 本人の承諾を得て,筆者がつけた仮名である。
7) 韓国の大学に設置されている予備教育課程のことを指す。教師Eは大学院入学までの期間,ここで韓国語を勉強していた。
8) 本人の承諾を得て,筆者がつけた仮名である。
9) 本人の承諾を得て,筆者がつけた仮名である。
10)「日本人であること」を意味することばとする。「日本人性」とは,アメリカにおける「白人性(ホワイトネス)」の研究での議論をもとにつくられた概念である。「白人性」の研究とは,「白人」という概念がどのように歴史的につくられたのか,誰がそのカテゴリーに包摂され,誰が排除されるのかを問題化するものだという(Grant他 1997 = 2002)。こうした概念を「日本人」に援用しようとした松尾(2004)は,「日本人性」に着目することで,「意識されない「日本人」という中心を問うことが可能になり,異なる他者を排除してきた社会構造を「日本人」すべての問題として考えることができ,また,そうした社会的な不平等を変革していくための方策を構想することができる」(p.23) としている。

第4章

言語教育における
言語・国籍・血統

本章では，まず，ここまでの議論の概要をまとめる。先行研究の批判的検討から明らかとなった問題点を整理するとともに，「在日コリアン」教師のライフストーリーをもとにした議論から何が明らかになったのか，その概要を提示する。特に，"「日本語のネイティヴ」だが「日本人」ではない"という属性をもつ「在日コリアン」教師たちが，「日本語＝日本人」という思想が依然として共有されている日本語教育において，周囲から付与される表象やまなざしのなかで，どのように自己を捉え，位置づけていくのか，そのことが何を意味しているのかについて改めて論じていく（第1節）。

　次に，これまでの議論を踏まえ，《「母語」とする言語》と《国籍／血統》の関係性が日本語教育のなかでどのように立ち現れてくるのかという観点から，さらに議論を深めていく。より広い視点から4名の教師たちの言語意識や言語経験，教育経験が映し出す日本語教育の文脈について論じる（第2節）。

　また，本研究の調査，および，執筆の過程における「調査するわたし」（好井 2004）の経験に関する記述をまとめる。第2章で論じたように，研究の「透明性」と「信憑性」を確保するためにはインタビューの相互行為や調査プロセスの開示が必須である。また，フィールドワークの暴力性に常に向き合っていくためには，「在日コリアン」教師のライフストーリーをただ単に客観的に観察・記述することに徹するのではなく，「在日コリアン」教師のライフストーリーを捉え，解釈するプロセスにおける，筆者と研究協力者との間のせめぎあいやすれちがいなども含めた記述が必要である。こうした観点から，インタビューをもう一度振り返り，どこかすれちがっているやりとりが意味しているものについて論じていく（第3節）。

　以上を踏まえ，まず，本研究がどのような点で先行研究の限界を乗り越えたのかについて論じる（第4節）。また，他の言語教育においても「単一性志向」の問題に関する指摘がさまざまな形で行われていることを概観し（第5節），最後に，そうした「単一性志向」に対して，筆者なりにどのような働きかけができるのかを，今後の展望という形で述べる（第6節）。

第1節
ここまでの議論の概要

　序章では，ニューカマーによる日本滞在の長期化や定着に伴い，「日本語」を「母語」として身につけていく「非日本人」の増加が著しいことに言及した。また，そうした状況により，これまで漠然と共有されてきた「日本語は日本人のものだ」といった「日本語＝日本人」という発想は，今後ますます再考が求められるようになっていくことを指摘した。しかしながら，こうした"「日本人」ではないが「日本語」を話す人々"の増加は，何も近年初めて見られるようになった現象ではない。日本にはかつて，沖縄やアイヌの人々，そして，植民地化した地域の人々を「日本人」化させるために，「日本語」の習得を強要した時代がある。また，植民地支配の影響などから日本にやむをえず渡ってきた人々に「日本語」を身につけさせ，彼らの「母語」を失わせてしまった歴史がある。つまり，その当時から，"国籍や血統的には「日本人」ではないが「日本語」を身につけてきた人々"というのは存在していたのである。にもかかわらず，言語，国籍，血統などの属性の「単一性」を前提とする「単一民族国家」＝日本という神話は広く共有されてきた。こうした「単一民族神話」に対しては，さまざまな領域の研究者によって，その虚構性を指摘する研究がなされてきたが，日本語教育においてはそうしたスタンスをもつ研究は比較的少なく，実際のところ，言語，国籍，血統の関係性に着目した研究は十分に行われてきたとはいい難い。だが，「日本語」による「非日本人」の「日本人」化が図られたという歴史をもつ日本語教育においてこそ，こうした議論を構築していく必要性があることを指摘した。

　続く，第1章では，関連する先行研究の検討を行った。

　第1節では，まず，「国家＝言語」という思想の成立とその流布に関して取り上げた。その後，日本に議論を転じ，「日本語＝日本人」という思想を内包した「国語」概念の来歴についても言及した。「日本語＝日本人」という思想は，日本が近代国家を形成していく過程で創出されたこと，そして，「日本語」を教えることで「日本人」への同化を試み

た帝国主義体制下の日本語教育にも引き継がれていったことを論じた。しかし，こうした思想は，終戦とともに消えたわけではなく，「日本人の話す日本語」や「正しい日本語」の習得が目指されている戦後の日本語教育においても依然として根強く共有されている。そこで，この「日本語＝日本人」という思想をめぐってどのような議論がこれまでなされてきたのかを批判的に検討した。

　まず初期には，主に日本語教育の周辺分野の研究者たちから，戦前・戦中期の「日本語」による「日本人」化の思想が継承されている戦後の日本語教育のあり方が批判されていた。しかしながら，こうした議論では，「日本語＝日本人」という思想を内包する形で形成された「国語」の来歴や戦前・戦中期の日本語教育の思想の問題点が批判の根拠に据えられており，戦後の日本語教育の具体的な文脈が取り上げられることなく議論が展開されているといった盲点を抱えていた。

　だが，その後，日本語教育関係者の間でも，こうした「日本語＝日本人」という思想を内包した戦後の日本語教育の問題に目を向ける研究者が現れ始めた。日本語教育の構造的な問題として「日本語＝日本人」という図式が論じられるようになり，その構造のなかに日本語教師も取り込まれていることが指摘されたのである。

　一方，「日本語＝日本人」という思想に関しては，「日本語の国際化」論と歩調を合わせて議論されてきたという流れもある。1980年代には「簡約日本語」なるものが考案され，その後，「共生言語としての日本語」も提唱されたが，「日本人の日本語」とは別の「日本語」が生み出されるだけで，確固たる輪郭をもつ統一体としての「日本語」という考え方そのものに変更が加えられたわけではなかった。

　この他，教師や学習者のインタビューをもとにした「日本語の規範性」への批判や「日本語＝日本人」という思想を内包した日本語教育を批判的に捉えた通時史的な研究なども行われ，より実証的に「日本語＝日本人」の問題が論じられるようになってきた。このように，「日本語＝日本人」という思想を内包した日本語教育を批判的に考察する研究は，徐々にではあるが，確実に蓄積されてきているといえよう。

　しかしながら，そこで批判の対象とされてきたのは，「非日本人」を

「日本人」化させるための論理やその媒介になるとされている「正しい日本語」といった発想であった。言語学的にいわゆる「正しい日本語」と呼ばれるものを頂点に据えた,「日本語」の序列化を黙認する言語観やそうした言語観にもとづく日本語教育の構造的,思想的問題に対しての批判が行われてきたのである。だが,こうした議論における"「母語」は「日本語」であるが「日本人」ではない人々"の位置づけは不十分であり,「日本語のネイティヴ」として「日本人」のみが想定されてしまっていること自体に対する批判は明確には展開されてこなかったのである。このように,従来の研究では,《「日本語」を「母語」とする「日本人」》と《「日本語」を「母語」とはしない「非日本人」》といった二項対立的な関係性のなかで議論が展開されてきたこと,そして,「母語」は「日本語」だが「日本人」ではない,といった《「母語」とする言語》とそこから想定されうる《国籍／血統》との間にズレをもつ人々の存在が等閑視されてきたことを筆者は指摘した。そこで,《「日本語」を「母語」として身につけてはいるが「日本人」ではない》ということがどのような意味をもつのかを考察することを通じて,「日本語＝日本人」という図式の問題を,ある言語の「正しさ」という観点以外から検討していく必要性があると主張した。

　続く第2節では,ある言語の「ネイティヴ」／「ノンネイティヴ」とはいかなる人々を指す概念であるのか,そして,それに関連した議論がどのように行われてきたのかを批判的に考察した。言語能力の観点から「ネイティヴ」と「ノンネイティヴ」とを区分する考え方が批判されてきたこと,また,言語教育の領域では特に「ノンネイティヴ」教師のもつ資質を肯定的に評価し直すことで,両者の権力関係を脱構築する研究の方向性が目指されてきたことを確認した。しかし,そうした批判的考察においても,「ネイティヴ＝日本人」／「ノンネイティヴ＝非日本人」といった二項対立的な関係性が所与のものとしてあらかじめ設定されてしまっていることが明らかとなった。

　そこで,「ネイティヴ」／「ノンネイティヴ」概念を再考し,こうした関係性を脱構築していくためにはさらなる研究の展開が必要であることを指摘した。そして,「ある言語が正しいか否か」といった言語学的

な観点から,「ネイティヴ」/「ノンネイティヴ」の問題を論じるのではなく,主にアメリカの言語教育において研究が進められつつあるような,人種や民族などのさまざまなディスコースを踏まえた議論を展開させていくことが,こうした二項対立的な関係性を捉え直していくことに繋がると主張した。また,従来の研究では,「ネイティヴ＝日本人」/「ノンネイティヴ＝非日本人」といった枠組みが前提とされてきたが,そうした枠組みには収まりきらない属性の人々を研究対象に据えることで,これまでとは異なる角度から,「ネイティヴ」/「ノンネイティヴ」の問題について論じることが可能になると述べた。上記の検討を踏まえ,これまで二項対立的に捉えられてきた図式を攪乱させていくような方向性に議論を進めていくためには,そうした図式が根強く維持されている日本語教育に従事する,二項対立的な図式では捉えきれない「在日コリアン」教師を研究対象とすることに意義があると論じた。

次に,こうした在韓「在日コリアン」教師を本研究に位置づけるべく,第3節では,「在日コリアン」の歴史的背景を押さえた上で,「在日コリアン」のアイデンティティや言語意識に関する先行研究を概観した。また,在韓「在日コリアン」や「在日コリアン」教師に関する先行研究も取り上げて論じた。統計的に彼らの存在を正確に把握することが難しいことや韓国社会における「在外同胞」に対する認知度が低かったことなどもあり,本研究に類似した研究はこれまでほとんど行われておらず,彼らはあまり可視化されずにきたことを指摘した。

以上を踏まえ,本研究では,二つの研究課題を設定した。

まず,一つ目の研究課題として,在韓「在日コリアン」教師とはいかなる経験をもつ人々なのか,彼らのライフストーリーを韓国の日本語教育というフィールドに限定することなく捉えるということを掲げた。在韓「在日コリアン」に関する研究はまだ十分な蓄積がない状態であるため,日本から韓国への移動なども含めた彼らの生活経験を包括的に理解する必要があったからである。そして,それを踏まえた上で,「日本人のような日本語を」といった目標が掲げられがちな日本語教育という空間において,教師たちが行う位置取りがいかなるものであるかを捉えるということを二つ目の研究課題として設定した。

この際，理論的枠組みとして参照したのは，Hall（1990 = 1998；1996 = 2001）のアイデンティティ論である。「日本人」ではないが「日本語」を「母語」とする「在日コリアン」教師が日本語教育という空間において，周囲からの表象やまなざしのなかで，自己をどのように捉え，位置づけていくのか，といった位置取りを明らかにすることとした。そして，これらを明らかにすることを通じて，「日本語」を「母語」として身につけてはいるが「非日本人」であるということ，すなわち，《「母語」として身につけた言語》とそこから想定されうる《国籍／血統》との間にズレをもつということの意味に迫っていくこととした。"「日本語」を「母語」とはするが「日本人」ではない"，ということが日本語教育においてどのような意味をもつのか，さまざまな力関係で構成されている現場に身を置く「在日コリアン」教師が，自分自身に付与される表象やまなざしにどのように対応するのか，そして，それによって，どのような位置取りをするのか（または，せざるをえないのか）。これらを捉え，《「母語」とする言語》とそこから想定されうる《国籍／血統》との間にズレをもつということにどのような意味があるのかを考察することを通じて，「在日コリアン」教師が置かれている文脈を照射していくことを本研究の狙いとした。

　第2章では，本研究で採用するライフストーリー研究法の歴史的背景について述べ，研究の「透明性」および「信憑性」を確保するためにも，インタビューの相互行為や調査プロセスの開示を行う必要性があると指摘した。このような理由から，本研究の調査概要を論じた際には，研究の問いが浮上し明確化したプロセスに関しても言及した。また，フィールドワークの暴力性という問題にも触れ，それらを意識し，常に向き合っていくためにも，ライフストーリーの記述を，「研究協力者を客観的に記述すること」に留めるのではなく，研究協力者との間で見られたさまざまなせめぎあいなど，「調査するわたし」の経験にまで広げて論じていくという方向性を示した。

　本研究は，2009年〜2011年にかけて韓国で実施したインタビュー調査で出会った18名の在韓「在日コリアン」教師たちによるライフストーリーの語りがもとになっている。本書では，そのうちの4名の研究

協力者の語りを事例として扱い，論を進めてきた。第3章では，具体的に「在日コリアン」教師V，L，E，Dの4名のライフストーリーを事例として提示し，教師たちの語りとそれに対する筆者の解釈を記述した。

以下では，特に研究課題の二つの観点から，彼らのライフストーリーの概要を簡単にまとめておく。

【事例1】：カテゴリーを戦略的に利用する教師V（「在日コリアン」2世，1948年生まれ，1979年「帰韓」）

韓国における普段の実生活では，「在日コリアン」というカテゴリーが自分に付与されてしまうことを否定的に捉え，カテゴリーそのものに対して懐疑的な立場をとっている教師Vの事例である。このような立場に立つ教師Vだが，日本語教育の現場においては，「在日コリアン」というカテゴリーをむしろ積極的に表明していた。彼女は韓国籍であり，韓国名を用いて日本語教育に携わっているため，国籍や血統という観点から「非日本人」と見なされてしまい，「日本語のネイティヴ」として十分な評価が得られにくいという現実に直面していた。「日本語のネイティヴ」でも，「日本国籍や日本名をもたないこと」により，「正統な日本語のネイティヴ」として見なされないということがあり，それに対する葛藤や困難に苛まれていたのである。しかし，そうした周囲のまなざしから逃れるために，「在日コリアン」というカテゴリーを戦略的に見せ，自分は韓国名を名のってはいるが「正統な日本語のネイティヴである」ということを示すことで，日本語教育のなかでの自分自身の位置を何とか確立させようとしていたといえる。

【事例2】：国民・言語の枠組みの脱構築を目指す教師L（「在日コリアン」3世，1963年生まれ，1999年「帰韓」）

「韓国にも日本にもどちらにも完全には属したくない」というアイデンティティを表明するために，自身の属性や名前を戦略的に「利用」するという立場をとっている教師Lの事例である。彼は，「本名の姓［김（キム）／金］」＋「本名を日本語読みしたものをハングル表記した名（本名の名［실（シル）／実］ではなく，日本語読みした미노르（みのる）／実）」を

使用し，自分の【国籍は韓国】だが，【韓国系日本人】だと名のっていた。その背景には，「【ネイティヴ先生】であるのに，そうではないと誤解されてしまうこと」を回避し，「【ネイティヴ先生としての商品価値】を証明したい」という意図があった。しかし，その一方で，そうした名前の使用は，「日本語」が「日本人」によってのみ話されている言語ではないこと，言語の境界も，国民の境界ももっと混沌としているものであること，そして，その関係も1対1で結びつくようなものではないといったことを学習者に提示したいと考える教師Lの教育理念の根幹とも密接に関わっていたのである。

【事例3】：「日本語」を「言語資本」として意識する教師E（「在日コリアン」3世，1971年生まれ，2003年「帰韓」）

　日本ではほとんど通称名のみで生活し，「在日コリアン」であることを20数年間隠して生きてきた教師Eの事例である。教師Eは就職以後，本名で生きることを選択して過ごしてきたが，韓国で日本語教育に携わるようになったのがきっかけで，再び通称名を使う生活に逆戻りしたと語っていた。彼女は日本語教育の現場では通称名を，通っている大学院では本名を名のるといった二つの名前を完全に使い分ける生活を送っているのである。しかし，このような名前の使い分けは，教育機関側からの要請があったからだけではなく，「「日本語のネイティヴ」なのに韓国名を用いているのはなぜか，「非日本人」なのはなぜか」などといった経歴に関する説明要求から逃れるための手段でもあった。また，「日本語」を「言語資本」として考える教師Eには，その資本がもっとも評価される形態で自己を周囲に見せる必要もあった。このような名前の使い分けによって，教師Eは日本語教育という空間において「十全」な「日本人」を装うことができ，「日本人＝日本語のネイティヴ」教師の位置をとることに成功してきたのである。

【事例4】：「日本語話者」の多様性を「したたか」に示す教師D（「在日コリアン」3世，1970年生まれ，1996年「帰韓」）

　日本では通称名をほとんど用いたことがないのに，韓国の日本語教育

において通称名を使用しなければならない状況に立たされている教師Dの事例である。教師Dは，学期開始時には教育機関側からの指示どおり，通称名を日本語教育の現場で使用し，「日本人教師＝日本語のネイティヴ教師」として学習者に接してきたという。しかし，学期中盤で「日本語のネイティヴ」だが「韓国籍」であること，「在日コリアン」であることを【カミングアウト】し，自身を【完全な韓国人でもなく，日本人でもない】教師として位置づけようとしてきた。日本語教育を単なる「日本語」を教えるだけの営みとして捉えているわけではない教師Dは，このようにすることで，「日本語話者＝日本人」ではなく，多様な人々によって日本語が共有されている現実を示すことを目指してきたのだという。雇用先から一方的に使用することを言い渡された通称名を「したたか」に「利用」することで，教師Dは日本語教育における独特な位置を確保しようとしてきたといえる。

以上の4名の教師のライフストーリーは，当然のことながらさまざまであった。詳細は第3章で論じているが，「帰韓」や日本語教師になるまでの経緯，日本語教師としての働き方，日本語や日本語を教えることに対する意味づけ，さらには，日本語教育に携わる際の名前の使用やそれに対する考えなどの点で大きく異なっていた。しかし，「在日コリアン」というカテゴリーの明示化（教師Vの事例）や通称名使用（教師L，E，Dの事例）という戦略を用いることによって，「日本語のネイティヴ」としての位置を確保しようとしてきた（させられてきた）点は共通していた。

彼らは，カテゴリーや名前を操作的に，戦略的に用いることで，「日本人」により近いことを示したり，「日本人っぽさ」を「演出」したりしてきたのである。また，そうした「演出」を用いることで，日本語教育において，「日本語のネイティヴ」教師としてより価値づけられる現実があることも実感してきたのである。しかし，これらは，「日本人の日本語」が「正統な日本語」として認識される前提が共有されていない限り成立しえないものでもある。以上のことから，「日本人性」が付与された「日本語」が共有されているという現実，そして，それが依然として重視されているという日本語教育の文脈が明らかになった。

第2節
日本語教育における言語・国籍・血統の関係性

2.1 《言語》と《国籍／血統》のズレから明らかになったこと

2.1.1 「日本語のネイティヴ」内部のヒエラルキー:「日本人性」が付与された「日本語」

　ここでもう一度,第3章第5節において論じた,「日本人性」が付与された「日本語」というものがいったいいかなるものであるのかについて論じておく。

　まず,彼らの語りから明らかになったのは,いわゆる「正しい日本語」を話す「日本語のネイティヴ」であっても,《国籍／血統》という観点から「日本人」として見なされないと,「正統な日本語のネイティヴ」として認識してもらえない現実があるということであった。

　例えば,教師Vの事例では,日本国籍も日本名ももたずに日本語教育に携わっているため,「日本語のネイティヴ」というカテゴリーでは評価が得られにくく,かといって,韓国籍で韓国名を名のっていても,「韓国人の日本語教師」というカテゴリーでも評価が得られにくいという実態が示された。そのため,教師Vは,多くの葛藤と困難に直面してきたが,それらを回避すべく,自分は韓国名ではあるが日本にも繋がりをもつ「在日コリアン」であること,また,韓国籍ではあるが「日本語のネイティヴ」であることを日本語教育において強調するような戦略をとっていた。

　一方,教師L,E,Dは通称名を使用しているため,教師Vが抱いてきたような葛藤や困難からは解放されてきた。通称名を名のっていることに対する3名の教師たちの意味づけは,これまで見てきたようにさまざまであるが,通称名を用いることで,自動的に「日本語のネイティヴ」として認識してもらうことができ,「より正統な日本語のネイティヴ」として評価が得られるという文脈に身を置いているという点は共通していた。

　「単一民族国家」という思想が根強く,そこに価値が置かれている空間では,日本国籍や「日本人のような名前」をもつということは,それ

だけで，「日本語のネイティヴ」であることを十分に体現していて，あえて「日本語のネイティヴ」であることを声高に訴える必要などない。しかし逆に，日本国籍や日本名がないということは，たとえ「日本語のネイティヴ」とされるような人々であっても，「正統な日本語のネイティヴ」として認識されにくいため，自分自身を「日本語のネイティヴ」に「する」ために何らかの戦略が状況的に必要とされてしまう。このような状況への対処として，教師Vは日本語教育においてあえて「在日コリアン」というカテゴリーを意図的に表明していたし，教師L，E，Dも日本名を用いることで「日本語のネイティヴ」であるということを明らかな形で表明しようとしていた（表明させられていた）。つまり，このような戦略を使わざるをえない教師たちの前には，いわゆる「正しい日本語」を行使することができ，自身で「日本語のネイティヴ」だと自己規定していても，《「母語」とする言語》と《国籍／血統》との間にズレがあるという理由から，「日本語のネイティヴ」として十分には認識されない現実があるといえよう。

　従来の研究では，「日本語＝日本人」という図式の問題の多くは，「正しさ」という観点から「日本語」を評価し，「正しくない日本語」を排除してしまうことやそうした考え方にあると指摘されてきた。しかしながら，本研究で明らかになったのは，こうした観点に加え，「誰がその「日本語」を話しているのか」といった話者の所属が「日本語」の評価に大きく関係しているということであった。このことは，「正しい日本語か否か」といった言語学的な観点からのみ論じられてきた「日本語＝日本人」という図式の問題には，「その「日本語」を話しているのは誰か」，といった話者の所属という観点も内包されていたということを示している。つまり，いわゆる「正しい日本語」を話す「日本語のネイティヴ」であっても，国籍・血統的に見て「日本人ではない」ということによって，「正統な日本語のネイティヴ」として見なされない可能性があるということなのである。また，「純粋な日本人」であれば，その「日本語」はより評価を受けやすく，逆に，言語形式面からいえば同じ「日本語」であっても，その話者が「非日本人」であれば，「日本人が話す日本語」ほどには価値づけられないという可能性も考えられるという

ことなのである。要するに,「在日コリアン」教師たちの語りは,より「正統な日本語のネイティヴ」として「日本人の日本語話者」が評価されうるという,「日本語のネイティヴ」内部のヒエラルキーの存在,そして,「日本人性」が付与された「日本語」の存在を示唆している。ある言語を"行使する能力"を判定する際に,その言語が属する共同体における主要な国籍や血統をもつか否かということを一つの基準として参照するということが広く行われている可能性を,本研究の事例は示したといえる。

2.1.2 「着せ替え」可能な「日本語のネイティヴ」:イメージ化された《言語》と《国籍／血統》の一体化

しかし,その一方で,本研究で得られたデータは,同時に,「日本語のネイティヴ」という概念がいかに実体のないものであるかということも示している。

本名の韓国名を用いている教師Vの事例では,韓国名を用いているがゆえに「日本語のネイティヴ」であっても「日本語のネイティヴ」として見なされないという経験を有していることが示されている。教師Vは日本語教育という空間では「在日コリアン」というカテゴリーを周囲に意識的に表明することによって「日本語のネイティヴ」として周囲から承認されることを試みていたが,そのことに対する多大な葛藤や苦悩を抱えていた。

しかし,それとは対照的に,通称名を用いて教育に携わっている教師L,E,Dの3名の教師の事例では,通称名をあえて使うことによって「日本語のネイティヴ」と「なり」,「正統な日本語のネイティヴ」の位置に自らを位置づけることで,そうした苦悩や困難な経験を回避することができていた。語りにも見られたように,通称名を用いていることに対して反発や葛藤を抱えている教師はいたが,「日本語のネイティヴなのに,正統な日本語のネイティヴとして見なされない」ということに対する,教師Vが抱いていたような葛藤や苦悩は,通称名を「利用」するという戦略によって,回避されていた。

こうした事例は,本章2.1.1で指摘した,「日本人」=「正統な日本語

の話者」とされる「日本語のネイティヴ」という概念が，実は必ずしも「日本人」であることを前提に成立しているわけではない，ということを間接的に示しているといえる。教師L，E，Dの3名の教師が行ってきたように，通称名使用によって「日本人」であるとうまくカモフラージュできれば，つまり，《言語》と《国籍／血統》の一体化を前提とする「単一民族神話」を逆手にとった「なりすまし」に成功すれば，「正統な日本語のネイティヴ」に「なる」ことができていた。もちろん，この際，いわゆる「日本語の正しさ」や「日本人のような外見」などの観点も「正統な日本語の話者」の判断に含まれていると思われるが，これらの事例は，「ネイティヴ」という概念が，実は，エスニシティを示しうる名前などによっていくらでも「着せ替え」可能な，実体のないものであるということを物語っているといえる。

　第1章第2節で取り上げたPaikeday (1985 = 1990) や大平 (2001) の研究では，言語学者の定義の比較から「ネイティヴ」という概念がいかに実体のないものであるかが指摘されており，それらが所与のものとして当然視されていることが問題化されているが，本研究では，時と場合によって「日本語のネイティヴ」とされたり，そこから排除されたりする「当事者」の語りと具体的な文脈から，《言語》と《国籍／血統》の一体化は戦略的に打ち崩せる程度の脆弱な概念でもあることが明らかとなった。本章第2節2.1.1で論じたように，《言語》と《国籍／血統》の一体化という概念は未だに支配的ではあるが，何らかの戦略を用いることによって一体化を装うことは十分可能であり，このことは，逆接的に，《言語》と《国籍／血統》の一体化という概念の危うさを示しているといえるだろう。"《言語》と《国籍／血統》との一体化を兼ね備えていること＝「ネイティヴ」"という実体のない表層的なイメージが漠然と共有されているにすぎず，このことは，「ネイティヴ」という概念の虚構性を意味していると考えられる。

2.2　「在日コリアン」教師たちの言語経験や言語意識からの示唆

　2.2では，2.1で取り上げた観点に留まらず，より広い視点から4名の教師たちの言語意識や言語経験，教育経験が映し出す日本語教育の文脈

について論じる。

2.2.1 「雑多」な属性が揺さぶる「日本語＝日本人」という図式

　これまで日本語教育に携わってきた人々の多くは,「日本語」を「母語」として身につけている「日本人」の教師や,「日本語」を「非母語」とする「非日本人」の教師たちで, いわば《「母語」とする言語》とそこから想定されうる《国籍／血統》が等式で結ばれている人々が圧倒的に多かったのではないかと思われる。

　しかし, 本書で取り上げた「在日コリアン」教師は, 前述のとおり, 日本で生まれ,「日本文化」を内面化させながら成長してきた人々で,「日本語」を「母語」として身につけてきた「日本語のネイティヴ」であった。しかし,「母国語」は韓国語だと認識している場合が多く, 国籍や血統的にも「韓国人」という人々がほとんどである。したがって, 本研究の冒頭で取り上げたような「単一民族国家」という考え方では捉えることのできない「雑多」な属性をもつ存在であるといえる。

　このような「雑多」な属性をもつ「在日コリアン」教師の多くは, 日本での生活のなかでそのことに苦悩した経験をもっているが, 今日では自らのそうした属性をごく当たり前のこととして捉えているようであった。それゆえ, 自らのライフストーリーを,「当事者」たちは今更格別取り立てて論じるような珍しいものではないと考えているようでもあった。そのため, 気負いのないごく自然な形で, ある言語や国民といった枠組みが実はもっと「混沌」としたものであることを学習者に示そうとしてみたり（教師L),「日本語のネイティヴ」の先生だから「日本人」だろうと学習者に信じ込ませておいて, 後から実は「韓国籍」の「在日コリアン」であることを【カミングアウト】したり（教師D) する教師もいた。このように, 自身の「雑多」な属性を日本語教育において明示化させて,「単一民族国家」という考え方やそれに支えられた「日本語＝日本人」という発想に異議申し立てを行おうとする教師もいたのである。このような彼らの言語意識や言語経験, そして,「雑多」な属性は, 日本語教育において漠然と共有されてきた《言語》と《国籍／血統》の一体化といった考え方を大きく揺さぶる可能性を

もつのではないかと思われる。

2.2.2 「雑多」な属性を「単一」のものへと塗り替えさせる「単一性志向」の根強さ

しかし，その一方で，筆者が論じなくてはならないとより強く感じているのは，そういった可能性以上に，「雑多」な属性を「単一」のものへと塗り替えさせる圧力が現状では非常に強いということである。

本研究では，「日本語」を「母語」とする言語共同体に属してはいる（いた）が，国籍や血統という観点からすると「日本」には必ずしも属していないといった，《言語》と《国籍／血統》のズレによって，葛藤を抱いたり，困難な経験をしたりしてきた「在日コリアン」教師（教師V）や，《「母語」である言語》と《国籍／血統》とが表面的には一体化しているように見せかけるために，通称名を自ら名のる，または，名のるように仕向けられている「在日コリアン」教師の事例（教師L，E，D）を取り上げてきた。これらの事例が示していることは，「単一民族国家」という枠組みでは論じることのできない，「混沌」とした「雑多」な属性をもっている「在日コリアン」教師が，そうした属性をありのまま見せてしまうことで，日本語教育におけるポジションが脅かされる可能性があるということであった。そして，「日本語のネイティヴ」なら「日本人」，「日本語のノンネイティヴ」なら「非日本人」という図式に収めようとする「単一性志向」の強制力の問題と常に隣り合わせの状況に置かれているということであった。彼らのなかには，前述のとおり，自身の「雑多」な属性を日本語教育において明示化させ，「単一民族国家」という考え方やそれに支えられた「日本語＝日本人」という発想への異議申し立てを行おうとする教師もいたが，《言語》と《国籍／血統》のズレという「雑多」な属性を隠し，通称名を名のることを選択しているなど，結局，「単一性志向」の方向へと絡め取られてしまっていた。

では，こうした状況は何を意味しているのだろうか。このように，彼らが「単一性」を兼ね備えているよう装ってしまうということは，そこに，いかに根強い「単一性志向」が働いているのか，そして，それがいかに価値づけられているのかということを示していると考えられる。

《言語》と《国籍／血統》との間にズレをもつ人々に，表面的にはそれらが一体化しているようにあえて装うように仕向けてしまうというのは，そこに非常に強い「単一性志向」が存在していなければ起こりえない。
　したがって，彼らが「雑多」な属性をもつというだけの理由から，国家や国民を超越した存在だとし，硬直化した日本語教育の議論に何らかの示唆を与えうると見なしてしまうことは，「単一性志向」が根強いからこそ直面している彼らの困難や葛藤を再び不可視化させてしまうことにも繋がりかねない。なぜなら，教師たちは，その構造のなかで複雑な経験をしたり，「日本語＝日本人」という図式にうまく収まるよう，名前を選択せざるをえない状況に追い込まれたりしてきたからである。このことから，「雑多」な属性に着目するだけではなく，それによりもたらされる困難や葛藤を可視化させていくこと，そして，そのような困難や葛藤をもたらす構造そのものを論じていくことにこそ，現時点では意味があると筆者は考える。

第3節 「調査するわたし」が内包していた「単一性」の前提

　それでは，筆者が取り組んできた日本語教育における「単一性志向」の問題は，果たして，「調査するわたし」から完全に切り離されたところに存在するものなのだろうか。好井（2004）や李（2010）が論じているように，フィールドワークの暴力性に向き合うには，研究協力者を客観的に記述することに留まるのでなく，「調査するわたし」の経験も記述に含めることが重要な意味をもつ。そこで，以下では，ライフストーリー調査を振り返り，筆者がどのように調査に臨んできたのかについて言及する。

3.1　インタビューを振り返る

　まずは，本研究調査の初期段階に実施した教師Ⅴとのインタビューを振り返ってみよう。本名を名のっている韓国籍の教師Ⅴは，日本語教育

の現場では，常に「在日コリアン」というカテゴリーを意識的に表明し，そうすることによって，「日本人のような日本語」が操れる「日本語のネイティヴ」というポジションを獲得しようとしてきたという。しかし，その一方で，日本語教育以外の空間では，基本的には，現在，「在日コリアン」というカテゴリー自体を懐疑的に捉える立場をとっているようである。また，「日本人」ではない自分の「母語」が「日本語」であるということから，「「日本語」の話者として「日本人」のみを想定すること」や「唯一の「正しい日本語」として「日本人の日本語」を求めること」に疑問を抱いているとも語っていた。筆者からすると，こうした教師Vの語りは矛盾を孕んでいるように聞こえていたのだが，矛盾した語りがいったい何を意味しているかを十分には理解できずにいた。このような教師Vの矛盾した態度はいったい何を意味していたのだろうか。

　教師Vは，韓国籍をもち，韓国名を名のって教壇に立っているがゆえに，「韓国人教師」としてカテゴライズされてしまうか，「理解されにくい存在」として排除されてしまうことが多かった。そうした状況のなかで，「日本語のネイティヴ」教師というカテゴリーに教師Vが踏みとどまるためには，「在日コリアン」教師であることを意図的に表明し，「自分には「正しい日本語」を操るスキルがある」，「韓国籍で韓国名を名のってはいるが，自分は日本語のネイティヴなのだ」，ということを周囲に認識させることが必要だったのである。教師Vは，《言語》と《国籍／血統》との間にズレがあり，「日本語＝日本人」という図式に収まりきらないからこそ，「正しい日本語」や「日本語のネイティヴ」であることをむしろアピールし，「日本人」ではないが「日本語のネイティヴ」である自分をより価値づけるために，「日本語＝日本人」という図式の近くに自身を位置づけ直し，自らのポジションを守ろうとしていたのである。

　しかし，「日本語のネイティヴ」であることをやたらと表明しようとする教師Vのこのような語りに違和感を覚えつつも，筆者は，それが本当に意味していることにはなかなか気づくことができなかった。《言語》と《国籍／血統》の一体化が求められてしまう空間だからこそ，その一体化の図式に少しでも近づくために，「在日コリアン」であることを強

調せざるをえないという教師Vの抱えている事情を理解し，教師Vの真意を汲み取ることができるようになるまでには，かなりの時間を要してしまったのである。

　一方，教師L，E，Dとのインタビューでは，通称名使用によって，「日本人」の「日本語のネイティヴ」教師という位置取りを行う教師たちの姿を捉えることができた。しかし，インタビューデータを読み返してみると，そこでも，やはり，筆者の気づかなさ，鈍感さは散見された。

　例えば，教師Lは，「本名の姓」＋「本名を日本語読みしたものをハングル表記した名」（「キムみのる」のハングル表記）を用い，【韓国系の日本人】だと名のっていた。こうした名のり方は，「韓国にも日本にも完全には属したくない」という教師Lなりのアイデンティティの表明でもあった。このことから考えると，教師Lは，必ずしも完全に「日本人」の「日本語のネイティヴ」として自分を見せることを目指しているわけではないようだった。だが，教師Lは，「日本に繋がりがあり、「日本語のネイティヴ」であること」を名前から読み取ってもらうこともやはり意図していた。教師Lの語りのなかには，【ネイティヴ先生としての商品価値】を強く意識している部分も垣間見えたからである。しかし，その一方で，いわゆる「正しい日本語」や「日本人の日本語」を習得することを目指す必要はないといった意見を学習者には投げかけており，そこには微妙な齟齬があるように思われた。「正しい日本語」を話す必要は必ずしもないと教師Lは言っていたが，同時に，他の韓国人の日本語教師とは異なり，自分は「正しい日本語」を操ることができる「日本語のネイティヴ」なのだと表明しようとするスタンスも見え隠れしていたのである。このような点から，筆者は，教師Lを，いわゆる「正しい日本語」こそが「正統な日本語」だという観念から逃れられないでいる「日本人のネイティヴ」教師と結局同じなのではないか，と理解してしまいそうにもなっていた。そこには，《「母語」とする言語》と《国籍／血統》のズレがあるからこそ，「日本語のネイティヴ」であることを強調せざるをえないという教師Lの隠された思いがあったのだが，筆者がそのことに気づくには長い時間を費やすこととなってしまった。教師Lの語りには耳を傾けていたはずなのに，筆者は，教師Lの真意とどこか

すれちがってしまっていたのである。

　また，教師Eは，所属している韓国の大学院では本名を，日本語教育の領域では通称名を使用するといった二つの名前の完全な使い分けを行っていた。「帰韓」する7〜8年前から本名を名のってきた教師Eが韓国で通称名を再び使うようになったのは，日本語教育機関から通称名使用の要望があったからだという。しかし，教師Eは，通称名でなくても働ける教育機関に移ってからも，自分のキャリアのために，通称名使用を自ら選択していった。そうすることで，教師Eは「日本人の日本語のネイティヴ」教師であると完全にカモフラージュすることに成功していったのである。「日本語」を「言語資本」として捉える教師Eにとって，その「言語資本」がもっとも評価される「有利」な形態で自己呈示するためのものとして通称名は用いられているようであった。このように，当初，筆者は，「日本語」を「言語資本」と見なし，その「言語資本」である「日本語」をもっとも評価される形で見せるために，通称名を，完全に付け外し可能なものとして割り切って使用しているのが教師Eだと捉えていたのである。しかし，教師Eは，本名を使用して生きていこうと思っていたにもかかわらず，自分を「有利」な位置に導くことができるといった通称名のメリットをとって，結局，通称名使用に押し流されてしまったことに対する【後ろめたさ】も抱いていた。実際には，「日本語」を「言語資本」として捉え，割り切って通称名を使用しているようでいて，「複雑な思い」も抱えていたのである。それにもかかわらず，筆者は，安易にも，付け外し可能なものとして，教師Eは通称名を捉えているのではないかと考えていた。

　また，なぜ，「日本語のネイティヴ」だが国籍・血統的には「非日本人」であるということを表明することに教師Eは躊躇してしまうのだろうかという疑問も抱いていた。名前の使用に制限がない職場に移ってからも通称名使用を選択しているという教師Eの語りに筆者はどこか違和感を抱き続けていたのである。教師VやLと同様に，そうした行為は，結局本人が「日本語のネイティヴである」ということを特権として保持していたいと望んでいることの表れでしかないのではないかといった疑念さえも抱いてしまっていた。しかし実際には，教師Eの通称名使用は，

本名を使用してしまったら自分が教育機関側からも学習者からも「日本語のネイティヴ教師」というまなざしでは見てもらえなくなり，自分の教師としての価値が低下してしまいうる可能性を憂慮しての選択だったのである。筆者がこうした教師Eの真意を見落としてしまっていたということは，通称名を用いることで「ネイティヴ」に「なる」ことを選択せざるをえなかった教師Eの葛藤に対する理解がいかに不十分であったか，そして，想像力がいかに欠けていたかということを間接的に示しているように思われる。

　教師Eと同様に，教師Dも，通称名使用によって「日本人の日本語のネイティヴ」に完全にカモフラージュすることに成功していた。しかし，教師Eと異なるのは，一旦は「日本人の日本語のネイティヴ」という位置をとるものの，途中で自身の本名を【カミングアウト】することによって，「韓国籍の在日コリアン」だが「日本語のネイティヴ」という位置取りへと教師Dが修正を加えていた点であった。それによって，教師Dは，学習者に，《言語》と《国籍／血統》とが一体化しているという「単一性」は幻想にすぎないということを突きつけていた。そうした【作戦】は教師Dの言語や国家を捉える視点と共鳴性をもつものであったため，通称名と本名の切り替えによって「日本人」から「在日コリアン」になりかわることを，日本語教育の現場において，教師Dは鮮やかに行っていると捉えてきた。そうした行為は，通称名を使用させられることへの深い憤りと「日本人にならされていること」への抵抗から生み出されたものではあったが，教師Dは自身の属性を逆手にとって「したたか」に自身の教育理念を教室実践に反映させていると筆者は理解してきたのである。

　しかし，そうした理解で本当によかったのだろうか。通称名を使ってほしいといった要請がなく，そうする必要性もなかったら，教師Dは初めから「在日コリアン」であることを公言し，本名で教壇に立っていたであろう。教師Dが実践していた【カミングアウト】の【作戦】は，そのようにはできない状況のなかから辛うじて編み出されたものであって，当然のことではあるが，最初から意図して行っていたものではなかったのである。しかし，筆者は，そうした文脈を完全に読み違え，教師Dの

通称名使用を戦略として完全に割り切って行われているものだと捉えていた。通称名を用いなければならない状況のなかで，辛うじて生み出された「仕方のない戦略」を，教師Dが「狙って」行っている【作戦】だと考えてしまっていたのである。

このように彼らとのインタビューを振り返ってみると，そこには，教師たちの語りとどこか矛盾を孕んだ筆者の解釈があり，教師たちの語ろうとしていた真意にはなかなか到達できない筆者の姿があった。

3.2 「調査するわたし」がもっていた「期待」と「構え」

それでは，なぜ，筆者は教師たちが伝えようとしていた真意になかなか到達できず，どこかすれちがっているようなインタビューを繰り返してきてしまったのだろうか。それは，以下のインタビューデータに如実に表れているように，筆者がインタビューという場にもち込んでいた「構え」と密接に関係していると思われる。筆者は，以下のように，インタビュー調査の至るところで，「日本語を母語としているが日本人ではないあなた」が「なぜ，日本人のような日本語を目指す教育を行おうとするのか」といった質問を「在日コリアン」教師たちに投げかけている（＊は筆者を示す）。

> ＊：で，その，例えば在日コリアンの先生というのは，ネイティヴとして，その，母語として，あの，日本語を学ばれた，まあ，日本語を身につけたということになりますよね。なので，その，「日本語は日本人のもの」というようなものにはあてはまらないと思うんですね。だからこそ，その，<u>在日コリアンの先生方の存在というのは，そういった，そのー，固定化したそのー「日本語＝日本人」といった考え方を，何かこう，変えていく何か原動力になるのではないかなと</u>。その辺りを，先生はどんなふうにお考えなのかなというのを。
>
> （教師Vとの2回目のインタビュー：2009/12/28）
>
> ＊：先ほどのその，日本語教育の授業に関してなんですが，韓国の

日本語教育は，そのー，日本人のように日本語が話せるように，こう，練習をするっていう，何かいろんなそういうのが，結構あるような気がするんですが。その辺り実際に，先生はネイティヴでありますけれども，日本人ではなくて，その辺りをどういうふうに考えながら，日本語を教えていらっしゃるのかなあと。

(教師Vとの3回目のインタビュー：2010/8/24)

＊：教育機関から求められていないのに通名を使用するのはなぜ・・。えーっ，日本語のネイティヴだけど，日本人じゃないっていう見せ方とかも可能なんじゃないかというか。なんか「日本語は日本人のものだ」みたいなのを変えるとか，そういうのは先生はどう思うのかと思って。

(教師Eとの1回目のインタビュー：2011/8/26)

　このように，インタビューの場において研究協力者に上記のような問いかけをしていた背景には，筆者自身のもともとの関心が，「日本語＝日本人」という図式を崩していけるような教育実践を模索していくことにあったという事実がある。また，「在日コリアン」教師のように「日本語のネイティヴだけれど日本人ではない」という属性をもってさえいれば，そうした実践が実行可能なはずだといった「期待」もあった。筆者は，「在日コリアン」教師たちの語りのなかに，「日本人のネイティヴ教師」や「韓国人のノンネイティヴ教師」とは異なる，「雑多」な属性をもつがゆえに可能となる，言語，国籍，血統の一体化という考え方を脱構築していくような実践の方向性を見出せるはずだといった「構え」をもっていたのである。
　だからこそ，教師Vが「在日コリアン」というカテゴリーを周囲に積極的に表明して「日本人」により近い「日本語のネイティヴ」に自分を位置づけようとしていたことや，教師Lが「正しい日本語」を習得する必要はないと言いつつも，「正しい日本語」を身につけた自身の【ネイティヴ先生としての商品価値】を意識していることの本当の意味とその背景にある文脈に気づくことができずにいた。

また，教師Eが，「後ろめたさ」を抱きながらも通称名を使用していることに気づかず，「日本人」の「日本語のネイティヴ」が「日本語話者としての正統性」を見せつけるような場合と同じような発想があるのではないかと短絡的に考えてしまっていた。「日本語のネイティヴ」としてよりよい評価を得ようとしていたことの本当の意味とその背景にある文脈に気づくことができずにいたのである。さらに，教師Dが日本語話者の多様性を示したいというポリシーを貫いていることを捉え，通称名を「道具」のように戦略的に使いこなしていると短絡的に結論づけてしまいそうにもなっていた。こうした筆者による誤認は，「雑多」な属性を「利用」することで，「単一性」の問題を脱構築するための何かが彼らにはできていると，筆者がそもそも想定していたことに起因する。
　それでは，このような「期待」や「構え」をもってインタビューを行っていたということは，インタビュー調査においてどのような意味をもつのであろうか。
　このことは，既に第2章でも取り上げた桜井（2002）によって指摘されている。そもそも，インタビューにおいて，インタビュアーが何の「構え」ももたずにインタビューに臨むことはありえず，重要なことは，そうしたことを理解した上で，インタビューにもち込んだインタビュアーの「構え」がどのようなものであるかを自覚化することだという。また，ある「構え」をインタビューにもち込んだことの意味にも着目することだという。
　インタビューという行為が，中立的な立場に立つ，無色透明のインタビュアーによって研究協力者から正確な情報を聞き出すための行為として位置づけられるのならば，筆者が「期待」や「構え」をもって調査に臨んだことは，ただ単に研究を歪めていると判断されるに違いない。しかしながら，インタビューをインタビュアーと研究協力者の双方が共同で行う解釈作業を含んだ行為として捉えるならば，「期待」や「構え」は排除すべきものというよりは，調査の重要なキーとして調査プロセスとともに丁寧に記述すべきものということになる。

3.3 「単一性志向」の問題への鈍感さが意味する「単一性志向」の根強さ

　それでは、"「日本語のネイティヴ」だが「日本国籍ではないし、日本名でもない」という属性をもつことによって、「在日コリアン」教師は、「日本語＝日本人」という図式を崩していくような実践を、身をもって行うことができているはずである"といった「期待」や「構え」を筆者がもっていた、ということ自体はいったい何を意味するのであろうか。

　教師たちは、「日本語は日本人のものだ」といった「日本語＝日本人」という図式を信奉しているわけではないが、その図式にある意味「しがみつくこと」によってでなくては、日本語教育の現場で生き残ることが難しいという現実に直面していた。本名を名のって教壇に立っている教師Vも通称名を名のっている教師L、E、Dも、言語学的観点からすれば「日本語のネイティヴ」だが、国籍や血統という観点からすると日本には属していない。そのため、「日本語＝日本人」という図式からは逸脱しており、その逸脱をありのまま周囲に見せてしまうと、言語、国籍、血統の一体化が前提とされる空間では、正当な評価が得られず、ポジションが奪われたり、排除の対象になったりしてしまう。だからこそ、その図式のより近くに自身を留まらせるために、日本に繋がりのある「在日コリアン」というカテゴリーを積極的に表明したり、通称名を使用したりする戦略がどうしても必要であり、言語、国籍、血統の一体化という「単一性」を兼ね備えていない自身の独自性を前面に出したり、そうした図式を崩すことを目指したりするような実践はなかなか実行には移せないと語っていたのである。

　しかし、このような教師たちの行動の意味が十分には理解できていなかった筆者は、安易にも、"《言語》と《国籍／血統》とのズレという「単一性」から逸脱した属性をもってさえいれば"、つまり、"「日本語のネイティヴ」だが「日本人ではない」という属性をもってさえいれば"、「日本語は日本人のものだ」といった「日本語＝日本人」という図式の再考を、身をもって学習者に迫っていくことができると考えていた。むしろ、「日本人」で「日本語」を「母語」とする筆者などよりもはるかに効果的に、「単一性」の図式がいかに虚構であるかを示すことができ、その再考を学習者に迫っていけるはずだといった「期待」や「構え」を

インタビューの場にもち込んでしまっていたのである。それは，そもそも筆者が「雑多」な属性を「利用」することで，「単一性」の問題を脱構築するための何かができていると想定していたことに起因する。

このことは，言語＝国籍＝血統という考えが非常に根強く，それによって困難や葛藤を抱えざるをえない教師たちの置かれた状況に対する筆者の想像力が完全に不足していたことを意味している。そして，それは，筆者が言語＝国籍＝血統という図式のなかに，ある意味，「安住」しているからこそ成しえてしまったものであり，「単一性志向」が根強い日本語教育という空間において，《言語》と《国籍／血統》との間にズレをもつということがいったいどのような意味をもつのかということ自体に対して，筆者の理解がまったく及んでいなかったことを示しているといえる。日本国籍と日本名をもった「日本人」の「日本語のネイティヴ」であり，《言語》と《国籍／血統》が一体化した「単一性」を筆者が兼ね備えていることは，筆者がそのことに価値を置いているか否かにかかわらず，「単一性志向」の根強さに対する理解の不十分さと鈍感さを生んでいたのである。

ところで，差別問題を論じている倉石（2007）は，差別の現象は観察者や記述者の存在から超然としたところにあるものではなく，日常のなかに埋め込まれているものだという立場から，〈差別の日常〉についての解読を行っている。そして，その〈解読〉の際に研究者が行う自己言及は，二つの点において重要な意味があると指摘している。

まず，自己言及をすることによって，よりよい形で「当事者」像を浮かび上がらせることができるということである。研究者による自己言及は，「当事者」だけを淡々と描く場合以上に，「当事者」の姿を映し出すことに繋がるというのである。また，「当事者」イコール「マイノリティ」あるいは「被差別者」ではなく，誰でも常に／既に差別問題の「当事者」であり，社会学的フィールドワークの経験は，ある種の痛切さとともにそのことを自覚させてくれる場であるという（p.5）。

差別問題を論じている倉石の指摘をそのまま本研究にあてはめて考えることはできないが，非常に重要な指摘がここではなされていると思われる。これまで論じてきた「調査するわたし」への自己言及は，「在日

コリアン」教師とのインタビューにおいて，格闘してはいるものの，「単一性志向」の根強さという根本問題になかなか気づかないでいる筆者の姿を映し出した。そして，そのことは，「在日コリアン」教師が置かれている文脈を一層明確に照射することになったといえる。

本章第2節において，「在日コリアン」教師たちが「雑多」な属性を隠し，表面的には「単一」な属性をもつかのように演じてしまっている（演じさせられてしまっている）ということから，韓国の日本語教育という文脈における「単一性志向」の根強さを指摘した。だが，本節における調査者の自己言及を踏まえると，こうした問題は，筆者と切り離されたところで蔓延(はびこ)っているものでは決してないということが示されたのではなかろうか。「単一性志向」の問題を正面から論じようとしている者でさえも，その問題への鈍感さを抱えもってしまっていたからである。このことは，この問題がいかに根深く，根強いものであるかということを間接的に指し示しているといえる。

第4節
「在日コリアン」教師のライフストーリーからの示唆

ここからは，本研究で明らかになったことにどのような意義があるのかを，《「母語」とする言語》と《国籍／血統》の関係性を論じるにあたって参照してきた，「日本語＝日本人」という思想に関する議論，「ネイティヴ」／「ノンネイティヴ」という概念における権力関係の議論，「在日コリアン」研究における議論の三つの観点に分けて論じていくこととする。

4.1 「日本語＝日本人」という思想に関する議論に対して

1990年代以降，いわゆる「正しい日本語」といった「日本人」の「日本語」を頂点に据える言語観や「外国人の日本語」を「逸脱」と見なす考え方，「非日本人」を「日本人」化するための論理などが議論され，「日本語＝日本人」という思想の脱構築が日本語教育内外の研究者

によって目指されてきた。こうした一連の研究は,「正しさ」という言語学的観点から捉えた「日本語＝日本人」という思想の問題群を扱ってきたが,「日本語＝日本人」という図式から逸脱しているような人々,例えば,「日本語」を「母語」として身につけてはいるが,国籍や血統という観点からすると「非日本人」であるような人々を「日本語＝日本人」の議論のなかに十分に位置づけてはこなかった。

　本書が示した「在日コリアン」教師のライフストーリーとそこから照射された彼らの置かれている文脈が示唆したことは,いわゆる「正しい日本語」を話していても国籍や血統的に「日本人」ではないということによって,「正統な日本語話者」から排除されてしまう可能性があるということであった。「日本語」を用いている話者の所属という観点が,ある人の行使する「日本語」が評価される際に,重要な意味をもってしまっているということを示しているといえる。いくらそれが言語学的に見て「正しい日本語」であっても,それが「非日本人」の「日本語」である場合,その「日本語」が「日本人の日本語」の下位に位置づけられてしまいかねない思想が共有されていることを本研究は明らかにしたのである。このことは,例えば,「非日本人」の学習者の「日本語」がどんなに上達しても,その「日本語」が「日本人の日本語」の下位に,容易に位置づけられてしまいかねないことを意味しており,本研究はそれを示す非常に象徴的な事例を提示したということになる。

　近年,新たに,日本語そのものを「やさしい日本語」につくりかえようとするプロジェクトが進められている。この「やさしい日本語」を提唱した庵 (2009) は,「『日本人』の日本語」に至る中間段階のステップ」(p.127) が「やさしい日本語」であると定義し,「簡約日本語」(野元 1986：1992) と基本的には同じ発想をもつものであると述べた。しかし,「簡約日本語」の反省点を踏まえ,単なる逐語訳的書き換えではなく,大胆な意訳も「やさしい日本語」には取り入れていくとした。それによって,「簡約日本語」に対して向けられた「変な日本語」,「日本語を乱すもの」といった批判をかわしていくことができると論じたのである。その一方で,「「やさしい日本語」に賛同する勢力を地域の日本語教室や,外国人と交流する地域のボランティア組織の草の根の中から増や」

すことによって,「日本人側が「通じやすい」表現を工夫するようになり、それが一種の中間言語としての「やさしい日本語」」(pp.128-129)に繋がっていくと庵(2009)は指摘した。これにより、田中(1989)が「簡約日本語」に対して行った「二流の予備日本語」という批判にも対処しようとしたのである。

だが，このような特徴をもつ「やさしい日本語」は，果たして,「日本語＝日本人」という思想自体に変更を迫るものへと発展していくことができるであろうか。

確かに,「やさしい日本語」はもともと災害時に，外国人に情報を提供するためにつくられたという経緯があり(佐藤2004；2007,御園生・前田2007),筆者も「やさしい日本語」という発想そのものを否定するつもりはない。だが，庵(2009：2011)などで詳細に提示されている「やさしい日本語」の文法項目の一覧を見ると，そこには，初めから,「やさしい日本語」と「普通の日本語」との間には大きな格差と断絶が前提とされているように感じられてしまう。「簡約日本語」(野元1986；1992)や「共生言語としての日本語」(岡崎2002)に対して，田中(1989),須田(2006),牲川(2006b)などが批判を展開させてきたように，そうした「日本語」の考え方は2種類の「日本語」を創出するだけで，結局は,「日本人の日本語」の下位に「やさしい日本語」が位置づけられるという結果をもたらすことになってしまわないだろうか。本研究で明らかになったことを踏まえて考えてみても，新たな「日本語」を制度的につくり出し，そうした「日本語」を尊重しようとしたり，日本人の側もそうした「日本語」を使用していくようにしたりするだけでは大きな変革は望めないと思われる。「日本語＝日本人」という思想を脱構築していくには，むしろ，排除を生み出す権力構造全体を変えていくための働きかけが必要とされるであろう。そのためには，社会で共有されていると思われる，たった一つの「正統な日本語」,「統一体としての日本語」といった意識そのものを変革していくことが必要である。そして,「日本語」という言語が評価されるような場面において,「日本人であるということ」がいったいどのような優位性をもつのかということを常に問い直していく姿勢も必要とされるであろう。

このように，本研究で示してきた，言語学的には「日本語のネイティヴ」と見なされるが，国籍／血統という観点からすると「非日本人」とされる人々の「日本語」をめぐる議論は，言語学的な「正しさ」という形式の問題をあえて脇に置くことで，「日本語」に付与された「日本人性」の問題に焦点をあてた議論の構築に繋がったと思われる。

4.2 「ネイティヴ」／「ノンネイティヴ」という概念に関する議論に対して

従来の「ネイティヴ」／「ノンネイティヴ」概念に関する議論では，両者の間にある言語能力を基準とした二項対立的な権力関係やそれぞれの内部には同質性・均質性があるといった前提が批判の対象とされてきた。また，そうした研究に対して，例えば，言語教育の領域では，「ノンネイティヴ」の教授能力を「ネイティヴ」のものとは異なる観点から評価することにより，両者の間にある関係性を崩すことが目指されてきた。しかしながら，そうした議論においても，両者の間にある二項対立的な前提は所与のものとされてしまっていた。本研究では，こうした二項対立の関係性のなかには容易に位置づけられない「在日コリアン」教師のライフストーリーの考察を通じて，「ネイティヴ」／「ノンネイティヴ」という概念の脱構築に繋がる議論の提示を目指してきた。

「ネイティヴ」／「ノンネイティヴ」概念という観点から見た本研究で明らかになったことは，「在日コリアン」教師たちが，言語学的には「日本語のネイティヴ」であっても国籍や血統的に「日本人」ではないことによって，「日本語のネイティヴ」というカテゴリーからは排除されてしまう現実があるということであった。このことは，言語能力という観点から人々を「ネイティヴ」／「ノンネイティヴ」に振り分けてしまうことやそこに見出される権力関係を問題化してきた従来の研究とは異なり，ある人の国籍や血統といった所属に関わる要素が「ネイティヴ」／「ノンネイティヴ」の判定において重要な鍵となっていることを示している。本章第2節でも指摘したように，言語学的観点からすれば，確かに「日本語のネイティヴ」と見なされる「在日コリアン」教師たちだが，その一方で，国籍や血統という観点を踏まえると，彼らは常に

「日本語のネイティヴ」で居続けられるわけではなかった。通称名を用いることによって，言語を話すマジョリティ側の人々がもつ国籍や血統をもっているかのような「なりすまし」に成功すれば「日本語のネイティヴ」に「なる」ことができたり，逆に，本名を用いることでそこから排除されたりしていた。このことは，言語学者の定義の比較などから，「ネイティヴ」という概念の実体のなさを主張した Paikeday（1985 = 1990）や大平（2001）などの研究を支える根拠を別の角度から提示したことになる。「ネイティヴ」という概念の実体のなさを概念上の議論からではなく，「ネイティヴ」／「ノンネイティヴ」のどちらにも振り分けられる可能性をもつ「当事者」の語りから，より現実的な問題として論じた点に本研究の意義は見出せるのではないかと思われる。

　また，《言語》と《国籍／血統》との間にズレをもつということを理由に，「正統な日本語のネイティヴ」から排除されてしまうような事態を回避し，「十全」で「正統な日本語のネイティヴ」に「なる」ために，そして，"より「有利」なポジションを獲得するため"に，通称名使用を実践していた教師たちの事例は，日本語教育において"より「有利」なポジションを獲得すること"に，「ネイティヴ性」が深く関わっていることを示唆していた。このことは，教師の資質や専門性を捉える際に，「ネイティヴ性」以外の基準が十分には機能していない可能性を示しているといえるだろう。

　今後，「国境」を越えて移動する人々は今まで以上に増えていくことと思われる。それに伴い，本書で取り上げてきたような，《「母語」とする言語》と《国籍／血統》との間にズレをもつ人々もますます増加していくことが予想される。そのような流れは，今後，日本語教育を担っていく日本語教師のなかにも確実に起こると考えられる。おそらく，日本国籍と日本名をもった「日本人」ではあるが「日本語のネイティヴ」ではない教師や，日本国籍も日本名ももたない，国籍／血統的には「非日本人」で日本での居住歴もないが「日本語のネイティヴ」である教師など，多様なバックグラウンドをもった教師が生まれていく。そうしたときに，日本語教育はどのような基準によって教師の資質を捉えることができるだろうか。少なくとも，ある国籍や血統をもつことによって，誰

かを言語の「正統な話者」と見なしたり，誰かを優れた教師として捉えるような考え方は否定されなくてならないことだけは確かである。既に細川（2004）や縫部（2010）などにおいて，日本語教育における教師の資質や専門性の議論は行われているが，こうした議論をより一層深めていく必要があることを本研究のデータは示したと考えられる。

4.3 「在日コリアン」研究の議論に対して

「帰韓」した「在日コリアン」教師に関する研究はこれまで行われたことがなく，また，統計的にも彼らの存在は把握できないということが先行研究の検討から明らかとなった。本研究は，このように不可視化されてきた教師の言語意識や言語経験，教育経験に光をあてたという意味で，まず意義があったのではないかと思われる。また，旧宗主国のことばであり，自分の「母語」ともいえる「日本語」を旧植民地において教えるという，教師たちの直面してきたポストコロニアル的な状況を映し出す一つの事例を提示することもできたのではないかと思われる。

一方，「在日コリアン」の言語とアイデンティティに関する先行研究では，「単一民族国家」観に縛られた言語共同体という発想のあり方が批判され，言語や国民の境界がいかに恣意的なものであるか，確固たる輪郭をもつ言語ではなく，「不純で不完全なごちゃまぜ言語」がいかに必要であるかが論じられてきた。本研究で提示した「在日コリアン」教師たちのライフストーリーのなかにも，今いる状況と位置づけのなかで格闘しながら，そうした「雑多」で「混沌」とした言語や国民のあり方を模索する語りが見られ，その具体的な文脈を教師の語りから明らかにすることができた。

しかし，むしろ，そうした「雑多」な属性に向き合うことの難しさを具体的な文脈とともに提示したという点を本研究では重視したい。言語や国民が「混沌」としていることを，「在日コリアン」の言語経験やアイデンティティを根拠に映し出そうとしていた先行研究もあったが，本研究では，そうした議論の組み立て方が必ずしも成功に終わるものではないこと，そして，そこには現実問題としてある一定の難しさがあるということを示すこととなったからである。「単一性志向」が依然として

強い空間にいる教師たちが、それに真っ向から逆らって、「雑多」で「混沌」とした属性を示すことは「日本語のネイティヴ」というカテゴリーからの排除を生む可能性があるということを教師たちの語りは映し出していたのである。

第5節
言語教育における「単一性志向」

　第3章第1節の一部で取り上げたが、韓国社会にも根強い「純血主義」や「単一民族主義」が蔓延っており（徐2010b, 櫻井2011）、本書で取り上げてきた在韓「在日コリアン」教師たちが従事している韓国の日本語教育の現場も、そうした考え方に大きく影響を受けてきたと考えられる。そのため、本書で明らかにしてきた「単一性志向」の問題を、調査のフィールドとなった韓国の日本語教育特有の問題だと見なすことも可能である。だが、本研究で明らかになった「単一性志向」の根強さという問題は、果たして、韓国の日本語教育に限ったものだと言い切ることができるだろうか。

　近年、韓国の日本語教育に限らず、スペイン語やドイツ語、また、英語教育などの他の言語教育においても、ある言語と特定の出生地・人種・外見・民族などの繋がりが前提にされていること、その観点から「正統な話者」が判断されてしまうことに対して、さまざまな議論と批判が展開されている。

　例えば、アメリカのスペイン語教育に関して、Valdés他（2003）は、スペイン語学部に所属する「スペイン語のネイティヴ」、「ノンネイティヴ」、「U.S. Latino（アメリカ在住のラテン系の人々）」という属性をもつ院生、および、教員に対するインタビュー調査を実施し、以下のような報告を行っている。まず、「スペイン語」がラテンアメリカ、および、スペインの言語として広く認識されているということ、また、純粋でフォーマルな間違いのないスペイン語こそが「よいスペイン語」であると認識されているということ、さらには、正しい語法のモデルとしての「ネイティヴ」規範といったものがあるということなどである。そして、この

ように価値づけされるスペイン語の話者として認識されているのは，ラテンアメリカやスペインの「スペイン語のネイティヴ」であって，「U.S. Latino」と呼ばれる，アメリカで生まれ育ったスペイン語話者の存在は権力構造のなかの低いレベルに位置づけられているということである。これらのことを踏まえ，Valdés 他（2003）は，スペイン語の言語学的なモデルはラテンアメリカやスペインの「ネイティヴ」によって提示されるべきであるという認識や，ラテン系アメリカ人のスペイン語話者から提示されるスペイン語には言語学的な限界があるという認識が広く共有されていることを問題化している。

また，アメリカの英語教育に関しては，第1章でも取り上げた Nero（2006）において，黒人やアジア系などの「白人」ではない「英語のネイティヴ」教師の「ネイティヴ性」が教育現場で疑問視され，「英語のネイティヴ」教師というカテゴリーから排除されてしまうという状況に直面していることが報告されている。こうした事例は，言語の「正統な話者」という判断において人種という観点が重要な位置を占めていることを示しているものだといえる。

同様に，日本の英語教育の現場に関しては，ALT（外国語指導助手）の事例をもとにした報告がなされている。浅井（2006）は，日系アメリカ人1世の父親と中国系アメリカ人1世の母親との間に生まれた「アジア系アメリカ人」のALTが，外見や服装だけでは日本人とほとんど区別がつかないという理由から，「ファミリーネームをアメリカ的な名前に変えたほうがよい」，「そのほうが生徒にもわかりやすい」といった助言を受け，「典型的な英語のネイティヴスピーカー」に近づくことが強要されたというエピソードを紹介している。その一方で，「メキシコ系アメリカ人」のALTは，外見が「ヨーロッパ系」と似ていて，日本人の目には「西洋人」として映るため，民族的なルーツなどが問題にされることはなかったと指摘されている。

さらに，ドイツ語教育に関しては，Kramsch（1997）が議論を展開させている。Kramschは，アメリカのドイツ語教育界において，ドイツ系アメリカ人の教師がアメリカ人のドイツ語教師よりも優位なポジションを築いていることを指摘し，その背景には，ドイツ系アメリカ人のほう

が，ドイツに由来をもたないアメリカ人のドイツ語教師に比べて「ドイツ語」や「ドイツ文化」とより「真正な」関係を保っているという認識が共有されている状況があると論じている。また，同様のことは，ドイツ語教材の出版業界でも起きており，誰が教科書の執筆者としてふさわしいのかを判断する際に，実際の執筆者としての素養などよりも，ドイツ由来の名前をもつか否かが重視されてしまう側面があると指摘している。これらのことは，アメリカのドイツ語教育の現場に見られる言語＝文化＝血統といったものの幻想とそこに付与されている「真正性」を如実に映し出しているといえるのではなかろうか。

　以上のような研究が指し示しているのは，さまざまな言語教育において，言語的な能力や素養以外の外見や名前，出生地など，人種や民族などの特定に繋がる指標によって，その人の言語に「真正性」があるのか否かが判断されるという視点，または，ある言語の話者としての「正統性」をもつのか否かが決定づけられるという視点が依然として存在しているということである。本書で取り上げてきた在韓「在日コリアン」教師の事例から明らかになった「単一性志向」という問題は，韓国の日本語教育という文脈のなかで見られたことであるため，その結論をそのまま言語教育全体の問題として広げて論じることには，当然のことながら，慎重でなければならないと思われる。しかし，このように，他の言語教育のさまざまな現場においても類似した事例が多数報告されていることから考えても，こうした言語教育における「単一性志向」をめぐる問題は，今日，広く再考されるべき重要なトピックの一つだといえる。

　ことばを学ぶこととは，そもそも，ことばによる自己表現をより豊かにしていくことを促す営みではないかと筆者は考える。生活圏のなかで自然と身につけた言語とは異なる新たな言語を身につけ，個人がもつ言語のバリエーションを増やし，さまざまな他者，そして，さまざまな価値観に出会うことを支えていくのが言語教育なのではないかと考える。そこには，本来は，誰が「正統な話者」で，誰がそうではないのかといった視点や，「一国民」，「一民族」，「一言語」などといった固定化された関係性はなかったはずである。だが，それにもかかわらず，本研究でも示されたように，言語教育は，《言語》と《国籍／血統》の一体化

を前提とした，ある国籍や血統をもつ者にその言語の「正統性」や「真正性」を付与してしまうという「単一性志向」という考えを抱えもつといった自己矛盾に陥ってきた。

　第2章で論じたように，言語は，近代国家の形成の際に，さまざまな背景をもつ多様な人々を同じ国民として束ね上げ，国民意識を醸成し，一つの国家を形成していくプロセスにおける重要な装置とされてきた（田中 1981, Anderson [1983]1991 = 1997, イ 1996）。そして，こうした国民国家形成のプロセスと足並みを揃えて行われてきた言語の統一化に，言語教育は大きな貢献をしてきたという過去をもつ（イ 1996）。だが，そうした国民国家の形成に寄与していた頃の言語の思想，つまり，「統一体としての言語」といった発想で言語を捉え，それを教育するという考え方は，おそらく，現在に至っても，言語教育において広く共有されているのではなかろうか。そうしたことが，言語教育に「単一性志向」を内包させ，言語教育に自己矛盾を抱えさせてきたのではないかと思われる。

　では，言語教育は，どのような方向に向かっていったらよいのだろうか。

　「統一体としての言語」という思想に関しては，ヨーロッパの社会統合を背景に生まれた複言語主義という思想が，そこからの脱却の方向性を示す糸口になるのではないかと考えられる。複言語主義とは，個人の内部に複数の言語変種[1]が共存していることを尊重し，個人のなかに育まれてきた複数の言語変種を一つに統合させた総体として言語能力を捉えるというスタンスをもつもので，ある領域にいくつかの言語が共存することを尊重する多言語主義とは，個人の言語経験に注目しているという点で異なっている（Council of Europe 2001 = 2004）。福島（2010）によると，複言語主義は，「EUを単に国民国家の集まりでもなく，また新しい一つの国家でもない枠組みを作るために，国家－国民－国家語という国民国家イデオロギーとそれに関わる言語の利害関係を解体・再構築」(pp.39-40) するという側面をもっており，「国民国家主義イデオロギー」への対抗理念として掲げられた概念だという。そして，それは，「多言語状況を地理的要因から個人的要因に移すこと」によって「言語の実体性」を否定することに繋がっており，「一国民」，「一民族」，「一言語」

を前提とする考え方がベースにある「統一体としての言語」という考え方から距離が置かれているという。

「統一体としての言語」には，常に「正しさ」という名の物差しが必要とされ，また，その言語の「正統」な話者を規定する基準がつきまとう。しかし，複言語主義という考え方において示されているように，複数の言語変種がそれらの境界が非常に曖昧な形で個人のなかに位置づけられていき，人々が共有してきた言語の捉え方が変更されていけば，言語の「正統性」や「真正性」という考え方から，言語教育は距離を置くことが可能となるかもしれない。このように，複言語主義の方向性をとりつつ，言語教育が「近代」という時代から脱却するためにはどのような議論の構築が必要か，今後も検討が望まれるであろう。

第6節
今後の展望

近年，グローバル化の進行に伴い，人々の国境を越える移動は加速している。自分の出身国と現在の居住国が異なる「国際移民（international migrants）[2]」と呼ばれる人々は増加の一途を辿っている。1990年の時点では1億5000万人だった「国際移民」は，2010年の時点では2億1400万人に達しており（United Nations 2012），約70億人といわれる全世界人口の約3％を占めるまでになっている。今後もさらなる増加が予想される。

こうした人々の国境を越えたダイナミックな移動は，多言語環境・多文化環境をもたらし，移動する本人や受け入れる側のホスト社会の人々に，複数の言語や文化と出会い，それらを個人のなかで育んでいく機会を与えることになる。そうしたさまざまな言語や文化が混沌とした状況が，すべての人にとってごく当たり前のこととなれば，おそらく，《言語》と《国籍／血統》の一体化を求める「単一性志向」といった考え方は時代にはそぐわないものとして捨て去られていくのではないかと期待できる。だが，こうしたグローバル化によりもたらされる社会の変化のみによって，「単一性志向」といった考え方が自動的にすぐさま消え去るほど，容易に解消される問題でもないように思われる。このことはこ

れまで述べてきた本書における考察からも明らかである。

　それでは，こうした「単一性志向」の問題にどのように対峙していくことができるだろうか。最後に，筆者なりの向き合い方を述べ，本章を閉じることとしたい。

　本書を通じて描いてきた，言語，国籍，血統の一体化を前提とし，ある国籍や血統をもつ者に，その言語の話者としての「正統性」や「真正性」を付与してしまうという言語教育における「単一性志向」の問題は，言語教育という分野に限定された問題ではなく，社会のなかで広く共有されている言語観に影響を受け，構成されている側面がある。そのため，今後は，言語教育の側からも，こうした問題を広く社会に問うような姿勢が必要となってくるのではないかと筆者は考える。

　筆者が従事している日本語教育の領域では，本研究で扱ってきたような教育の現場に直接結びつかない研究テーマは圧倒的に少ない。それは，日本語教育が，基本的には「日本語を教える」学問領域として発足され，日本語の言語形式や教育の方法など，日本語を教えるために必要な内容が研究テーマとして求められてきたからだと思われる。もちろん，そうした研究やそれらを踏まえた新たな教室実践を模索し続けていくことは，言語教育において必要とされることだが，日本語教育という領域は，「日本語を教えること」に関わる研究にフォーカスしているだけでよいのだろうかという疑問も残る。

　「単一性志向」を内包した日本語教育という領域に身を置き，「日本人性」が付与された「日本語」を学習者に教えるという行為からは逃れられない立場にあるからこそ，「日本語」が抱えもつ言語観を再考・解体させていく働きかけを広く行っていく必要があるのではないかと筆者は考える。本書を通じて明らかにしてきた「単一性志向」の問題は，日本語教育の理念や教室実践の改善のみによって，そこからの脱却が見込めるようなものではなく，日本語教育を超え，より多様な人々に，そして，社会に問い続けていかなくては，解消が見込めない類のものだからである。「日本語」を学ぶ人々のもっとも身近にいる者が，こうした言語観をより柔軟で開かれたものへとつくり変えていこうと目指していくこと

も重要な日本語教育＝研究実践の一つといえるのではないだろうか。

　今後も，日本語教育の現場に身を置きつつ，こうした「単一性志向」の問題を具体的な文脈を伴って可視化させ，議論の俎上にのせていきたいと考える。特に，本書で行ってきたように，調査者による自己言及[3]を伴ったライフストーリーの提示により，読み手に追体験を迫るような形で問題提起を行っていきたい。

注
1) 複言語主義の文脈では，「言語」ではなく「言語変種」と用語が使用される場合が多いため，ここでの記述も「言語変種」という用語を用いる。
2) 国際的に合意された移民の定義は存在しないが，1997年に国連統計委員会に提出された国連事務総長報告書では「通常の居住地以外の国に移動し少なくとも十二カ月間該当国に居住する人のこと（長期の移民）」という定義が奨励されている（中山 2009）。
3) 調査者による自己言及の意味に関しては，田中（2014，2015）において論じている。

あとがき

　「当時は，日本語教育は非公式的にしかやっちゃいけない時代でね，マンションの一室でひっそりと日本語を教えてもらったりしたこともあるんですよ。そのとき教えてくれたのが在日コリアンの先生でね」

　在韓「在日コリアン」の日本語教師の存在に興味をもち始めたのは，韓国人の日本語教育関係者から1960〜1970年代の日本語教育についてお話を伺っていた2008年のことだった。当時，私は，「解放」後の韓国で日本語教育が再開された時期に学習し，その後，教師になった人々のライフストーリー調査を実施していて，日本や日本語に非常に冷やかな視線が投げかけられていた時代に，人々はなぜ日本語を学び，その後，教えることを選択したのか，そして，そこにはどのような葛藤や受容のプロセスがあったのかなどについて聞き取り調査を行っていた。こうした調査のなかで，冒頭のインタビューデータのように，「ネイティヴ」の「在日コリアン」の先生から「日本語」を教えてもらっていたと話す元学習者たちにしばしば遭遇し，韓国の日本語教育の発展には「在日コリアン」教師たちも少なからず貢献していたのだという理解を深めていた。そんなある日，いつもと同じように韓国人の教育関係者にインタビューをするつもりで向かった先で偶然にも在韓「在日コリアン」の日本語教師に出会ったのである。知り合いの知り合い，さらにその知り合い…といった具合に研究協力者を紹介してもらっているうちに，探していた研究協力者の属性が間違って伝わり，偶然の流れで「在日コリアン」教師からお話をお聞きすることになったのである。

　予定していた研究協力者の属性とは異なるが，当時の韓国の日本語教育をまた異なる視点から理解するという目的で，そのままお話をお聞きすることにしたのだが，私はその教師が語るライフストーリーそのもの

に完全に引き込まれていってしまった。それまでにも，小説で，韓国に「母国留学」した「在日コリアン」が，「やはり韓国人にはなれない」といった挫折を抱えて日本に戻ってくるといったストーリーを読んだことはあったが，その教師とのインタビューで語られたのは，慣れない韓国社会で自身の居場所を見つけ，生活してきた在韓「在日コリアン」教師の約30年間にわたる韓国での経験と意味世界だった。私は非常に強い関心を覚え，その日を境に，日本や韓国の図書館で在韓「在日コリアン」に関する資料の収集を始めた。当時は在韓「在日コリアン」に関する研究が国内外でもほとんど着手されていない状況で，当然，在韓「在日コリアン」の日本語教師に関する手がかりも摑めず，まさに暗中模索の状況だった。また，日本語教育を専門としてきた私がもっていた研究のフレームワークでは，彼らの壮大なストーリーを捉えることができず，途方に暮れてしまい，もともと調査していた研究課題にやはり戻ろうかと思ったこともあった。だが，それでも，彼らのライフストーリーに魅了され，約2年間に1週間程度の集中的なインタビュー調査を計8回組み，フィールドに通い続けた。途中からは，あまり可視化されてこなかった彼らの経験や意味世界を，聞き取り始めた私がきちんと形に残さなくてはならないといった思いを抱いて調査に臨んでいた。既に教育現場を引退している方が多く，現在とはまただいぶ異なった空気感をもつ韓国社会のなかで，生きにくさと葛藤を抱えながらも，自分の人生を切り開いてきた「在日コリアン」2世の先生方の調査では，特に，そうした思いを強く感じていたように思う。本書を通じて，私が引き込まれていった彼らの語りの力強さをうまく伝えることができていたら幸いである。

　本書は，2009年9月から2011年11月にかけて筆者が行った在韓「在日コリアン」の日本語教師18名に対するライフストーリー調査の成果である。その後もインタビュー調査は細々とではあるが続けており，現在までの研究協力者の数は30名近くになった。聞き取りの方向性も，私の興味・関心にしたがって少しずつ変容してきており，一旦区切りをつけたいという気持ちもあって，2011年までのインタビューデータを使用した研究成果をもとに，出版に踏み切ることにした。

本書の第2章で論じたように，インタビュー調査において，インタビュアーが完全に中立であることは難しく，ある特定の興味や関心，「期待」や「構え」をもつ，「そのときのわたし」によって語りは捉えられ，解釈される。本書も，結果として，私がもっている日本語教育というフレームワーク，そして，私というフィルターによって，彼らの語りを聞き取り，捉え，文脈化したものであり，日本語教育，または，言語教育に議論を収束させる方向性でまとめる形となった。それゆえ，在韓「在日コリアン」教師の日本語教育の現場における名前の使用や，そこから導かれた言語教育における言語・国籍・血統という観点がクローズアップされる形となった。だが，おそらく，韓国社会にいるすべての「在日コリアン」教師が，自らの属性のために教育現場で葛藤を抱いていたり，「在日コリアン」というカテゴリーの明示化や名前の戦略的使用によって教師としてのポジションを確保しようとしていたりするわけではないだろう。また，彼らのライフストーリーはそうした観点からのみ語りつくされてしまうようなものではないし，本書は，彼らのライフストーリーを一般化・普遍化しようとしているわけでもない。彼らのダイナミックな移動の経験と個々の教師たちの状況は，別の視点から捉えようとすれば，また異なるストーリーとして描き出すことができるだろうし，今後はそうした取り組みも行っていきたいと考える。

　「まえがき」でも述べたように，本書は，「在日コリアン」教師たちのライフストーリーに加え，その調査プロセスとそこに関わる調査者に関する記述をもとに，言語教育における言語，国籍，血統の関係性について論じたものである。その意図としては，調査者の経験をより深いところで読者と共有することで，言語教育における「単一性志向」の問題をより主体的に捉え，そうした現状を打破していくことへの意識化を促したいといった思いがあった。そうした狙いがどこまで達成されたかはわからないが，今後もこうしたテーマを議論の俎上にのせ続けていく試みを行っていきたいと思う。

＊＊＊

あとがき

本書は，2012年12月に早稲田大学大学院日本語教育研究科に提出した博士論文「言語教育における言語，国籍，血統―在韓「在日コリアン」の日本語教師のライフストーリーを手がかりに―」に加筆・修正を加えたものである。
　本書の執筆にあたっては，以下の初出論文がもとになっている。

第1章　田中里奈，2011a，「日本語の学習はどのように選択され，意味づけられたのか―1960-70年代に日本語を学び始めた韓国人日本語教員のライフストーリーからの一考察―」『日本語教育史論考第二輯』刊行委員会編『日本語教育史論考第二輯』147-160，冬至書房．

第2章　田中里奈，2014，「「言語教育学としてのライフストーリー研究」において調査者の構えを記述する意味――「在日コリアン」教師の研究からの示唆」リテラシーズ研究会編『リテラシーズ――ことば・文化・社会の言語教育へ』14，73-83．

第3章　田中里奈，2011b，「「カテゴリー」化されることへの拒絶とその戦略的利用―在日コリアンとして生まれ育った在韓日本語教師の「日本語」の意味づけをめぐる語りを手がかりに―」日本移民学会編『移民研究年報』17，97-108．
　　　　田中里奈，2011c，「「日本語＝日本人」という規範からの逸脱―「在日コリアン」教師のアイデンティティと日本語教育における戦略―」リテラシーズ研究会編『リテラシーズ――ことば・文化・社会の言語教育へ』9，1-10．

第4章　田中里奈，2013，「言語教育における「単一性志向」―帰韓した在日コリアン教師の言語／教育経験とアイデンティティに関する語りから―」細川英雄・鄭京姫編『私はどのような教育実践をめざすのか――言語教育とアイデンティティ』113-141，春風社．

＊＊＊

最後に，博士論文，および，本書を執筆するにあたり，多くの方々にご指導，ご支援をいただいた。この場をお借りして，御礼を申し上げたい。
　まず，2009年から実施した在韓「在日コリアン」教師へのインタビュー調査に快く応じてくださった18名の研究協力者の方々に深く感謝の意を表したい。特に，本書で多くの語りを引用させていただいた4名の先生方には，何度もインタビュー調査にご協力いただいた。
　「在日コリアン」教師の意味世界にまったく無知の状態で飛び込んでいった私をあたたかく迎え入れ，合計で約20時間以上にもなるインタビューのなかで多くのことを学ばせてくださったのは事例の一つ目で取り上げたV先生である。V先生は，これまで誰にも話そうとは思ってこなかったという当時のさまざまな経験を一つ一つ丁寧に語ってくださった。V先生との出会いがなかったら，「在日コリアン」教師のライフストーリーを捉えたいという強い思いをもち続けることはできなかったのではないかと思う。
　「名前の使い分け」というトピックをどのように論じるか，なかなか明確になっていかない私とのインタビューに辛抱強く付き合ってくださり，多くの気づきと発見を与えてくださったのは事例の二つ目で取り上げたL先生である。L先生との出会いがなかったら，本書で論じてきた《言語》と《国籍／血統》の関係性という議論を掘り下げることはできていなかったかもしれないと思う。
　センシティブなトピックになると尻込みしてしまい，単刀直入に質問が切り出せない私との長いインタビューに付き合ってくださったのは，事例の三つ目で取り上げたE先生である。ご自身もインタビュー調査をもとに博士論文を執筆されているE先生とは，時折，研究の悩みなども分かち合い，最後は原稿の執筆を激励のことばで後押ししてくださった。
　「在日コリアン」3世への研究協力者がなかなか見つからず，挫折しかけていた私を励まし，研究協力者を次々と紹介してくださったのは，最後の事例で取り上げたD先生である。D先生は，歯に衣着せぬ物言いでご自身の経験や考えを率直に語ってくださり，また，ときには，インタビュアーである私にもストレートに批判を投げかけてくださった。そ

のおかげで，常に自分のポジショナリティを意識しながら調査に臨むことができ，「在日コリアン」教師の意味世界への理解を深めていくことに繋がった。

　他にも多くの方々にインタビュー調査にご協力いただいたが，本書で取り上げることができたのはごく少数の方の事例となった。だが，この調査で出会ったすべての方々との出会いがあったからこそ，本書をまとめることができたのだと思う。心から感謝したい。

　博士論文の指導をしていただいた早稲田大学名誉教授の細川英雄先生にも深く御礼申し上げる。細川先生は，「在韓「在日コリアン」日本語教師という対象に本当に興味・関心があるなら，とにかくやってみたらいい。始める前から結果をおそれる必要はない」という心強いおことばをかけてくださり，彼らの壮大なストーリーの前で立ち往生し，本格的な研究着手になかなか踏み出せない私を後押ししてくださった。当然のことだが，彼らのライフストーリーは，日本語教育の分野の議論としてのみ論じることのできないものであるため，それをどのような文脈に位置づけて議論をしていくかということに随分迷ったり，悩んだりした。そのようなときにも，日本語教育の領域性に囚われすぎずに，自由な発想で研究を遂行するよう励ましてくださった。自分の研究にこうして向き合い続けることができたのは，細川先生が要所要所で的確なご助言をくださると同時に，常に刺激的な議論の場に参加する機会を与えてくださったからだと思う。

　早稲田大学名誉教授の吉岡英幸先生や早稲田大学大学院日本語教育研究科教授の川上郁雄先生には，他の研究室の学生であるにもかかわらず，ゼミでの発表の機会を与えていただいたり，個別に時間を割いていただいたりして，本書のもととなった博士論文に対してさまざまなご指導をいただいた。この他，津田塾大学学芸学部教授の林さと子先生，一橋大学国際教育センター教授の西谷まり先生には，非常に漠然とした研究のアイデアをお話しした際に，研究の方向性を見出していただき，ご助言をいただいた。深く御礼申し上げたい。

　上智大学総合グローバル学部教授の蘭信三先生にも感謝申し上げたい。

蘭先生と知り合ったのは，ある学会で，「面白そうなテーマだね。ライフワークになるかもしれないね」と声をかけていただいたのがきっかけである。日本語教育学研究としては決してメジャーとはいえないテーマを追いかけていることに迷いと引け目を感じていた私にとって，先生のおことばは大きな励ましとなった。また，「在日コリアン」などを対象としている研究者たちとの議論の場に参加させていただいた経験は，日本語教育に従事しながら「在日コリアン」を研究対象とする私にしか書けない論文とはどのようなものかという問いを考えるきっかけとなった。研究の位置づけに関しては，ポストコロニアル研究や人の国際移動の視点からご助言をいただいたが，本書では十分に展開できていない。今後の課題としたい。

　大学院時代のゼミのメンバーにも，演習や自主ゼミにおいて，本研究の構想段階からさまざまなコメントをいただいた。一人一人お名前を挙げることはできないが，さまざまな議論をかわし，そこでの気づきが本研究を遂行していくさまざまな場面で生かされてきたと思う。

　3年半勤務した韓国・国立釜慶大学校人文社会科学大学日語日文学部教授の金祥圭先生，崔建植先生，朴栄淑先生にも，韓国でインタビュー調査を始めた際に，研究協力者をご紹介いただくなど，たいへんお世話になった。深く御礼申し上げたい。

　なお，本書のもととなった調査と原稿の執筆は，以下の研究助成を受けて行った。

- 田中里奈（研究代表者）科学研究費補助金（若手研究（スタートアップ）
  →研究活動スタート支援，課題名：「韓国人学習者の日本・日本語への葛藤と受容の経験に関するライフストーリー研究」（2009〜2010年度，課題番号21820054，研究機関：早稲田大学→山口福祉文化大学）
- 田中里奈（研究代表者）科学研究費補助金（若手研究(B)）　課題名：「「在日コリアン」として生まれ育った在韓日本語教師のライフストーリー研究」（2012〜2014年度，課題番号24720245，研究機関：山口福祉文化大学→フェリス女学院大学）

また，本書の刊行にあたっては，日本学術振興会の平成 27 年度科学研究費補助金（研究成果促進費・学術図書，課題番号：15HP5061）の助成を受けた。これらの研究助成がなかったら，本書の刊行に辿り着くことはできなかったと思う。そして，本書の編集作業等を担当していただいた明石書店の大江道雅さん，岡留洋文さんにも改めて御礼申し上げる。

　最後に，私を常にあたたかく見守り，励ましのことばをかけてくれた家族にも感謝の意を表したい。

2016 年 2 月 10 日　　　　　　　　　　　　　　　　　田 中 里 奈

引用文献一覧

〈日本語文献〉

浅井亜紀子, 2006, 『異文化接触における文化的アイデンティティのゆらぎ』ミネルヴァ書房.

阿部洋子・横山紀子, 1991, 「海外日本語教師長期研修の課題：外国人日本語教師の利点を生かした教授法を求めて」国際交流基金日本語国際センター編『日本語国際センター紀要』1：53-74.

網野善彦, 1982, 『東と西の語る日本の歴史』そしえて.

庵功雄, 2009, 「地域日本語教育と日本語教育文法：「やさしい日本語」という観点から」一橋大学大学教育研究開発センター編『人文・自然研究』3：126-141.

────, 2011, 「日本語教育の文法からみた「やさしい日本語」の構想：初級シラバスの再検討」大東文化大学語学教育研究所編『語学教育研究論叢』28：255-271.

石井恵理子, 1996, 「非母語話者教師の役割」『日本語学』15(2)：87-94, 明治書院.

石田淳, 2007, 「ブール代数分析による社会的カテゴリーの研究──「日本人」カテゴリー認識の分析」社会学研究会編『ソシオロジ』52(1)：3-19.

伊地知紀子, 1994, 『在日朝鮮人の名前』明石書店.

稲葉継雄, 1986, 「韓国における日本語教育史」日本語教育学会編『日本語教育』60：135-148.

井上正仁・山下友信編, 2015, 『六法全書 平成27年版』有斐閣.

イ・ヨンスク, 1996, 『「国語」という思想──近代日本の言語認識』岩波書店.

磐村文乃, 2007, 「韓国における戦後の日本語教育の変遷」櫻坂英子編『韓国における日本語教育』33-50, 三元社.

上田万年, 1895, 「國語と國家と」『國語のため』1-28, 冨山房.

上野千鶴子, 2005, 「脱アイデンティティの理論」『脱アイデンティティ』1-41, 勁草書房.

幼方直吉, 1979, 「単一民族の思想と機能──日本の場合」『思想』656：23-37, 岩波書店.

江川英文・山田鐐一・早田芳郎, [1973] 1997, 『国籍法［第3版］』有斐閣.

大沼保昭, 1986, 『単一民族社会の神話を超えて──在日韓国・朝鮮人と出入国管理体制──』東信堂.

大濱徹也, 1992, 「日本語教育と日本文化」『日本語学』11(3)：75-81, 明治書院.

大平未央子, 2001, 「ネイティブスピーカー再考」野呂香代子・山下仁編著『「正しさ」への問い──批判的社会言語学の試み』85-110, 三元社.

岡崎眸，2002，「内容重視の日本語教育」細川英雄編『ことばと文化を結ぶ日本語教育』49-66，凡人社．

小熊英二，1995，『単一民族神話の起源──〈日本人〉の自画像の系譜──』新曜社．

────，1998，『〈日本人〉の境界──沖縄・アイヌ・台湾・朝鮮 植民地支配から復帰運動まで──』新曜社．

オストハイダ・テーヤ，2006，「「母国語」か「母語」か──日本における言語とアイデンティティの諸相」近畿大学語学教育学部編『近畿大学語学教育学部紀要』6(1)：1-15．

柏崎千佳子，2007，「韓国籍・朝鮮籍をもたずに「コリアン」であること──日本国籍者によるコリアン・アイデンティティの主張」柏崎千佳子編著『ディアスポラとしてのコリアン──北米・東アジア・中央アジア』195-228，新幹社．

加藤秀俊（司会），1986，「座談会：国際化する日本語の座標軸」国際交流基金編『国際交流』41：2-29．

亀井孝，1971，「「こくご」とはいかなることばなりや」『亀井孝論文集1・日本語学のために』225-256，吉川弘文館．

川上郁雄，1999，「「日本事情」教育における文化の問題」「21世紀の『日本事情』」編集委員会編『21世紀の「日本事情」──日本語教育から文化リテラシーへ』創刊号：16-26，くろしお出版．

河先俊子，2003，「植民地解放後の韓国における日本語教育再開に関する一考察」アメリカ・カナダ大学連合日本研究センター編『アメリカ・カナダ大学連合日本研究センター紀要』26：3-24．

川村湊，1994，『海を渡った日本語──植民地の「国語」の時間』青土社．

韓榮惠，2011，「在韓在日朝鮮人：本国との新しい関係──"朝鮮"から"韓国"に"国籍変更"した在日3世を中心に──」移民政策学会編『移民政策研究』3：123-139．

金一勉，1978，『朝鮮人がなぜ「日本名」を名のるのか─民族意識と差別─』三一書房．

金賢信，2008，『異文化間コミュニケーションからみた韓国高等学校の日本語教育』ひつじ書房．

金性希，2010，「韓国における大学評価システムの発展過程と現状──情報公示制と自己評価制の導入の意義と課題」大学評価・学位授与機構編『大学評価・学位研究』11：79-96．

金泰泳，1999，『アイデンティティ・ポリティクスを超えて──在日朝鮮人のエスニシティ』世界思想社．

金東鶴，2006，「在日朝鮮人の法的地位・社会的諸問題」朴鐘鳴編著『在日朝鮮人の歴史と文化』139-209，明石書店．

金友子，2007，「「同胞」という磁場」『現代思想』35(7)：211-224，青土社．

────，2009，「民族と国民のあいだ──韓国における在外同胞政策」臼杵陽監修，

赤尾光春・早尾貴紀編著『ディアスポラから世界を読む――離散を架橋するために』290-321，明石書店．
久保田竜子，2008，「ことばと文化の標準化についての一考察」佐藤慎司・ドーア根理子編著『文化，ことば，教育――日本語／日本の教育の「標準」を越えて』14-30，明石書店．
倉石一郎，2007，『差別と日常の経験社会学――解読する〈私〉の研究誌』生活書院．
黒坂愛衣・福岡安則，2008，「越境する「在日の苦悩」―日本名でアメリカ国籍になった在日コリアンからの聞き取り―」埼玉大学大学院文化科学研究科編『日本アジア研究』5：107-129．
国際高麗学会日本支部『在日コリアン辞典』編集委員会，2010，『在日コリアン辞典』明石書店．
国際交流基金，2013，「海外での日本語学習者数 速報値発表」https://www.jpf.go.jp/j/about/press/dl/0927.pdf（2015年6月20日閲覧）
子安宣邦，1994，「「国語」は死して「日本語」は生まれたか」『現代思想』22(9)：45-57，青土社．
――――，1997，「〈国際語・日本語〉批判」三浦信孝編『多言語主義とは何か』262-275，藤原書店．
さかたあつよし，2010，「北海道，樺太，千島の先住民に対する日本語教育とその日本語教育史研究における位置」リテラシーズ研究会編『リテラシーズ――ことば・文化・社会の言語教育へ』7：37-41，くろしお出版．
佐久間勝彦，1999，「海外で教える日本人日本語教師をめぐる現状と課題――タイでの聞き取り調査を中心に」国際交流基金日本語国際センター編『世界の日本語教育（日本語教育事情報告編）』5：79-109．
桜井厚，2002，『インタビューの社会学―ライフストーリーの聞き方―』せりか書房．
桜井厚・小林多寿子，2005，『ライフストーリー・インタビュー――質的研究入門』せりか書房．
櫻井恵子，2011，「韓国における多文化家庭の子供の教育」江原裕美編著『国際移動と教育――東アジアと欧米諸国の国際移民をめぐる現状と課題』249-267，明石書店．
佐藤和之，2004，「災害時の言語表現を考える」『日本語学』23(8)：34-45，明治書院．
――――，2007，「被災地の72時間―外国人への災害情報を「やさしい日本語」で伝える理由―」「やさしい日本語」研究会編『「やさしい日本語」が外国人の命を救う』9-27．
渋谷真樹，2001，『「帰国子女」の位置取りの政治：帰国子女教育学級の差異のエスノグラフィ』勁草書房．
志水宏吉・清水睦美，2006，『ニューカマーと教育――学校文化とエスニシティの葛藤をめぐって』明石書店．
朱桂栄・単娜，2002，「「共生言語としての日本語」教室におけるインターアクショ

ンに関する一考察——母語話者実習生及び非母語話者実習のIRFモデルによる比較」『内省モデルに基づく日本語教育実習理論の構築』平成11〜13年度科学研究費補助金 基盤研究C-2 研究成果報告書，167-204.
徐阿貴，2001，「元在日韓国人カナダ移住者のアイデンティティの再形成―カナダ多文化主義との関連を中心に―」関東社会学会編『年報社会学論集』14：76-88.
徐京植，2010a，「ソウルで『由熙』を読む——李良枝とのニアミス」『植民地主義の暴力』168-194，高文研.
―――，2010b，「母語と母国語の相克——在日朝鮮人の言語経験」『植民地主義の暴力』195-240，高文研.
辛銀眞，2006，「日本国内の非母語話者日本語教師に対する学習者のビリーフの変容—早稲田の初級実践を通して—」早稲田大学語学教育研究所編『講座日本語教育』42：60-81.
―――．2012，「非母語話者日本語教師の協働実践—日本国内現場参加者の期待と不安を乗り越えて—」『韓国日本学会（KAJA）第84回学術大会　Proceedings「転換期의日本研究」』38-42.
杉山直子，2010，「私のように黒い姉妹たち―デインジー・セナの『コーケイジア』と「パッシング」―」日本女子大学人間社会学部編『日本女子大学紀要 人間社会学部』21：73-84.
須田風志，2006，「「国際化」の中の「逸脱した日本語」について」リテラシーズ研究会編『WEB版リテラシーズ——ことば・文化・社会の言語教育へ』3(1)：11-20，くろしお出版.
牲川波都季，2004a，「日本語教育における言語と思考——その意味づけの変遷と問題点」横浜国立大学留学生センター編『横浜国立大学留学生センター紀要』11：61-85.
―――，2004b，「日本語教育学における「思考様式言説」の変遷」日本語教育学会編『日本語教育』121：14-23.
―――，2006a，「戦後日本語教育学とナショナリズム——「思考様式言説」に見る包摂と差異化の論理」早稲田大学大学院日本語教育研究科 博士論文.
―――，2006b，「「共生言語としての日本語」という構想——地域の日本語支援をささえる戦略的使用のために」植田晃次・山下仁編著『『共生』の内実——批判的社会言語学からの問いかけ』107-125，三元社.
―――，2008，「日本人の思考の教え方——戦後日本語教育学における思考様式の言説」佐藤慎司・ドーア根理子編著『文化，ことば，教育——日本語／日本の教育の「標準」を越えて』106-128，明石書店.
―――，2012，『戦後日本語教育学とナショナリズム—「思考様式言説」に見る包摂と差異化の論理—』くろしお出版.
曺喜澈，1994，「韓国における「国語醇化運動」と日本語」『日本語学』13(12)：81-90，明治書院.

田中克彦，1981，『ことばと国家』岩波新書．
―――――，1989，『国家語をこえて――国際化のなかの日本語』ちくま学芸文庫．
―――――，1996，『名前と人間』岩波書店．
田中望，1996，「地域社会における日本語教育」鎌田修・山内博之編『日本語教育・異文化コミュニケーション――教室・ホームステイ・地域を結ぶもの』23-37，凡人社．
田中里奈，2006a，「戦後の日本語教育における思想的「連続性」の問題――日本語教科書に見る「国家」，「国民」，「言語」，「文化」」リテラシーズ研究会編『リテラシーズ――ことば・文化・社会の日本語教育へ』2：83-98，くろしお出版．
―――――，2006b，「「国家」「国民」「言語」「文化」の結びつき――戦後から1980年代における日本語教科書の内容分析と作成者の論考を中心に」早稲田大学大学院日本語教育研究科編『早稲田大学日本語教育研究』9：77-91．
―――――，2011，「日本語の学習はどのように選択され，意味づけられたのか―1960-70年代に日本語を学び始めた韓国人日本語教員のライフストーリーからの一考察―」「日本語教育史論考第二輯」刊行委員会編『日本語教育史論考第二輯』147-160，冬至書房．
―――――，2014，「「言語教育学としてのライフストーリー研究」において調査者の構えを記述する意味――「在日コリアン」教師の研究からの示唆」リテラシーズ研究会編『リテラシーズ――ことば・文化・社会の言語教育へ』14，73-83．
―――――，2015，「日本語教育学としてのライフストーリー研究における自己言及の意味―在韓「在日コリアン」教師の語りを理解するプロセスを通じて―」三代純平編『日本語教育学としてのライフストーリー――語りを聞き，書くということ』277-291，くろしお出版．
趙慶喜，2012，「在韓在日朝鮮人の現在―曖昧な「同胞」の承認にむけて―」インパクト出版会編『Impaction』185：152-161．
土屋道雄，1991，「日本語の国際化とは何か」日本及日本人社編『日本及日本人』1601：12-19．
鄭京姫，2010a，「「二分化された日本語」の問題―学習者が語る「日本語」の意味に注目して―」リテラシーズ研究会編『リテラシーズ――ことば・文化・社会の言語教育へ』7：1-10，くろしお出版．
―――――，2010b，「日本語教育における「正しい日本語」観の内実―学習者が語る「選択」に注目して―」東アジア日本学会編『日本文化研究』35：409-429．
鄭大均，1993，「韓国ナショナリズムの性格」『思想』823：77-92，岩波書店．
鄭暎惠，2003，『〈民が代〉斉唱――アイデンティティ・国民国家・ジェンダー』岩波書店．
―――――，2005，「言語化されずに身体化された記憶と，複合的アイデンティティ」上野千鶴子編『脱アイデンティティ』199-240，勁草書房．
冨田哲，2000，「日本語教育史研究の「死角」」『日本語教育学会春季大会予稿集』

178-183.

友沢昭江, 1999,「日本語の規範性―日本語教師にとって「日本語」とは―」吉田彌壽夫先生古稀記念論集編集委員会編『日本語の地平線――吉田彌壽夫先生古稀記念論集』163-177, くろしお出版.

中島智子, 2005,「「在日」がニューカマーだった頃――戦前期在日朝鮮人の就学実態」プール学院大学国際文化学部・短期大学部編『プール学院大学研究紀要』45:141-158.

中山暁雄, 2009,「移民との共生と日本語」田中慎也・木村哲也・宮崎里司編著『移民時代の言語教育――言語政策のフロンティア1』142-164, ココ出版.

西尾桂子, 1992,「国際化時代の日本語を考える」『日本語学』11(1):16-21, 明治書院.

任栄哲, 1993,『在日・在米韓国人および韓国人の言語生活の実態』くろしお出版.

縫部義憲, 2010,「日本語教師が基本的に備えるべき力量・専門性とは何か」日本語教育学会編『日本語教育』144:4-14.

野元菊雄, 1986,「国際化と日本語」『文部時報』1317:32-37, ぎょうせい.

―――, 1992,「簡約日本語」神戸松蔭女子学院大学編『文林』26:1-36.

―――, 1993,「「簡約日本語」への反対論(一)」神戸松蔭女子学院大学編『文林』27:101-127.

―――, 1994,「「簡約日本語」への反対論(二)」神戸松蔭女子学院大学編『文林』28:163-179.

―――, 1997,「「簡約日本語」への反対論(三)」神戸松蔭女子学院大学編『文林』31:173-187.

花井理香, 2010,「韓国の言語・教育政策と日本語の継承―在韓日本人妻と韓日国際結婚家庭を中心として―」日本言語政策学会編『言語政策』6:19-30.

平田由美, 2005,「非・決定のアイデンティティ――鷺沢萠『ケナリも花, サクラも花』の解説を書きなおす」上野千鶴子編著『脱アイデンティティ』167-198, 勁草書房.

平畑奈美, 2007,「海外で活動する日本人日本語教師に望まれる資質――グラウンデッド・セオリーによる分析から」早稲田大学大学院日本語教育研究科編『早稲田大学日本語教育研究』10:31-44.

―――, 2008,「アジアにおける母語話者日本語教師の新たな役割――母語話者性と日本人性の視点から」国際交流基金日本語国際センター編『世界の日本語教育』18:1-19.

福岡安則, 1993,『在日韓国・朝鮮人――若い世代のアイデンティティ』中公新書.

福岡安則・金明秀, 1997,『在日韓国人青年の生活と意識』東京大学出版会.

福岡安則・辻山ゆき子, 1991,『同化と異化のはざまで――在日若者世代のアイデンティティ葛藤』新幹社.

福島青史, 2010,「複言語主義理念の受容とその実態――ハンガリーを事例として」

細川英雄・西山教行編『複言語・複文化主義とは何か――ヨーロッパの理念・状況から日本における受容・文脈化へ』35-49，くろしお出版．
古市由美子，2005，「多言語多文化共生日本語教育実習を通してみた非母語話者教師の役割」小出記念日本語教育研究会編『小出記念日本語教育研究会論文集』13：23-38．
文京洙，2007，『在日朝鮮人問題の起源』クレイン．
法務省入国管理局，1990，「出入国管理及び難民認定法第七条第一項第二号の規定に基づき同法別表第二の定住者の項の下欄に掲げる地位を定める件（平成二年法務省告示第一三二号）」http://www.moj.go.jp/nyuukokukanri/kouhou/nyukan_hourei_h07-01-01.html（2012年11月6日閲覧）．
――――，2014，『平成26年版 出入国管理』http://www.moj.go.jp/content/ 001129794（2015年6月20日閲覧）．
――――，2015，「平成26年末現在における在留外国人数について（確定値）」http://www.moj.go.jp/nyuukokukanri/kouhou/nyuukokukanri04_00050.html（2015年6月20日閲覧）．
朴一，1999，『〈在日〉という生き方――差異と平等のジレンマ』講談社．
細川英雄，2002，『日本語教育は何をめざすか――言語文化活動の理論と実践』明石書店．
――――，2004，「日本学を超えて―日本語教育学の位置づけと課題―」早稲田大学大学院日本語教育研究科編『早稲田大学日本語教育研究』4：27-35．
ましこひでのり，2001，『イデオロギーとしての「日本」――「国語」「日本史」の知識社会学』三元社．
松尾知明，2004，「「ホワイトネス研究」と「日本人性」――異文化間教育研究への新しい視座」異文化間教育学会編『異文化間教育』22：15-126．
水野直樹，2008，『創氏改名―日本の朝鮮支配の中で―』岩波書店．
御園生保子・前田理佳子，2007，「やさしい日本語の仕組み」「やさしい日本語」研究会編『「やさしい日本語」が外国人の命を救う』31-37．
南誠（梁雪江），2010，「アイデンティティのパフォーマティヴィティに関する社会学的研究―「中国残留日本人」の呼称と語りを手がかりとして―」社会学研究会編『ソシオロジ』55(1):57-73．
三代純平・鄭京姫，2006，「「正しい日本語」を教えることの問題と「共生言語としての日本語」への展望」言語文化教育研究室編『言語文化教育研究』5：80-93．
村崎恭子，1977，「韓国における日本語学習」『言語』6(10)：80-85，大修館書店．
森田良行，1983，「日本語教育界の現状と将来――海外で要請される人材について」日本語教育学会編『日本語教育』50：89-96．
森本郁代，2001，「地域日本語教育の批判的再検討――ボランティアの語りに見られるカテゴリー化を通して」野呂香代子・山下仁編『「正しさ」への問い――批判的社会言語学の試み』215-247，三元社．

安田敏朗，2003，『脱「日本語」への視座――近代日本言語史再考Ⅱ』三元社.
山本かほり，1996，「在韓日本人妻の生活史」谷富夫編『ライフ・ヒストリーを学ぶ人のために』62-88，世界思想社.
好井裕明，2004，「「調査するわたし」というテーマ」好井裕明・三浦耕吉郎編『社会学的フィールドワーク』2-32，世界思想社.
李敦甲，1976，「日本語を教えて――高校教師の手記―」韓国研究院編『韓』5(3)：103-107.
李月順，2006，「在日朝鮮人の民族教育と在日朝鮮人教育」朴鐘鳴編著『在日朝鮮人の歴史と文化』211-249，明石書店.
李洪章，2008，「肯定性を生きる戦略としての「語り」と「対話」―在日朝鮮人＝日本人間「ダブル」のライフ・ストーリーを事例として―」京都大学大学院文学研究科社会学研究室編『京都社会学年報』16：75-96.
――――，2010，「在日朝鮮人を研究する〈私〉のポジショナリティ―当事者性から個人的当事者性へ―」日本オーラル・ヒストリー学会編『日本オーラル・ヒストリー研究』6：57-65.
李良枝，1989，『由煕』講談社.

〈英語・ドイツ語文献〉
Amin, Nuzhat, 2004, Nativism, the Native Speaker Construct, and Minority Immigrant Women Teachers of English as a Second Language. In Lia D. Kamhi-Stein (ed.), *Learning and Teaching from Experience: Perspectives on Non-native English-Speaking Professionals.* 61-80, Ann Arbor, MI: The University of Michigan Press.
Anderson, Benedict, [1983] 1991, *Imagined Communities: Reflections on the Origin and Spread of Nationalism* (Revised Edition), London: Verso.（＝1997，白石さや・白石隆訳，『増補　想像の共同体――ナショナリズムの起源と流行』NTT出版.）
Bertaux, Daniel, 1997, *Les Récits de Vie: Perspective Ethnosociologique*, Paris: Videndi Universal Education France.（＝2003，小林多寿子訳，『ライフストーリー――エスノ社会学的パースペクティブ―』ミネルヴァ書房.）
Bourdieu, Pierre, 1980, *Questions de Sociologie*, Paris : Les Editions de Minuit.（＝1991，田原音和他訳，『社会学の社会学』藤原書店.）
Butler, Judith, 1990, *Gender Trouble: Feminism and the Subversion of Identity*, Routledge: Chapman & Hall Inc.（＝1999，竹村和子訳，『ジェンダー・トラブル――フェミニズムとアイデンティティの攪乱』青土社.）
Byram, Michael, 1997, *Teaching and Assessing Intercultural Communicative Competence*, Clevedon: Multilingual Matters.
Canagarajah, A. Suresh, 1999, Interrogating the "Native Speaker Fallacy": Non-linguistic roots, Non-pedagogical Results. In George Braine (ed.), *Non-native Educators in English Language Teaching*, 77-92, Mahwah, NJ: Lawrence Erlbaum.

Cook, Vivian, 1999, Going beyond the Native Speaker in Language Teaching. *TESOL Quarterly*, 33(2): 185-209.
―――, 2005, Basing Teaching on the L2 User. In Enric Llurda (ed.), *Non-native Language Teachers: Perceptions, Challenges and Contributions to the Profession*, 47-61, New York: Springer.
Council of Europe, 2001, *Common European Framework of Reference for Languages: Learning, teaching, assessment*, Cambridge: Cambridge University Press.（= 2004，吉島茂・大橋理枝他訳『外国語教育Ⅱ　学習，教授，評価のためのヨーロッパ共通参照枠』朝日出版社.）
Doerr, Neriko Musha, 2009, Investigating "Native Speaker Effects": Toward a New Model of Analyzing "Native Speaker" Ideologies. In Doerr Neriko Musha (ed.), *The Native Speaker Concept: Ethnographic Investigations of Native Speaker Effects*, 11-46, Mouton De Gruyter.
Erikson, Erik, Homburger, 1959, *Identity and the Life Cycle*, New York: International University Press.（= 1973，小此木啓吾訳，『自我同一性』誠信書房.）
Flick, Uwe, 1995, *Qualitative Forschung*, Reinbek bei Hamburg: Rowohlt Taschenbuch Verlag GmbH.（= 2002，小田博志他訳，『質的研究入門――〈人間の科学〉のための方法論』春秋社.）
Goffman, Erving, 1963, *STIGMA Note on the Management of Spoiled Identity*, Prentice-Hall, Inc.（= [1970] 2009，石黒毅訳，『スティグマの社会学――烙印を押されたアイデンティティ』せりか書房.）
Grant, Carl A. and Ladson-Billings, Gloria, 1997, *Dictionary of Multicultural Education*, Greenwood.（= 2002，中島智子他訳，『多文化教育事典』明石書店.）
Hall Stuart, 1990, Cultural Identity and Diaspora. In Jonathan Rutherford (ed.), *Identity: Community, Culture, Difference*, 51-59, Lawrence & Wishart Ltd.（= 1998，小笠原博毅訳，「文化的アイデンティティとディアスポラ」『現代思想』26(4)：90-103，青土社.）
―――, 1996, Introduction: Who Needs 'Identity'?. In Hall, Stuart and Paul Du Gay (eds.), *Questions of Cultural Identity: Who Needs 'Identity'?*, 1-17, London: Sage.（= 2001，宇波彰訳，「誰がアイデンティティを必要とするのか？」『カルチュラルアイデンティティの諸問題――誰がアイデンティティを必要とするのか？』7-35，大村書店.）
Holstein, A. James and Jaber F. Gubrium, 1995, *The Active Intrerview*, Thousand Oaks: Sage Publications.（= 2004, 山田富秋他訳,『アクティヴ・インタビュー――相互行為としての社会調査―』せりか書房.）
Kramsch, Claire, 1996, Wem Gehört die Deutsche Sprache?. *Die Unterrichtspraxis*. 29(1): 1-11. (Reprinted in *Jahrbuch Deutsch als Fremdsprache* 23, 1997, 329-347.)
Kubota, Ryuko and Angel Lin, 2006, Race and TESOL: Introduction to Concepts and The-

ories. *TESOL Quarterly*, 40(3): 471-493.

Kubota, Ryuko, 2009, Rethinking the Superiority of the Native Speaker: Toward a Relational Understanding of Power. In Doerr Neriko Musha (ed.), *The Native Speaker Concept: Ethnographic Investigations of Native Speaker Effects*, 233-248, Mouton De Gruyter.

Liu, Jun, 2005, Chinese Graduate Teaching Assistants Teaching Freshman Composition to Native English Speaking Students. In Enric Llurda (ed.), *Non-native Language Teachers: Perceptions, Challenges and Contributions to the Profession*, 155-177, New York: Springer.

Maxwell, J. A., 2005, *Qualitative Research Design: An Interactive Approach*, Thousand Oaks: Sage Publications.

Medgyes, Péter, 1992, Native or Non-native: Who's Worth More?. *ELT Journal*, 46: 340-349.

Nero, Shondel, 2006, An Exceptional Voice: Working as a TESOL Professional of Color. In Andy Curtis and Mary Romney (eds.), *Color, Race and English Language Teaching: Shades of Meaning*, 23-36, NJ: Lawrence Erlbaum Associates.

Okubo, Yuko, 2009, The Localization of Multicultural Education and the Reproduction of the "Native Speaker" Concept in Japan. In Doerr Neriko Musha (ed.), *The Native Speaker Concept: Ethnographic Investigations of Native Speaker Effects*, 101-131, Mouton De Gruyter.

Paikeday, Thomas M., 1985, *The Native Speaker is Dead!*, Tront: Lexicography.（= 1990, 松本安弘・松本アイリン訳,『ネーティブスピーカーとは誰のこと？』丸善.）

Pennycook, Alastair, 1994, *The Cultural Politics of English as an International Language*, London: Longman.

―――, 2007, The Myth of English as an International Language. In Sinfree Makoni and Alastair Pennycook (eds.), *Disinventing and Reconstituting Languages*, 90-115, Clevedon: Multilingual Matters.

Phillipson, Robert, 1992, *Linguistic Imperialism*, Oxford: Oxford University Press.

Rosenthal, Gabriele, 2004, Biographical Research. In Clive, Seale/Jaber F. Gubrium/ Giampietro Gobo and David Silverman (eds.), *Qualitative Research Practice*, 48-64, London: Sage Publications.

Skutnabb-Kangas, Tove, and Phillipson, Robert, 1989, 'Mother Tongue': The Theoretical and Sociopolitical Construction of a Concept. In Ulrich Ammon (ed.), *Status and Function of Languages and Language Varieties*, 450-477, Berlin: Walter De Gruyter Inc.

United Nations, 2012, International Migration and Development: Report of the Secretary-General. 2-20, *General Assembly*. http://daccess-dds-ny.un.org/doc/UNDOC/GEN/N12/452/13/PDF/N1245213.pdf?OpenElement（2012 年 11 月 15 日閲覧）.

Valdés, Guadalupe/Sonia V. González/Dania López García and Patricio Márquez, 2003, Language Ideology: The Case of Spanish in Departments of Foreign Languages. *Anthropology & Education Quarterly*, 34(1): 3-26.

Widdowson, Henry, 1994, The Ownership of English. *TESOL Quarterly*, 28(2): 377-389.

〈韓国語文献〉

구라시게 유끼, 2001,「한국에 유학하는 자이니치(在日) 학생의 삶과 문화 [韓国に留学する在日学生の人生と文化]」『서울대학교대학원 교육학과 석사논문』.

권숙인, 2008,「디아스포라 재일한인의 '귀환': 한국사회에서의 경험과 정체성 [ディアスポラ在日韓人の'帰還': 韓国社会での経験とアイデンティティ]」서울대학교국제학연구소『국제・지역연구』17(4): 33-60.

권혁태, 2007,「'재일조선인'과 한국사회 – 한국사회는 재일조선인을 어떻게 '표상'해왔는가 [在日朝鮮人'と韓国社会——韓国社会は在日朝鮮人をどのように'表象'してきたか]」역사문제연구소『역사비평』78: 234-267.

김예림, 2009,「이동하는 국적, 월경하는 주체, 경계적 문화자본——한국내 재일조선인 3세의 정체성 정치와 문화실천 [移動する国籍, 越境する主体, 境界的文化資本——韓国内在日朝鮮人 3 世のアイデンティティの政治と文化実践]」상허학회『상허학보』25: 349-386.

법무부, 2007,「체류외국인 100 만명 돌파! [滞留外国人 100 万人突破！]」(2007.8.24 정보분석과・보도자료 [情報分析課・報道資料]). http://www.moj.go.kr/HP/COM/bbs_03/ListShowData.do?strAnsNo=A&strNbodCd=noti0005&strOrgGbnCd=100000&strRtnURL=MOJ_30200000&strWrtNo=1276（2012 年 12 月 10 日閲覧）.

————, 2012,「출입국・외국인정책통계 월보 [出入国・外国人政策統計月報]」2012 년 3 월호, http://surl.kr/11hRb（2012 년 5 월 3 일閲覧）.

————, 2012,「외국국적동포국내거소신고 신고현황—— 2011 년 12 월기준 [外国国籍同胞国内居所申告現況—— 2011 年 12 月基準]」http://surl.kr/11hR（2012 年 5 月 3 日閲覧）.

이연식, 2004,「해방직후에 귀환한 재일조선인의 경계체험 [解放直後に帰還した在日朝鮮人の境界体験]」한일민족문제연구소『한일민족문제연구』7: 3-45.

조경희, 2011,「'탈냉전'기 재일조선인의 한국이동과 경계 정치 [ポスト冷戦期における在日朝鮮人の韓国移動と境界の政治]」한국사회사학회『사회와 역사』91: 61-98.

〈新聞記事〉

「'100 만 他인종' 아직도 이방인 ['100 万の他人種' 未だ異邦人]」『문화일보』(2006.4.3 発行).

「워드의 '힘'——단일민족 강조→문화다양성 수용…교과서 내용 바뀐다 [ワードの'力'——単一民族強調→文化多様性の受容…教科書の内容が変わる]」『서울신문』(2006.4.6 発行).

「아시아 대학평가 [アジア大学評価]」『조선일보』(2011.5.25 発行).

「'재외국민 주민등록증' 이렇게 발급 된다…비용은 '무료', 재외공관 신청 不可, 최장

10일 소요［'在外国民住民登録証' このように発行される…費用は '無料', 在外公館申請不可, 最長10日所要］」『재외동포신문』（2015.1.9発行）http://m.dong-ponews.net/news/articleView.html?idxno=27958（2015.2.20閲覧）.

【巻末資料①】

研究協力依頼書

　ご多忙のところ、お時間を割いてくださり、誠にありがとうございます。以下の内容をご一読の上、是非インタビューに協力していただきたく、お願い申し上げる次第であります。なお、本研究にご協力いただいた方にはわずかではありますが、謝礼をお渡ししております。ご査収いただければ幸いです。

調査の趣旨
　現在、研究代表者では、「在日コリアン」として日本で生まれ育ち、成人してから日本語を教えることを職業として選択した方々に対するライフストーリー・インタビュー調査を行っています。以前は、韓国で生まれ育った教師たちへのインタビューから韓国における日本語教育史を描くという研究を行っておりましたが、「在日コリアン」としての生まれ育った教師たちがその教育史の中でまったく取り上げられてこなかったこと、その存在や役割が十分に捉えられてこなかったことに気づき、現在は「在日コリアン」として生まれ育った教師たちに焦点をあて、インタビューを行っております。
　どのようにして日本語教育に携わるようになったのか、日本語教育とどのように関わってきたのかを中心としたライフストーリーをお聞きしたいと考えております。また、生活の中で日本語を身につけてきた経験や日本語を教える経験をどのように捉えているか、また、韓国の日本語教育における位置づけなどに関して、ご質問させていただきたいと考えております。エピソードやそれに対するお考えなどを中心にお話しいただき、適宜、こちらからも質問をさせていただきたく存じます。なお、インタビューは、1時間前後を予定しております。

年　月　日
研究代表者　田中里奈
早稲田大学大学院日本語教育研究科　博士後期課程

　　　［連絡先］住所：XXXXXXXXXXXXXXXXXXXXXXXXXXXXX
　　　　　　　　TEL：XXXXXXXXXXXXXXXX（携帯）
　　　　　　　　E-Mail：XXXXXXXXXXXXXXXXXXXX

【巻末資料②】

研究倫理遵守に関する誓約書

本研究は，以下の研究倫理に沿って実施されます。
（1）匿名性は以下のような形で担保します。まず，お名前が公表されることは一切ありません。また，公開される際には，人物が特定される可能性のあるイニシャルなども用いません。
（2）研究の協力はいつでも拒否することができます。また，発言内容を部分的にカットしたいなどのご希望がございましたら，ご遠慮なく申し出てください。
（3）記録のために用いたＩＣレコーダーの情報は，研究代表者が責任をもって管理いたします。
（4）録音データは保管する必要がなくなった時点で，すべてのデータを破棄いたします。
（5）インタビューの内容等に関する研究データに関しては，学術論文，または，報告書等で公表する可能性があります。なお，ご本人のデータを用いて，研究を公表する際には，必ず事前に承諾を取らせていただきます。

　ご不明な点がございましたら，研究代表者にご確認ください。以上の研究趣旨や倫理的誓約を読んだ上で研究にご協力いただける場合は，以下の研究承諾書へのご記入をお願いいたします。

年　月　日
研究代表者　田中里奈
早稲田大学大学院日本語教育研究科　博士後期課程

[連絡先] 住所：XXXXXXXXXXXXXXXXXXXXXXXXXXXX
　　　　　TEL ：XXXXXXXXXXXXXXXX（携帯）
　　　　　E-Mail ：XXXXXXXXXXXXXXXXXXXX

研究承諾書

　上記の研究趣旨や倫理的誓約をふまえ，研究に協力することを承諾いたします。なお，研究承諾書は２部作成し，研究者と研究協力者で１部ずつ保管することに同意します。

　　　年　　月　　日

お名前＿＿＿＿＿＿＿＿＿＿＿＿＿＿＿

〈著者略歴〉
田中 里奈（たなか・りな）

早稲田大学大学院日本語教育研究科博士後期課程修了，博士（日本語教育学）。（韓国）釜慶大学校人文社会科学大学日語日文学部専任講師，早稲田大学日本語教育研究センター助手，山口福祉文化大学ライフデザイン学部専任講師を経て，現在，フェリス女学院大学文学部准教授。
専門は，日本語教育学，ライフストーリー研究。

〈主な著書・論文〉
「「カテゴリー」化されることへの拒絶とその戦略的利用——在日コリアンとして生まれ育った在韓日本語教師の「日本語」の意味づけをめぐる語りを手がかりに」日本移民学会編『移民研究年報』17（2011 年）
「「日本語＝日本人」という規範からの逸脱——「在日コリアン」教師のアイデンティティと日本語教育における戦略」リテラシーズ研究会編『リテラシーズ——ことば・文化・社会の言語教育へ—』9（2011 年）
「言語教育における「単一性志向」——帰韓した在日コリアン教師の言語／教育経験とアイデンティティに関する語りから」細川英雄，鄭京姫（編）『私はどのような教育実践をめざすのか——言語教育とアイデンティティ』（春風社，2013 年）
「日本語教育学としてのライフストーリー研究における自己言及の意味——在韓「在日コリアン」教師の語りを理解するプロセスを通じて」三代純平（編）『日本語教育学としてのライフストーリー——語りを聞き、書くということ』（くろしお出版，2015 年）

言語教育における言語・国籍・血統
―― 在韓「在日コリアン」日本語教師のライフストーリー研究

2016 年 2 月 25 日　初版第 1 刷発行

著　者	田　中　里　奈
発行者	石　井　昭　男
発行所	株式会社明石書店

〒101-0021 東京都千代田区外神田 6-9-5
電　話　03（5818）1171
ＦＡＸ　03（5818）1174
振　替　00100-7-24505
http://www.akashi.co.jp

装丁　　明石書店デザイン室
印刷／製本　　モリモト印刷株式会社

Printed in Japan

ISBN978-4-7503-4309-9
（定価はカバーに表示してあります）

〈（社）出版者著作権管理機構 委託出版物〉
本書の無断複写は著作権法上での例外を除き禁じられています。複写される場合は、そのつど事前に、（社）出版者著作権管理機構（電話 03-3513-6969，FAX 03-3513-6979，e-mail: info@jcopy.or.jp）の許諾を得てください。

日本語教育は何をめざすか 言語文化活動の理論と実践
細川英雄　●6500円

「移動する子どもたち」と日本語教育 [オンデマンド版]
日本語を母語としない子どもへのことばの教育を考える
川上郁雄編著　●3300円

「移動する子どもたち」の考える力とリテラシー
主体性の年少者日本語教育学
川上郁雄編著　●3300円

海の向こうの「移動する子どもたち」と日本語教育
動態性の年少者日本語教育学
川上郁雄編著　●3300円

トランスナショナルな「日系人」の教育・言語・文化
過去から未来に向って
森本豊富、根川幸男編著　●3400円

アメリカで育つ日本の子どもたち
バイリンガルの光と影
佐藤郡衛、片岡裕子編著　●2400円

世界と日本の小学校の英語教育
早期外国語教育は必要か
西山教行、大木充編著　●3200円

グローバル化と言語能力
自己と他者、そして世界をどうみるか
OECD教育研究革新センター編著　本名信行監訳
徳永優子、稲田智子、西村美由起、矢倉美登里訳　●6800円

「ことば」という幻影 近代日本の言語イデオロギー
イ・ヨンスク　●2500円

戸籍と国籍の近現代史 民族・血統・日本人
遠藤正敬　●3000円

近代日本の植民地統治における国籍と戸籍
満洲・朝鮮・台湾
遠藤正敬　●6800円

日本の国籍制度とコリア系日本人
明石ライブラリー99　佐々木てる　●2400円

朝鮮植民地支配と言語
三ツ井崇　●5700円

移民政策の形成と言語教育
日本と台湾の事例から考える
許之威　●4000円

言語と貧困 負の連鎖の中で生きる世界の言語的マイノリティ
松原好次、山本忠行編著　●4200円

言語と格差 差別・偏見と向き合う世界の言語的マイノリティ
杉野俊子、原隆幸編著　●4200円

〈価格は本体価格です〉